Eckart zur Nieden, Mein Name ist . . .

ECKART ZUR NIEDEN

Mein Name ist...

Menschen der Bibel
stellen sich vor

CHRISTLICHES VERLAGSHAUS GMBH
STUTTGART

ABCteam

Bücher mit diesem Zeichen
wollen aktuell und biblisch Christus bezeugen.

ABCteam-Bücher erscheinen in folgenden Verlagen:

Aussaat- und Schriftenmissions-Verlag Neukirchen
R. Brockhaus Verlag Wuppertal
Brunnen Verlag Gießen (und Brunnquell Verlag)
Christliche Verlagsanstalt Konstanz
(und Friedrich Bahn Verlag / Sonnenweg-Verlag)
Christliches Verlagshaus Stuttgart
(und Evangelischer Missionsverlag)
Oncken Verlag Wuppertal

4. Auflage 1988
© 1980 Christliches Verlagshaus GmbH, Stuttgart
Umschlagfoto aus MAX UND HILLA JACOBY/SHALOM
erschienen im Hoffmann und Campe Verlag 1978
Gesamtherstellung: Druckhaus West GmbH, Stuttgart
ISBN 3-7675-3095-3

Inhalt Seite

Noah 7

Isaak 21

Hiob 33

Joseph 47

Josua 63

Samuel 79

Elia 96

Hosea 112

Jona 125

Hiskia 138

Jeremia 153

Daniel 170

Johannes der Täufer 184

Markus 197

Lukas 208

Timotheus 225

NOAH

Mein Name ist Noah. Sie kennen mich, nicht wahr? Oder sollte ich besser »du« sagen? Schließlich sind wir verwandt. Von jedem meiner geschätzten Leser bin ich der Urahn; denn nur durch meine Person geht die Verbindung von Adam zur heutigen Menschheit.

Zugegeben, das ist schon sehr lange her. Und dementsprechend ist unsere Verwandtschaft nicht gerade eng zu nennen. Darum will ich vielleicht doch lieber bei dem »Sie« bleiben, wie das in Ihrer Sprache üblich ist.

Wir kannten damals solche feinen Unterschiede noch nicht. Das war auch gar nicht nötig, gab es doch noch sehr viel weniger Menschen, die sich darum enger zusammengehörig fühlten.

Es scheint mir auch, als hätten Sie heute gar nicht mehr – wie wir damals – das Verständnis für die Bedeutung, die das Verhältnis zwischen Ahnen und Nachkommen hat. Diese Selbstverständlichkeit, mit der bei Ihnen jede Generation ihr eigenes Geschick in die Hände nimmt, wäre bei uns undenkbar gewesen. Nun ja, Sie leben ja auch nicht mehr so lange. Bei uns konnte seinerzeit ein Mann noch seine Urenkel heiraten sehen. Finden Sie es nicht deprimierend, daß Sie nur rund 80 Jahre zu leben haben? Mich würde diese Eintagsfliegenhoffnung schon ein bißchen nervös machen.

Verzeihung, ich will Ihnen nicht den Lebensmut nehmen. Eigentlich weiß ich auch gar nicht, ob ich es da wirklich besser hatte. Wenn man so Jahrhunderte überdauert, wenn man miterleben muß, was ich erlebt habe, dann kann das auch sehr belastend sein. Nicht nur, aber doch auch.

Dabei fing alles so verheißungsvoll an. »Noah«, das heißt »Ruhe« oder »Trost«, nannten mich meine Eltern. Mein Vater Lamech hat es mir später oft gesagt, wie er bei meiner Geburt den Eindruck hatte, daß irgend etwas Neues, Erlösendes mit meiner Person verbunden sein müsse.« »Der wird uns trösten in unserer Mühe und Arbeit auf der Erde, die der Herr verflucht hat«, so kam es über seine Lippen, als er das kleine zappelnde Wesen da vor sich liegen sah, und aus dem Spruch wurde mein Name. Ich vermute allerdings, daß er sich diese Erlösung anders vorstellte, als sie dann tatsächlich kam. Das ist ja oft so, daß die Prophezeiungen, die Gott uns zeigt, von den Menschen völlig anders verstanden werden, als sie gemeint sind.

Über den ersten Teil meines Lebens ist nicht viel zu berichten. Meine Jugend – so etwa die ersten 120 Jahre – verbrachte ich, wie andere auch, ohne sensationelle Ereignisse. Wohl gab es kleinere Erlebnisse, die uns aufschreckten – der Euphrat hatte mal Hochwasser, es gab Familienfehden – aber im großen und ganzen verlief die Zeit recht gleichmäßig.

Nur in einer Hinsicht lebte ich nicht so wie all die anderen. Ich hielt am Glauben und Gehorsam Gott gegenüber fest. Das war gar nicht so leicht und vor allem nicht selbstverständlich. In der Welt um mich her entwickelte sich nämlich alles immer mehr von Gott weg.

Zunächst faszinierte mich das neue Gedankengut auch. Was sollte man immer nach Gesetzen der Vorfahren leben, die uns überliefert worden waren und deren Sinn wir nicht mehr erkannten? Warum sollten wir einem Gott dienen, den wir nicht einmal sehen konnten? Waren da die Vorstellungen, die in dieser Zeit aufkamen, nicht viel einleuchtender? Man sollte doch die Erdgötter anbeten, hieß es, oder die Wassergötter. Sie waren es schließlich, die uns das zum Leben Nötige verschafften. Und die Sonne, die jeden Morgen aufging und Licht und Wärme spendete. War da ein Fruchtbarkeitskult nicht viel sinnvoller als die Anbetung eines Gottes, von dem absolut nichts zu sehen war?

Wie gesagt, mich bewegten diese Gedanken auch. Sie wissen sicher, wie schwer es ist, als einziger einem Modegedanken nicht zu erliegen. Und doch wurde ich immer gewisser, daß Gott hinter all dem stand, was man sehen konnte. Von unseren Vätern war es uns so überliefert: Gott hat alles geschaffen. Nicht Erde, Wasser und Sonne bestimmen unser Leben, sondern der, der das alles erst ins Dasein gerufen hat. Allerdings ahnte ich nicht, daß Gott einmal auf so drastische Weise deutlich machen würde, wer die Erde vernichten, die Sonne verdunkeln und den Wassern gebieten kann.

Wenn die Überlieferungen der Väter wirklich stimmen sollten, so sagten andere, dann stimmt auch, daß Kain in seinem Machtstreben Erfolg hatte. Und Abel hatte seine Frömmigkeit nichts eingebracht. Im Gegenteil, er war deswegen umgekommen. Also – warum sollte man Gottes Strafe fürchten. Es lag doch auf der Hand, daß es den Gottlosen gut ging.

Sie begriffen nicht, daß hier die nackte Ichsucht sprach, die sich unter Umständen für einen einzelnen lohnen kann, im rein materiellen Sinn, aber für eine Gemeinschaft immer das Verderben ist.

Ich konnte nicht anders, wenn ich nicht gegen meine eigene Überzeugung handeln wollte – ich bete weiterhin den unsichtbaren, aber doch lebendigen Gott an. Ich brachte ihm Opfer, mochten das auch alle für Verschwendung halten. Ich gehorchte seinem Gebot, auch wenn mich andere deshalb verlachten oder übervorteilten.

Trotz dieser Spannungen zu meinen Zeitgenossen verlief mein Leben aber in normalen Bahnen. Meine drei Söhne wurden geboren: Sem, Ham und Japhet. Bis dann eines Tages... Ja, ich weiß gar nicht, ob Sie sich richtig vorstellen können, was für ein Einschnitt das in meinem Leben war und in welche Konflikte es mich stürzte.

Gott sprach zu mir. Er redete so deutlich, daß es daran gar keinen Zweifel gab. Keinen Zweifel, woher die Stimme kam, und auch keinen Zweifel über den Inhalt des Gesagten.

Er wolle die Erde und alle Menschen darauf vernichten, sagte Gott. Die Bosheit der Menschheit sei vor ihn gekommen. Stellen Sie sich das vor: Alle Lebewesen sollten in einer gewaltigen Flut untergehen! Kann es furchtbareres Gericht geben? Konnte Gott auf irgendeine Weise dramatischer klarmachen, daß er der Herr war, der keine Rebellion gegen sich duldet? Ich konnte dabei keinen Triumph oder gar Schadenfreude empfinden. Zu schrecklich war die Drohung. Und ich bin sicher, daß auch Gott selbst keine Genugtuung empfand, wenn wir von ihm überhaupt so menschlich reden können. Auch ihm war das notwendige Gericht zu entsetzlich. Aber es gab wohl keinen anderen Weg, die gute Schöpfung aus ihrer bösen Verirrung zurückzuführen, als sie vollständig in einer gewaltigen, chaotischen Flut zu ertränken.

Vollständig, bis auf einige wenige Lebewesen: einige Tiere und einige Menschen. Diese wenigen Menschen – das waren nach Gottes Plan ich mit meiner Familie.

Baue dir ein Schiff, sagte Gott. Ein Schiff, in dem alle Menschen und Tiere, die überleben sollen, untergebracht werden können, samt Proviant. Unvorstellbar war das für mich! Unvorstellbar, ein solch riesiges hölzernes Hausboot zu errichten, in dem von jeder Tiersorte ein Paar Platz hatte, von den kultisch reinen Tieren sogar sieben Paare. Was für gewaltige Mengen Futter gehörten dazu! War das alles überhaupt auf so engem Raum unterzubringen? Und wie machte man so etwas? Es gab doch keinerlei Vorbild. Das Ganze mußte in sich stabil sein und völlig wasserdicht! Wie macht man so etwas?

Fragen über Fragen, Zweifel über Zweifel, Angst, Resignation. Und dann die Kritik meiner Familie, das Unverständnis.

Aber Gott ließ mich nicht allein mit meinem Problem. Schritt für Schritt half er weiter. Das ist so seine Art. Er kann Aufgaben zuteilen, die wie Berge vor uns stehen, aber er läßt uns nicht im Stich.

Als erstes gab er Anweisungen, wie die technischen Probleme in den Griff zu bekommen waren. 100 Meter sollte das schwimmende Haus lang sein, 17 Meter breit und vier Stockwerke hoch. Das waren Angaben, mit denen ich etwas anfangen konnte. Ich begann zu messen, zu rechnen, zu überlegen, Versuche zu machen. Und ich stellte fest: der Platz mußte bei sinnvoller Einteilung reichen.

Aber das Material? Zypressenholz sollte ich nehmen, sagte Gott, und mit Pech sollte ich das Ganze abdichten. Pech gab es hier reichlich. Nur mit dem Holz war es schwierig. Ich begann wieder zu rechnen. Der Transport der unzähligen Stämme würde ein Vermögen kosten und Jahrhunderte dauern. So war die Sache nicht zu machen. Ich mußte das Schiff da bauen, wo das Holz war. Ganz weit drinnen im Land. Natürlich baut man ein Schiff üblicherweise am Wasser. Aber das war ja in meinem Fall nicht nötig. Das Wasser würde zu meinem Schiff kommen. So hatte Gott es gesagt.

Es hört sich so einfach an, wenn ich erzähle: Wir packten und zogen den Euphrat hinauf, sicherten uns Rechte an riesigen Wäldern und begannen sie zu fällen. Wie soll ich Ihnen beschreiben, welche Kämpfe damit verbunden waren? Gespött, Zweifel in der Familie, Anfechtungen im eigenen Herzen. War es wirklich richtig, was ich tat? Hatte ich mich nicht verhört? Bildete ich mir das Ganze nur ein? War ich am Ende verrückt, ein religiöser Fanatiker, ein geisteskranker Phantast? Kann man so ein gewaltiges, irrsinnig scheinendes Unternehmen, das Jahrzehnte braucht und das ganze Familienvermögen verschlingt, beginnen und durchhalten, nur auf einen einzigen göttlichen Befehl hin?

Ich baute. Und meine Familie baute mit. Es war eine endlos scheinende Arbeit, die immer aussichtsloser schien, je länger wir damit beschäftigt waren. Ich wurde über diesem Werk alt, und meine Söhne wurden reife Männer. Unvorstellbare Mengen von Holz mußten herbeigeschleppt und bearbeitet werden. Ich hatte zu überlegen und Versuche zu machen, wie die Balken aneinander befestigt werden konnten, wie das Ganze haltbar zu machen war. Und doch wußte ich nicht, ob ich mich nicht irgendwo verkalkuliert hatte, ob die gewaltigen Kräfte, die hier auftreten mußten, das schwimmende Haus nicht zermalmen würden. Es blieb mir nichts anderes übrig, als mich auf Gottes Hilfe zu verlassen und ihn immer wieder um Weisheit zu bitten. Aber das war auch gut so. Wissen Sie, beim Vertrauen auf Gott kann man selbst bei so einem Problem ruhig werden, ruhiger, als wenn ich ein erfahrener Schiffsbauingenieur gewesen wäre.

Glücklicherweise brauchte mich die Manövrierfähigkeit meines Kastens nicht zu interessieren. Segel oder einen anderen Antrieb, Steuer oder Kiel brauchte ich nicht. Gott würde das Schiff lenken.

Allmählich wuchs das gewaltige Holzgebilde in die Höhe. Unter dem Gespött der Leute bauten wir geduldig weiter, gewiß, daß das Gericht nicht eintreffen würde, bevor wir fertig waren. Unsere Gewißheit wuchs unter dem Gelächter der Gaffer. Unser handwerkliches Geschick bildete sich immer besser aus an den schwierig werdenden Anforderungen. Schließlich konnte letzte Hand an die Beplankung gelegt und mit dem Abdichten begonnen werden.

Ja, und dann kam der Tag, an dem das Schiff fertig war. Gewaltig stand es da mitten in der trockenen Landschaft, die früher einmal Wald bedeckt hatte. War es ein Werkzeug zur Rettung, oder würde es versinken, wenn der Ernstfall kam? War es ein Symbol für den Gehorsam des Glaubens oder für die Phantastereien eines religiösen Sonderlings?

Die Menschen in der Nachbarschaft hielten es für das letztere. Niemand nahm mich ernst. Dabei predigte ich ihnen immer wieder von der bevorstehenden Katastrophe. Aber was heißt predigen? Die Arche selbst war Predigt genug. Sie zeigte auf drastische Weise, wie ernst es mir war. Aber niemand wollte sich zur Umkehr rufen lassen. Und wer nicht will, dem ist kein Zeichen deutlich genug.

Dann sprach Gott. Nach Jahrzehnten, Jahrhunderten des Gehorsams auf sein erstes Wort hin, sprach er nun wieder. Gehe in den Kasten, sagte er, du und deine Familie. Es wurde ernst.

Vorräte für die Zeit, wenn es nichts zu ernten und zu kaufen geben würde, hatten wir bereits in den letzten Jahren gesammelt. Nun galt es, die riesigen Lager zu räumen und die Vorräte in das Hausboot zu bringen. Eine letzte große Anstrengung nach den langen Jahren harter Arbeit.

Dann galt es, die Tiere einzufangen, die ich mitnehmen sollte. Wie aber konnte ich das bewerkstelligen? Als Großwildjäger oder Zoodirektor hatte ich genauso wenig Erfahrung wie als Schiffsbauer.

Die Aufgabe stellte sich aber als viel weniger schwierig heraus, als ich sie mir vorgestellt hatte. Hier, wo Wald-, Steppen- und Wüstengebiete in nicht allzu großer Entfernung lagen, konnten wir die Tiere binnen kürzester Zeit zusammentreiben. Und das merkwürdigste war: Sie kamen fast von selbst. Es war, als ließe ihr Instinkt sie ahnen, daß in diesem großen Kasten Rettung war vor der drohenden Gefahr.

Es war ein malerischer Aufzug, als die vielen Tiere die große Rampe hinauf in die Arche trampelten. Auf den Hügeln umher standen die Menschen und sperrten Mund und Nase auf vor Staunen. Daß die Szene malerisch war, das erscheint mir allerdings nur in der Erinnerung so. Damals hatte ich kaum Zeit für solche Betrachtungen. Wir hatten schließlich alle Hände voll zu tun.

Als dann nicht nur die großen Tiere – Büffel, Elefanten, Kamele, Giraffen – ihren Platz gefunden hatten, sondern auch die vielen kleinen Würmer und Kröten, Vögel und Schmetterlinge, Fliegen und Käfer, Ameisen und Spinnen versorgt waren, atmeten wir auf. Wir überlegten sorgfältig, ob wir nichts vergessen hatten, und rissen dann die Rampe ab. Das große Seitentor wurde geschlossen, verriegelt und abgedichtet.

Noch einmal gingen wir ein wenig zur Seite, um uns das Werk mit einem Blick anschauen zu können. Da stand nun der Kasten, riesengroß und schwarz vor Pech. In ihm alles, was nötig war, um den Fortbestand des Lebens auf der Erde zu sichern. Ein drohendes Zeichen für die angekündigte Katastrophe. Darüber aber schien strahlend die Sonne, und die herumstehenden Leute schwatzten und lachten. Katastrophe? O Gott, wie schwer ist es manchmal zu glauben, wenn man so gar nichts sieht!

Die Frauen stiegen zuerst auf die Leiter hinauf, dann meine drei Söhne und zuletzt ich. Einer nach dem anderen verschwand in der Luke im Dach. Nach einem letzten Blick in die Runde, auf die sonnenbeschienene, glückliche Welt, stieg ich hinunter. Schweren Herzens trat ich von der Stiege in den engen Raum. Ich sah in die Gesichter meiner Lieben. Was konnte ich alles in ihren Augen lesen! Zweifel und Hoffnung, Angst und Mut, Fragen und Vertrauen. Ich wußte doch, was in meinem eignen Herzen war. Deshalb war es nicht schwer, ihre Gedanken zu erraten. Wie dankbar mußte ich sein, daß diese sieben Menschen dies alles auf sich genommen hatten, daß keiner trotzig ausgebrochen war aus dem Zusammenhalt der Familie.

Ich fiel nieder und sprach ein lautes Gebet. Alle beteten tief ergriffen mit. Als wir uns wieder erhoben, hörten wir ein krachendes Geräuch über uns. Wir blickten auf: Der Lukendeckel war zugefallen. Oder ob ihn einer der Spötter da draußen geschlossen hatte? Nein, jetzt wußten wir es: Gott selbst hatte hinter uns abgeschlossen. Er selbst wollte uns klarmachen, daß wir nun vor den Wassern geschützt waren. Er wollte uns auch vor Gewissensbissen und falschen Mitleidsgefühlen barmherzig bewahren, wenn die Schreie der Ertrinkenden an unser Ohr dringen sollten. Gott hatte abgeschlossen. Die Zeit der Entscheidungsfreiheit – mit einzusteigen oder nicht – war für die anderen vorbei. Das Gericht mußte sie nun treffen.

Es war unheimlich in unserer dunklen Kammer. Die Lampe wollten wir erst anzünden, wenn es unbedingt nötig war. Nur ein schwacher Lichtschimmer kam durch die Luftschächte, die regengeschützt ins Freie führten. Wir waren zur Orientierung auf unser Gehör angewiesen.

Das hatte freilich genug Reize aufzunehmen. Und die wurden immer stärker, je mehr sich unsere Konzentration von den Augen auf die Ohren verlagerte. Die Tiere um uns herum und unter uns machten reichlich Geräusche, jedes auf seine Weise. Die ungewohnte Situation und die Ahnung des Kommenden machte sie unruhig. Das Trampeln und Anstoßen an die Wände der Kammern ließ das Holz ächzen.

Doch nun – was war das für ein Geräusch? Jetzt hörten wir es ganz deutlich: Regen prasselte auf unser Dach. Stärker und stärker wurde er. Das Klatschen schwoll zu einem Donnern an. Unmengen von Wasser mußten es sein, die da wie aus Kübeln vom Himmel stürzten.

Eine Weile dauerte das so. Dann nahm ich die Lampe und machte meinen ersten Rundgang durch das Schiff, um zu sehen, ob nirgends eine undichte Stelle war. Als ich auf den untersten Boden kam, vernahm ich bereits ein saugendes Gurgeln des Wassers, das die unteren Balken umspülte. Kein Zweifel – das schreckliche Zorngericht Gottes hatte seinen Anfang genommen und war nicht mehr aufzuhalten.

Ich stieg wieder hinauf, mit einem merkwürdigen Gemisch von Freude und Entsetzen in meinen Gedanken. Entsetzen über das, was nun den ganzen Erdkreis treffen mußte mit allen Lebewesen, mit allen Menschen, die ich kannte und die sich nicht hatten warnen lassen. Freude aber darüber, daß wir von Gott ausersehen waren, das Leben auf der Erde weiterzuführen. Freude darüber, daß ich mich nicht getäuscht hatte, daß Gott wirklich mit mir geredet hatte, daß das alles nicht nur ein tragikomischer Irrtum war, sondern Gottes heilig-ernstes Eingreifen in dieser Welt. Und dann – nach einigen Tagen – spürten wir es deutlich: ein Ruck ging durch das Schiff. Der Kasten bewegte sich ein wenig, setzte wieder auf und hob sich erneut. Wir hielten vor Spannung den Atem an. Tatsächlich: Jetzt schwammen wir. Deutlich war das Schaukeln zu spüren. Die Arche hielt.

Draußen nahm die Tragödie ihren Lauf.

Hier drinnen aber waren wir sicher. Unser Dankgebet stieg zu Gott hinauf.

Wie lange unsere schaukelnde Fahrt in diesem dunklen Kasten dauern sollte, das wußte ich nicht. Vielleicht war es gut, daß ich mir von der Dauer dieses Kerkerdaseins optimistischere Vorstellungen gemacht hatte, sonst wäre mir schon vorher der Mut entschwunden.

Wie soll ich es Ihnen beschreiben? Über ein Jahr eingesperrt! Über ein Jahr im Dämmerlicht in einem engen Gemach, umgeben vom beißenden Geruch der vielen Tiere, ihr Gebrüll in den Ohren! Fünf Monate schaukeln, getrieben werden und nicht wissen, wohin, warten und nicht wissen, worauf. Bis wir aufsetzten. Und dann weiter Warten. Über 53 Wochen Arbeit unter schwierigsten Umständen, Tiere füttern, Ställe ausmisten! Wer will es uns verdenken, daß wir immer sehnlicher das Ende dieser Zeit herbeiwünschten!

Die einzige Unterbrechung in diesem ersten halben Jahr war, daß nach 40 Tagen der Regen aufhörte. So lange hatte das Prasseln auf unser Dach gedauert. An das Geräusch gewöhnten wir uns so sehr, daß uns unheimlich wurde, als es ausblieb. Auch dieses furchtbare Gericht nahm ein Ende.

Die Wolken hatten sich völlig ausgeregnet, aber von dem Sonnenschein, der draußen über der endlosen Wasserfläche liegen mußte, merkten wir nichts.

Ich will aber nicht klagen über unsere Lage, in der wir nichts von der Außenwelt sehen konnten. Vielleicht war es Gottes Barmherzigkeit, daß er uns den Blick auf die entsetzlich trostlose Weite der Fluten versperrte, in denen die Menschheit untergegangen war. Dieses Bild wäre furchtbar gewesen. Oder gar das Bild der Menschen, die sich auf den höchsten Bergspitzen zusammendrängten, verzweifelt um ihr Leben bangend und kämpfend – um dann doch unterzugehen. Ich hätte dieses Bild sicher nie mehr loswerden können. Ein Mensch kann wahnsinnig werden, wenn er das sieht. Oder er ist schon wahnsinnig, wenn es ihm nichts ausmacht.

Nur Gott war fähig, das Bild zu ertragen, der diese ganze Welt und die Menschen selbst geschaffen hat. Nur Gott konnte es sehen, den sie tausendfach beleidigt, dessen Gebot sie mit Füßen getreten und dessen Liebe sie hochmütig von sich gewiesen hatten. Ich sollte auf die hoffnungsvolle Zukunft ausgerichtet sein, darum ersparte der Herr mir den Anblick. Wenn ich sage: Kein Mensch kann solches Grauen miterleben, ohne Schaden zu nehmen, nur Gott kann das, dann muß ich dazu sagen: Auch ihm war es sehr schwer. Ich merkte es später an der Art, wie er mit mir redete, als er versprach, solch eine Flut nie wieder zu schicken. Ich kann nur ahnen, wie sein Herz zerrissen werden mußte von der Alternative, entweder diese lebende Menschheit zu vernichten oder die ganze zukünftige Menschheit in der Sünde untergehen zu lassen.

150 Tage waren es, die wir auf dem Wasser verbrachten. Die Dauer dieses Eingesperrtseins ließ uns stumpf werden. Wir redeten wenig. Waren wir anfangs durch Überanstrengung, durch unsere angespannten Nerven und durch die Enge oft hitzig aneinandergeraten, so brüteten wir jetzt nur noch dumpf vor uns hin. Allein das regelmäßige Gebet unterbrach die Eintönigkeit von Arbeit und Stille.

Dann, am 150. Tag war es soweit. Ein heftiger Ruck ging durch das ganze Schiff. Der erschreckte uns um so mehr, als wir inzwischen an das gleichmäßige Schaukeln gewöhnt waren. Kein Zweifel – wir waren auf Grund gelaufen.

Da wir uns aber wahrscheinlich auf einem Berg befanden, wartete ich noch. Ich öffnete das obere Luk. Dadurch konnte ich zwar nichts sehen, aber der Geruchssinn und das Gehör sagten mir, daß noch überall Wasser stehen mußte.

Nach über einem Monat endlich – von meiner ungeduldigen Familie gedrängt – ließ ich einen Raben fliegen. Er flatterte fort, kam wieder, flog erneut davon und kam in der folgenden Zeit immer noch mal in unser eingegrenztes Blickfeld. Er hatte wohl Land für seinen Rastplatz gefunden, aber sehr wohl fühlte er sich offenbar noch nicht. Es galt, noch zu warten.

Eine Woche später ließ ich eine Taube hinaus. Sie schwirrte umher, fand keinen genügenden Lebensraum und kam zurück. Nach einer weiteren Woche wiederholte ich den Versuch. Und tatsächlich: Die Taube kehrte zurück und brachte uns das erste Zeichen neu aufblühenden Lebens. In ihrem Schnabel hielt sie ein frisches Blatt vom Olivenbaum. Was für ein Jubel brach da in unserer engen Behausung aus! Die Pflanzen sproßten wieder! Neues Leben regte sich an der Stätte des Todes! Freudige Hoffnung ließ unsere Herzen höherschlagen. Um ganz sicher zu gehen, wartete ich noch einmal sieben Tage und ließ dann erneut eine Taube fliegen. Die kehrte nicht wieder zurück.

Da nahmen wir unser Werkzeug und brachen das Dach unserer Arche auf. Die freudige Erwartung verlieh uns neue Kräfte, und in kurzer Zeit war das Werk getan.

Was für eine Wohltat für die Augen, endlich ins Weite sehen zu können, als sie sich an das Licht gewöhnt hatten! Wir blickten über den Rand unseres Hauses.

Der Anblick war erschreckend. Ein Chaos war die Erde. Bäume waren ausgerissen und lagen kreuz und quer. Von den Werken menschlicher Zivilisation war nichts mehr zu sehen. Alles war verschlammt. Hier und da standen noch schmutzige große Wasserlachen.

Einladend war das alles nicht, eher abstoßend. Aber die scharfen Augen der jüngeren Leute erkannten da und dort das erste Grün. Auch dieses Tohuwabohu würde Gott wieder mit Leben füllen, wie er es in den ersten Tagen der Welt getan hatte.

Verglichen mit dem schmutzigen Durcheinander da draußen kam uns unsere Arche, deren wir längst überdrüssig waren, nun fast wohnlich vor. Also warteten wir noch einige Tage in der Hoffnung, daß der Schlamm bald ganz austrocknen würde.

Da sprach Gott zu mir. Gehe aus deinem Kasten, sagte er, du und deine Familie und alle Tiere, die du bei dir hast.

Nun galt es, gehorsam zu sein. Wir stiegen aus, brachen das große Seitentor auf und ließen die Tiere heraus, ein Paar nach dem anderen. Vorsichtig kamen einige ins Freie, nach allen Seiten witternd, andere sprangen wild und übermütig heraus. Langsam zerstreuten sie sich, kletterten den Berg hinunter und begannen bereits, im Morast nach Nahrung zu suchen. Sie machten uns vor, was auch wir zu tun hatten: Von der leeren Erde Besitz zu ergreifen. Und Gott unterstrich das durch sein ausdrückliches Gebot.

Zuerst aber war etwas anderes zu tun, das wichtigste: Ich errichtete einen Altar und brachte Gott ein Opfer. Mein Herz war voller Dank für die Rettung, voller Anbetung für seine Macht und Heiligkeit. Ihm sollte das neu geschenkte Leben versprochen sein. Soweit es an mir war, sollte die Menschheit ihrem Schöpfer treu sein.

Aber auch Gott gab mir ein Versprechen: Solange die Erde steht, sollen Saat und Ernte, Frost und Hitze, Sommer und Winter, Tag und Nacht nicht mehr aufhören. Wir sollten unter seinem Segen stehen, uns mehren und die Erde füllen. Eine gewaltige Flut, die alles Leben vernichtet, sollte nie mehr über die Erde kommen. Zum Zeichen dafür setzte er den Regenbogen an den Himmel, der immer dann entsteht, wenn es regnet und zugleich die Sonne scheint. Die Sonne seiner Gnade wird über allem Gericht den Sieg davontragen.

Noch eine Begebenheit muß ich Ihnen erzählen, meinen späten Nachkommen. Ich schäme mich dessen und muß es doch tun.

Es begann damit, daß ich die berauschende Wirkung des Weins entdeckte. Der Saft der ausgepreßten Trauben wurde zu Wein, wie ich dieses Getränk nannte, wenn er auf bestimmte Weise behandelt und gelagert wurde.

Der Wein – so angenehm er zu trinken war – hatte allerdings auch eine beschämende Wirkung: man verlor die Kontrolle über sich selbst. So kam es, daß ich eines Tages im Rausch gegen alle gute Sitte verstieß und nackt in meinem Haus lag, was die Ehrfurcht meiner Kinder und Enkel vor mir untergraben mußte.

Ham, mein zweiter Sohn, entdeckte das und erzählte es brühwarm weiter. Die anderen beiden Söhne rügten ihn und deckten mich zu.

Als ich später davon erfuhr, waren Scham und Wut groß. Ich bin aber sicher, daß die Fluch- und Segensworte, die ich über meinen Söhnen aussprach, nicht Ausfluß meines Zorns waren, Gott gab sie mir ein. Sie setzten die Nachkommen Sems und Japhets über die Hams.

Mich bedrückte das alles sehr in den letzten Jahren meines Lebens – es waren noch über 300. Die neue Menschheit war doch nicht so neu, wie ich es gehofft hatte. Unsere Herzen waren eigentlich genauso böse von Jugend an wie die der Menschen, die im Gericht untergegangen waren. Ich hatte falsch gehandelt, und meine Nachkommen taten das auch. Wir hatten die Sünde in unserer Arche mit hinübergerettet in die neue Zeit. Der Weg in neue Sünde war vorgezeichnet. Wo würde das einmal enden?

Wenn aber Gott versprochen hatte, nicht eine neue Sintflut zu schicken – was würde er dann tun, um das Problem der Sünde zu überwinden? Darüber habe ich viel nachgedacht. Ob es noch einen Weg gab? Einen ganz anderen vielleicht? Sie können sich glücklich schätzen, daß Sie es wissen.

ISAAK

Mein Name ist Isaak. Sie kennen mich? Nicht so genau? Ja, so sagen die meisten. »Isaak? Schon mal gehört. War das nicht...« Ja, ganz richtig, der Sohn von Abraham und der Vater von Jakob.

So geht mir das immer. Die Leute kennen mich nur als den Sohn des großen Abraham oder auch schon mal als Vater Jakobs, des Stammvaters mit den zwölf Söhnen. Aber mich selbst kennen sie kaum. Ich bin sozusagen eingeklemmt zwischen den Großen. Wer bin ich eigentlich?

Manche, die sich in der Geschichte Israels gut auskennen, können noch mehr zu meiner Person sagen. »Isaak? Das ist doch der Mann von Rebekka.« Sie können sich denken, daß mir diese Kennzeichnung auch nicht schmeichelhafter ist als die erste. Ich bin ein Sohn von jemand, ich bin ein Vater von jemand, und ich bin ein Ehemann von jemand. Aber irgend jemand müßte ich doch auch selbst sein. Finden Sie nicht?

Wenn man nur immer erwähnt wird in Beziehung zu anderen, dann kann einem das ganz schön zu schaffen machen. Und ich muß gestehen, daß ich davon nicht ganz frei bin. Jeder Mensch braucht doch schließlich ein Mindestmaß an – wie sagt man heute bei Ihnen? – Selbstverwirklichung. Ja, Selbstverwirklichung! Ein treffendes Wort. Wir kannten es in unserer Zeit noch nicht. Überhaupt haben wir noch nicht so viel über diese Dinge nachgedacht. Aber empfunden haben wir im Grunde genauso. Wir konnten es nur nicht so ausdrücken.

Ja, Selbstverwirklichung, das war es, wonach ich gesucht habe. Es ist doch deprimierend, einfach nur so ein notwendiges Übel zu sein, weil nun mal ein Großvater keinen Enkel haben kann, ohne daß da noch eine Generation dazwischen kommt.

Ich will freilich gern zugeben, daß rein äußerlich von mir

nicht viel zu erzählen ist. Die Berichterstatter sind ja immer auf der Suche nach viel Handlung. Action sagt man wohl gegen Ende des 20. Jahrhunderts dazu. Sie brauchen griffige Überschriften, packende Themen. Das sehe ich ein. Und da kann ich natürlich weder mit meinem Vater noch mit meinem Sohn konkurrieren.

Wenn ich an das Wagnis des Auszugs aus Ur in Chaldäa denke, das war schon was. Den Krieg, den mein Vater mit den vier Königen führte, wie er die umzingelt, überfallen und in die Flucht geschlagen hat. Und das mit nur 318 Männern! Alle Achtung! Oder wenn ich an die Abenteuer meines Sohnes denke. Wie er allein aus dem Land flüchtete und drüben jenseits der Wüste zu Reichtum und Ansehen kam. Und an seine interessanten Liebesgeschichten. Na ja, es war ja nicht alles so ganz edel und auch nicht immer erfreulich, was sich da mit den vier Frauen in seinem Hause abgespielt hat. Doch immerhin, er machte wenigstens eine Figur dabei.

Aber ich? Ich habe keinen Krieg geführt – wenn man von dem täglichen Kleinkrieg am häuslichen Herd absieht. Ich habe keine fremden Könige verjagt und keine noch so kleine Schlacht geschlagen. Ich bin nicht zu neuen Ufern aufgebrochen und habe keine umwälzenden Erkenntnisse gewonnen. Ich habe mich darauf beschränkt, zu verwalten und möglichst zu vermehren, was ich von meinem Vater geerbt habe, und das schließlich an meinen Sohn weiterzugeben. Doch stellte sich heraus, daß ich es an den falschen, nämlich Esau, weitergab. Jakob, der Träger des göttlichen Segens, war auf meine Hinterlassenschaft gar nicht angewiesen.

Was ist da also schon Dramatisches von mir zu berichten? Nichts. Rein gar nichts. Ich habe meistens im Zelt gesessen, habe die Schafe geschoren, ein wenig Tauschhandel betrieben. Ich habe gearbeitet, gegessen, geschlafen. Ach ja, und zwei Kinder großgezogen, soweit das nicht meine Frau gemacht hat.

Selbst in Sachen Liebe, auch meistens ein gernbehandeltes

Thema, habe ich nur eine passive Rolle gespielt. Meine Rebekka habe ich nämlich gar nicht mal selbst erobert. Der Diener meines Vaters hat sie mir besorgt. Nicht, daß ich mit seiner Wahl unzufrieden wäre. Ich habe meine Frau immer geliebt, wenn es auch im Alter manche Spannungen gab wegen der Söhne. Ich will mich aber nicht beschweren. Zumal ja offensichtlich Gott dabei die Hand im Spiel hatte. Aber es hat mich doch immer etwas bedrückt, daß sogar in dieser Sache nach Gott zunächst mal mein Vater seine Hand im Spiel hatte, dann sein Diener Elieser und erst ganz zum Schluß ich. Das verstehen Sie sicher, wenn ich als Mann nicht so recht zufrieden war mit der Rolle, die ich da zu spielen hatte. Schließlich war ich damals schon vierzig Jahre alt.

Das bin ich also. Der Sohn. Der Ehemann. Der Vater. Mehr nicht. Es mag sein, daß ich etwas überempfindlich bin. Schließlich kann nicht jeder ein Held sein und nicht jeder ein Volk gründen. Aber so ist das eben. In lichten Momenten ist einem wohl klar, daß man auch jemand ist. Niemand zwar, der in »Who is Who« steht, keine »Very Important Person«. Aber immerhin jemand. Aber dann kommen Zeiten, da wird alles dunkel. Da lechzt man nach einem anerkennenden Wort, dem man die Echtheit abspürt. Da streckt man sich aus nach einer Größe, von der man doch weiß, daß man sie nie erreicht. Da möchte man die Grenzen sprengen, die einem gezogen sind. Und wenn es nicht gelingt? Wer kann schon seine Grenzen sprengen? Dann fällt man in sich zusammen. Dann wünscht man, man hätte nie das Licht der Welt erblickt, das manchen anderen soviel heller scheint als einem selbst. Man möchte so gerne über sich selbst hinauswachsen. Und bleibt doch klein, eingeengt, minderbegabt oder minderbegünstigt. Man resigniert. Man weint. Man versucht, nicht daran zu denken. Aber es gelingt nicht.

Entschuldigen Sie, ich bin ein wenig ins Philosophieren gekommen. Eigentlich wollte ich Ihnen ja noch einiges aus meinem Leben erzählen.

Es begann sehr vielversprechend. Als ich geboren wurde, war ich von meinen Eltern sehnlichst erwartet worden. Das ist ja immer eine gute Voraussetzung für die gesunde seelische Entwicklung eines Kindes. Sie sind leider schon sehr alt gewesen, so daß mein Verhältnis zu ihnen problematischer war als bei den anderen Kindern. Aber was ihnen dadurch an meiner Erziehung schwierig sein mochte, versuchten sie durch viel Liebe wieder auszugleichen.

Einen ersten leichten Knacks bekam ich durch die ewigen Streitereien mit Ismael, meinem älteren Halbbruder. Schließlich wurde er mit seiner Mutter Hagar, der Magd meiner Mutter, aus dem Haus gejagt. Als ich mit zunehmendem Alter begriff, was hier geschehen war, konnte ich triumphieren. Ich war einem anderen vorgezogen worden. Ich ahnte noch nicht, daß es so ziemlich das einzige Mal in meinem Leben sein sollte.

Ja, und dann kam der große Schock.

Vater holte mich eines Morgens früh aus dem Bett und zog mit mir, zwei Knechten und einem Esel los. Drei Tage wanderten wir. Schließlich ließen wir Begleiter und Esel zurück und wanderten mit Feuertopf und Holz allein weiter. Noch beim Aufschichten des Opferaltars ahnte ich nichts. Plötzlich aber fesselte mich mein Vater und legte mich auf die Steine. Mich – seinen Sohn!

Was in diesem Augenblick in mir vorging, läßt sich kaum beschreiben. Nun, es kam, wie Sie sich denken können, nicht zur Opferung. Gott gebot im letzten Moment Einhalt, und Vater und ich opferten gemeinsam einen Widder. Aber dieses Erlebnis ist nicht ohne Auswirkungen geblieben. Immer wieder standen diese Sekunden vor mir. Immer wieder bewegte mich, was ich erlebt hatte. Einerseits beeindruckte mich der Gehorsam meines Vaters gegenüber Gott. Andererseits aber war ich erschüttert, daß er bereit war, mich eigenhändig zu schlachten und zu verbrennen. In mir war etwas zerbrochen. Bis dahin war ich der kleine Star in der Familie gewesen. Jetzt war auf drastische Weise klar geworden, daß ich nicht Nummer eins für meinen Vater war. Nummer eins war Gott. Theoretisch konnte ich das später bejahen. Aber es wurde mir das so schockartig klargemacht, daß ich aus dem Höhenflug meiner jugendlichen Träume jäh auf die Erde geschmettert wurde. Und das ging nicht ohne Wunden ab.

Mein Vater hat versucht, das wieder gutzumachen. Er hat mir meine Frau aus seiner fernen Heimat holen lassen und mich zum Universalerben eingesetzt, als er später nach dem Tod meiner Mutter ein zweites Mal heiratete und sechs weitere Söhne bekam. Aber was bedeutete das schon? Ich war schließlich der Ältere.

Vierzig Jahre war ich alt, als ich Rebekka heiratete. Und es dauerte nochmals zwanzig Jahre, bis unsere Zwillinge geboren wurden. Verstehen Sie, daß ich deprimiert und in mich gekehrt war? Große Erwartungen hatten meine Eltern an mich geknüpft. Sie hofften ja nach der Verheißung Gottes auf eine große Nachkommenschaft. Aber nun dauerte es sechzig Jahre, bis meine Söhne geboren wurden. Und mit der steilen Aufwärtsentwicklung war es auch nichts. Im Gegenteil. Es gelang kaum, das Erbteil zusammenzuhalten, weil eine große Trockenheit kam. Und das alles unter den kritischen Augen meines Vaters, der ja noch unter meinem Dach lebte, bis seine Enkel fünfzehn Jahre alt waren.

Um die Viehbestände nicht ganz herunterkommen zu lassen, entschied ich mich zu einer Flucht nach vorn. Wir zogen in die Wüstenregion, wo ein gewisser Abimelech, ein König der Philister, mich recht freundlich aufnahm. Ich hatte eigentlich vorgehabt, nach Ägypten weiterzuziehen. Dort ist die Landwirtschaft immer ziemlich unabhängig von den Regenfällen gewesen, weil die Menschen ihr Getreide in dem Schlamm anbauen, der sich nach den alljährlichen Nilüberschwemmungen ablagert. Aber Gott verbot mir, dorthin zu ziehen. Ja, Gott sprach zu mir. Erstmals, als ich fast schon ein alter Mann war. Zu Rebekka hatte er bereits vorher gesprochen. Zu mir erst jetzt. Aber ich freute mich natürlich, daß er überhaupt zu mir sprach. Erst war ich ganz glücklich, als Gott sagte, daß einmal meiner Nachkommenschaft dieses Land gehören sollte. Aber dann kam die Begründung, die mich wieder recht enttäuschte. Weil mein Vater Abraham Gott gehorsam gewesen war. Im Grunde ging es also nicht um meine Nachkommen, sondern um die meines Vaters, die nur eben zwangsläufig auch meine sein mußten.

Ja, und dann kam noch die Blamage mit Rebekka. Das passierte auch bei den Philistern, wo ich während der Dürrezeit war. Ich hatte Angst, jemand könnte an meiner hübschen Frau Gefallen finden und mich umbringen, um sie zu nehmen. Die Angst war gar nicht so abwegig, wie Sie vielleicht denken. So etwas kam da oft vor. In dem fremden Land hatte ich ja keinerlei Sicherung. Wenn mich jemand hinterrücks umgebracht hätte, brauchte der kaum Angst vor Vergeltung zu haben. Ich kam auf die Idee, Rebekka als meine Schwester auszugeben. Wenn dann jemand sie haben wollte, konnte man ja immer noch mit ihm reden. Ich weiß, das war nicht besonders heldenhaft. Und nach Gottes Willen war es wohl auch nicht. Aber, was macht man nicht alles, wenn man Angst hat! Na ja, es ging dann auch alles gut. Abimelech bekam heraus, daß wir verheiratet waren und setzte seine königliche Autorität zu unserem Schutz ein.

Nach dieser Episode, in der ich keine gute Figur gemacht habe, kam dann eine ruhigere Zeit und mit ihr der große Sprung nach vorn. Die Ernten waren reichlich. Das war für mein Selbstbewußtsein wichtig, weil ich gegen die Gewohnheit meines Vaters, der ein nomadisierender Viehzüchter gewesen war, zusätzlich mit Ackerbau begonnen hatte. Auch mein Vieh mehrte sich. Aber schon regte sich der Neid der Nachbarn, die meinen schnell wachsenden Reichtum nicht mit ansehen konnten. Sie schütteten heimlich alle Brunnen zu, die mein Vater hatte graben lassen.

Ich glaube, ich sagte schon, daß ich kein kämpferischer

Mensch bin. Jedenfalls zog ich fort und suchte neuen Weidegrund. Aber auch da schütteten sie mir die Brunnen zu. Ohne Wasser konnte ich Menschen und Vieh nicht durchbringen.

Ich zog erneut weiter und grub mir selbst Wasserlöcher. Aber die machten sie mir streitig und behaupteten, das Wasser gehöre ihnen. Natürlich war das völlig aus der Luft gegriffen. Aber da ich nicht streiten wollte, machte ich mich erneut auf die Reise und fand nach einigem Suchen ein Gebiet, auf das keiner der in Kanaan wohnenden Stämme und Völkerschaften Anspruch zu erheben schien.

Dort ließ ich mich endgültig nieder. Mein Reichtum vermehrte sich auch hier. Ganz offensichtlich lag der Segen Gottes auf meinen Unternehmungen.

Wissen Sie, in dieser Zeit begann ich zu begreifen, daß Gott nicht unbedingt auf der Seite des Stärkeren ist. Man hatte mich herumgestoßen, wie einen feigen Köter von Ort zu Ort gejagt, und trotzdem war Gott da. Das erkannten auch die Philister. Abimelech selbst kam an der Spitze einer Regierungsdelegation, um mit mir einen Friedensvertrag zu schließen.

In diese Zeit fiel auch das zweite Reden Gottes. »Ich bin deines Vaters Abraham Gott«, so sprach er mich an. Er sagte nicht, daß er mein Gott sei, und doch baute ich dem Herrn einen Altar. Ich wollte und konnte nicht gegen Gott murren, daß er aus mir keinen Großen in seinem Plan gemacht hatte. Auch Kleine braucht Gott, auch Zwischenglieder. Es hat doch keinen Sinn, sich gegen das aufzubäumen, was Gott mit uns vorhat. Hauptsache, er hat was mit uns vor! Hauptsache, wir stehen ihm zur Verfügung!

Manchmal ist man ja geneigt, alles negativ zu sehen. Ich muß gestehen, daß es mir zuweilen auch so ging. Aber ich freue mich, daß Gott meinen Blick freigemacht hat für das Helle, Schöne, daß er mich aus meiner Verzagtheit herausgeführt und mir seine großen Perspektiven gezeigt hat.

An dem Morgen, als Abimelech und ich unseren Friedensvertrag schlossen, fanden meine Leute nach langem Graben endlich Wasser. Ich wollte mich nicht in meinen Mißmut verkriechen, sondern sah das als einen Hinweis Gottes, der mir half. Er hatte mich trotz meiner Mittelmäßigkeit recht geführt. Ich konnte vor diesem Hintergrund den Mut aufbringen, mir meine Mittelmäßigkeit einzugestehen und dazu bewußt ja zu sagen. Es machte froh, sich mit seinem mangelhaften Können und allen unerfüllten Sehnsüchten, mit seinem ganzen Schicksal, mit Angehörigen und Besitz ganz Gott anzuvertrauen. Viel froher, als einem Phantom von Größe nachzulaufen, die ich nicht erreichen konnte und die Gott von mir auch nicht verlangte.

Ich möchte Ihnen noch von meinen Kindern erzählen. Da es ja doch nichts nützt, es zu leugnen, kann ich es auch eingestehen: Vater, Frau und Söhne waren immer die bestimmenden Personen. Ich sagte schon, daß mein Vater lebte, bis die Kinder groß geworden waren. Sie haben ihn also sozusagen abgelöst. Fast wäre ich dazwischen gar nicht nötig gewesen. Zudem war Rebekka – um es vorsichtig auszudrücken – eine recht resolute Frau, die durchaus ihren eigenen Kopf durchzusetzen wußte. Kurz, ich hatte als stiller und ruhiger Mann Mühe, mich einigermaßen zu behaupten. Vielleicht hing es mit meiner stillen Art zusammen, daß ich Esau besonders mochte. Man sagt ja, daß Väter in ihren Söhnen manchmal das suchen, was sie selbst nicht haben. Esau war wild und kräftig, ein Abenteurer, ein Held, ein Draufgänger. Jakob war das Gegenteil, sanft und überlegt in seinem Handeln. Er war listig und zielstrebig. Körperlich war Esau überlegen, aber an Willenskraft und Klugheit war es Jakob. Esau war rauh, aber herzlich, wie man so sagt. Aber er tat nur, wozu er Lust hatte. Jakob war umgänglich, aber nicht immer geradeheraus, und er hatte den Mut zum langen Weg, wie man das wohl nennt. Er konnte beharrlich auf ein Ziel zusteuern.

Da verstehen Sie sicher, daß mir Esau sympathischer war. Um so mehr enttäuschte es mich, als er sich mehr und mehr als unwürdig erwies, Träger der göttlichen Verheißung zu werden. Er fragte nicht viel nach Gott und heiratete sogar zwei Hethiterinnen. Die machten uns viel zu schaffen. Sie paßten einfach nicht in unser Haus, so daß es immer wieder ernste Spannungen gab. Das hätte Esau voraussehen können. Vielleicht hat er es auch vorausgesehen. Aber er machte sich nichts daraus. Was ich nie gewagt hätte, gegen den Willen des Vaters eine Frau aus einem fremden Volk zu heiraten, das tat Esau ganz einfach. Wiedermal war ich in die Ecke gestellt.

Aber ich hielt dennoch an dem Gedanken fest, Esau zum Haupterben einzusetzen. War es, weil er mir lieber war? Weil er der Ältere war, wenigstens um einige Minuten? Oder weil ich einfach in dieser einen Sache ein Exempel statuieren wollte? Gott hat zwar bei der Geburt der Zwillinge gesagt, daß der Ältere dem Jüngeren dienen sollte. Aber wer konnte schon mit Sicherheit sagen, wie dieser Spruch zu deuten war? Mich ärgerte es, wie Rebekka und Jakob zielstrebig darauf hinarbeiteten, daß ich dem Jüngeren den väterlichen Segen geben sollte. Nein, wenigstens an diesem einen Punkt, diesem sehr wichtigen Punkt, wollte ich einmal zeigen, wer der Herr im Hause ist. Hier wollte ich mich nicht beschwatzen und nicht in die Enge treiben lassen. Und den Segen konnten sie auch nicht mit irgendwelchen Druckmitteln von mir erpressen. Das war ganz allein meine Sache.

Wenn ich nur gewußt hätte, wieviel Leid ich damit über uns alle brachte! Nur einmal wollte ich mich behaupten. Einmal meinen Willen durchsetzen und klarmachen, daß ich schließlich auch noch da war. Aber gerade dieses eine Mal ging völlig daneben. Sie betrogen mich nach Strich und Faden. Die Familie fiel auseinander, und meine Autorität war nach meinem eigenwilligen Kraftakt noch geringer, als sie ohnehin schon gewesen war.

Sie kennen doch die Geschichte, nicht wahr? Nein? Nun, dann will ich sie Ihnen noch kurz erzählen.

Ich ahnte, daß mein Ende kommen müsse, weil ich völlig erblindet war und nur noch auf meinem Bett lag, angewiesen auf die Pflege anderer. Ich beauftragte Esau, ein Wild zu schießen und auf die Art zuzubereiten, wie ich es gern aß. Dann wollte ich ihm in einer feierlichen Handlung den väterlichen Segen vermitteln.

Aber Rebekka hatte gelauscht. Das erfuhr ich allerdings erst später. Ich wunderte mich zunächst nur, daß Esau so schnell zurück war. Auch meinte ich, Jakobs Stimme zu hören. Aber als ich ihn betastete, fühlte er sich behaart an wie Esau. Und er roch auch so. Ich konnte ja nicht ahnen, daß Jakob sich in Esaus Kleider gesteckt und mit Fell umhüllt hatte und daß er mir ein von Rebekka zubereitetes Lamm auftischte. So segnete ich ihn. Als schließlich Esau kam, war nichts mehr zu ändern. Ich hatte mich mal wieder nicht durchsetzen können. Im Gegenteil. Sie hatten meine Schwäche schamlos ausgenützt und mich betrogen.

Jakob mußte fliehen. Esau schnaubte vor Wut und vergoß Tränen. Zwischen Rebekka und mir war das Vertrauen zerbrochen. Kurz: Es war alles schiefgelaufen.

Am liebsten hätte ich nun mein Leben abgeschlossen. Aber was ich für bald erwartet hatte, kam noch lange nicht. Mehrere Jahrzehnte mußte ich dahinsiechen, Jahr für Jahr auf meinem Lager, ohne etwas zu sehen. Ich war da und doch nicht da. Ich erlebte die weitere Entwicklung der Ereignisse mit, aber ich konnte nicht mehr eingreifen. War ich schon in meinen besten Jahren nicht besonders wichtig gewesen, jetzt war ich für den langen Rest meines Lebens völlig in die Ecke geschoben.

Ich erlebte von ferne mit, wie Jakob nach langer Zeit zurückkehrte. Allein für seine beiden Frauen, Lea und Rahel, hat er vierzehn Jahre dienen müssen. Ich kann nicht sagen, daß es mir eine Genugtuung war, daß er dabei auch betrogen wurde. Nein, ich lernte eine andere als diese menschliche Denkweise. Ich bekam einen Blick für Gottes Handeln, das mich auf eine und Jakob auf eine andere Weise geführt hatte – aber in manchem doch sehr ähnlich.

Ich erlebte, wie Jakob und Esau sich aussöhnten, wie Jakobs Reichtum wuchs und er seinen Bruder überflügelte. Ich hatte also gegen meinen Willen doch den Richtigen gesegnet. Gott war mit Jakob, trotz dessen Hinterhältigkeit. Ich erlebte, wie auch bei seinen Söhnen der Streit herrschte, wie auch er seinen Lieblingssohn hatte, Joseph, und wie die Brüder den Ärmsten in die Sklaverei verkauften. Im Grunde kehrten all die Probleme wieder, mit denen ich zu ringen gehabt hatte. Es muß wohl so sein, daß auch ein Gesegneter Gottes nicht ohne solche Kämpfe durchkommt. Ja, gerade der, der unter der Verheißung des Herrn steht, hat viel durchzumachen. Das ist wohl nötig.

Viel Zeit hatte ich, um über all das nachzudenken. Und wenn ich die Entwicklung im nachhinein überblicke, muß ich sagen: Es war alles gut, wie es der Herr geführt hat. Längst war ich nicht mehr angefochten, weil ich nur eben der Isaak war und keiner der ganz Großen. Wahrscheinlich hätte ich die Lasten auch gar nicht tragen können, die etwa Abraham, mein Vater, und Jakob, mein Sohn, zu tragen hatten. Gott teilt das schon richtig zu. Und wehe dem, der mehr an sich reißt, als er bewältigen kann!

Aber es ist ja müßig zu überlegen, was gewesen wäre, wenn ... Gott hat Abraham zum Stammvater gemacht und mich – mich eben nur zum Isaak. Den einen zum Anker und den anderen zum Glied in der Ankerkette. Wer will sagen, daß das eine wichtiger ist als das andere?

Alle diese großartigen Führungen Gottes sind später ein wenig in Vergessenheit geraten. Erst einem ganz Großen unter meinen Nachkommen hat Gott sich dann wieder offenbart wie uns. Er hieß Mose und wurde ein Führer des Volkes. Und wissen Sie, wie er sich diesem Volk vorgestellt hat? »Ich bin der Gott Abrahams, Isaaks und Jakobs«, hat er gesagt. Haben Sie es gemerkt? Der Gott Isaaks! Großartig, nicht wahr? Dabei – wer war ich schon in meiner Erdenzeit? Eine unscheinbare Figur, einer, der manchmal an sich selbst zweifelte. Einer, der gar zu gerne groß herausgekommen wäre. Aber dafür hat es nie gereicht. Aber das ist doch auch nicht schlimm. Ich hatte eine Bedeutung für Gottes Plan. Das ist mehr als genug. Ich kann ihn dankbar anbeten, den Gott Abrahams, den Gott Jakobs, ja, und den Gott Isaaks, meinen Gott.

HIOB

Mein Name ist Hiob. Sie wundern sich vielleicht über diesen Namen. Er paßt nicht in die Reihe der Gotteshelden aus dem Volk Israel. Ganz recht, es ist kein hebräischer Name. In Ägypten zum Beispiel kommt er vor. Der Grund dafür, daß ich solch einen Namen trage, ist sehr einfach: Ich bin kein Israelit.

Daß ich trotzdem in Gottes Geschichte mit den Menschen eine Rolle spielen darf, braucht Sie nicht zu wundern. Aus Ihrer Perspektive hat Gott sich damals nur durch Abraham und seine Nachkommen offenbart. Aber das stimmt nicht ganz.

Kennen Sie nicht Melchisedek, den König von Salem, der Abraham mit Brot und Wein entgegenkam und ihn segnete? Er war ein Priester Gottes, des Höchsten, obwohl er nicht in der direkten Erbfolgelinie stand, durch die Gott besonders Geschichte machen wollte. Warum sollte es undenkbar sein, daß noch andere Nachkommen Noahs, und besonders Sems, den Glauben an den einen lebendigen Gott, der Himmel und Erde schuf, wachgehalten haben?

Es bestand ja eine gute religiöse Tradition. So war z. B. Uz – nach dem das Land, in dem ich wohnte, später benannt wurde, – ein Neffe Abrahams, wie Lot auch. Nahor, der Vater von Uz, war Abrahams Bruder.

Der Herr hat sich besonders dem Abraham und seinen Nachkommen offenbart. Dazu hatte er guten Grund, und ich bin deswegen auch nicht neidisch. Aber das bedeutet doch nicht, daß er nicht auch zu anderen reden könnte. So hat Gott auch zu Melchisedek und zu mir geredet, um durch uns eine Botschaft auszurichten.

Welche Botschaft das in meinem Fall war, wird im Laufe meiner Geschichte noch deutlich werden. Mir ging es zu Anfang erst einmal darum, Ihnen meine Position in der gesamten Heilsgeschichte deutlich zu machen, soweit das überhaupt möglich ist. Verstehen Sie von daher den vielleicht etwas schulmeisterlichen Beginn meiner Erzählung.

Ich lebte etwa in der Zeit Abrahams und Melchisedeks. Freilich hatten wir keinen unmittelbaren Kontakt. Dazu wohnte ich zu weit vom judäischen Bergland entfernt, im Südosten, im Randgebiet der arabischen Wüste.

Wären Sie damals in dieses Gebiet gekommen und hätten nach mir gefragt – jeder Hirtenjunge hätte Ihnen den Weg zeigen können. Man kannte Hiob weit und breit. Ich war ein reicher und geachteter Mann. Meine 7000 Schafe, 3000 Kamele, 500 Joch Rinder und 500 Eselinnen mußten natürlich von einer großen Zahl von Knechten und Mägden versorgt werden. Vielleicht können Sie sich das schlecht vorstellen, da es in Ihrer Zeit keine Großgrundbesitzer mehr gibt, jedenfalls nicht in Ihrem Land.

Oh – das hätte ich nicht sagen sollen. Ich fürchte, das Wort »Großgrundbesitzer« weckt bei Ihnen negative Assoziationen. Bedenken Sie aber, daß unsere Zeit ganz anders war. Kleine Viehzüchter hätten sich kaum halten können. Ihnen wäre das weiträumige Nomadisieren sehr erschwert, und sie hätten sich auch gar nicht gegen die vielen räuberischen Horden zur Wehr setzen können, die das Land unsicher machten. Außerdem dürfen Sie sich so einen Großbetrieb nicht als ausbeuterisch für die Knechte vorstellen. Sie hatten es gut, fühlten sich sicher und waren im übrigen keine Sklaven, sondern freie Menschen.

Aber, was rede ich da! Ich verteidige mich ja schon wieder! Dabei hatte ich mir fest vorgenommen, nichts mehr zu meiner Ehrenrettung vorzubringen, seit Gott mir damals meine Verteidigung, meinen frommen Eigenruhm so gründlich zerschlug.

Von meinem Reichtum darf ich sprechen, sah ich ihn doch als ein Geschenk Gottes an. Ein Geschenk Gottes kann nichts Böses sein. Entscheidend ist nur, wie man dazu gekommen ist und was man damit macht.

Ich brachte, um meine Dankbarkeit zu unterstreichen, regelmäßig Gott Opfer. Und Gott segnete mich mit äußeren Gütern immer mehr.

Der größere Reichtum aber waren meine zehn Kinder: Sieben Söhne und drei Töchter. Auch über die Familiensituation war ich glücklich. Die Geschwister hielten zusammen. Daß sie mich nicht immer dabeihaben wollten, wenn sie feierten, konnte ich verstehen. Immerhin luden meine Söhne zu ihren Feiern auch ihre Schwestern ein.

Allerdings sorgte ich mich um ihren Glauben. Sie wissen ja, wie das bei jungen Leuten oft ist: So ernst sie es einerseits meinen – sie können auch leicht unbeständig sein. Darum brachte ich Gott jedesmal ein Opfer, wenn sie eine ihrer Feiern gehabt hatten, und bat Gott, alle Schuld von ihnen zu nehmen, die sie vielleicht auf sich geladen hatten.

Wie gesagt, über ihre innere Haltung war ich besorgt. Sonst aber hatte ich keinen Grund, mir Sorgen zu machen. Bei sieben Söhnen war die Erbfolge gesichert, auch wenn noch zwei oder drei von ihnen einer Krankheit oder einem Kampf zum Opfer fallen sollten, was in unserer gefährlichen Gegend nicht unwahrscheinlich war. Daß aber alle sieben umkommen könnten, war so gut wie unmöglich. Wenn ich geahnt hätte...

Es war ein Tag wie jeder andere, als das Unglück plötzlich über mich hereinbrach. Nun, nicht wie jeder andere – meine Kinder hatten gerade ein Fest im Hause des Ältesten, da kam atemlos ein Bote angehetzt und berichtete, daß die Rinder- und Eselherden geraubt worden waren. Räuberische Stämme aus dem Süden hatten die Hirten überfallen, bis auf einen, der entkommen konnte, umgebracht und alles Vieh weggeführt. Was für ein schwerer Schlag!

Ehe mir aber recht zum Bewußtsein kam, was hier geschehen war, stürzte ein anderer Knecht herein, der bei den Schafherden gearbeitet hatte. Seine Nachricht war nicht weniger böse: Ein Blitz hatte einen Steppenbrand entzündet, und nicht nur die riesige Schafherde, sondern alle Knechte verbrannt – bis auf den einen, der die Nachricht überbrachte.

Aber das Maß des Unglücks, das mir zugedacht wurde, war noch nicht voll. Noch während der Schafhirte redete, fiel ein anderer Knecht blutüberströmt und mit zerfetzten Kleidern durch die Tür. Er hatte mit einer Gruppe von Männern die 3000 Kamele gehütet. Das war ein großer Schatz für die umherstreifenden Stämme der Chaldäer aus dem Osten. Sie hatten das Lager von drei Seiten her überfallen und alle umgebracht und die Tiere geraubt. Nur dieser eine konnte fliehen.

Es war mir, als bliebe mein Herz stehen. War es denn möglich, daß soviel Unheil auf einmal kam? Wollten alle diese Männer mich vielleicht zum Narren halten? Wenn nicht – welche finstere Macht nur konnte denn all das Unglück so präzise planen, um mich in einer Stunde zu ruinieren?

Noch ehe ich meine Gedanken ausgedacht hatte – soweit man die erregten Blitze, die durch meinen Kopf schossen, überhaupt Gedanken nennen konnte –, stürzte atemlos ein vierter Mann herein und stotterte eine Meldung, die ich zunächst gar nicht verstand. War es, weil er es kaum mit klaren Worten vorzubringen wagte, war es, weil mein Verstand sich weigerte, das Ungeheuerliche anzunehmen, was gesagt wurde. Aber es half alles nichts: Allmählich sickerte die bittere Wahrheit in mein Bewußtsein ein. Um so bitterer war sie, weil bei dieser entsetzlichen Nachricht jeglicher Scherz ausgeschlossen war. Meine zehn Kinder waren tot. Das Haus, in dem sie versammelt waren, war durch einen Wirbelsturm eingestürzt und hatte alle, bis auf diesen einen Knecht, unter sich begraben.

Der Schlag, der mich traf, war so hart, daß ich nicht wußte, was mit mir geschah. Ich sprang auf, zerrte an Kleidern und Haaren und fiel auf die Erde. Ich war wie von Sinnen, nein, ich war von Sinnen. Alles drehte sich vor meinen Augen. Ich war außerstande, einen klaren Gedanken zu fassen.

Doch – ein Gedanke war da, schwach zunächst, dann immer deutlicher: beten. Du mußt das mit Gott bereden, dachte ich. Er ist der einzige, der Halt geben kann, wenn einem der Boden unter den Füßen weggezogen wird. Wie gut, wenn man einen Halt hat, der nie wankt.

Im Gebet wurde ich ruhiger. Ja, wie gut, beten zu können, wenn man sonst nichts mehr denken kann! Wie gut, überhaupt von etwas Gutem sprechen zu können in solch einer Situation! Ich klammerte mich an diesen letzten Halt und verweigerte allem Zweifel an Gottes Güte und Gerechtigkeit den Zutritt zu Herz und Gedanken. Nein, an Gott durfte ich nicht zweifeln, wenn ich nicht gänzlich in den Abgrund stürzen wollte! War ich nicht nackt geboren, und war nicht alles andere ein Zusatzgeschenk? Wenn ich nun wieder mit leeren Händen dastand – war das ein Grund, an Gott zu zweifeln und damit zu verzweifeln? Leise hörte ich mich selber sagen: Der Herr hat's gegeben, der Herr hat's genommen, der Name des Herrn sei gelobt!

Aber ich sollte noch tiefer hinabstürzen. Damals erschien es mir nicht möglich, daß es größeres Unglück gibt, und doch mußte ich noch mehr Leid tragen. Gott aber war barmherzig. Ehe mich der nächste schwere Schlag traf, gönnte er mir eine Pause, Zeit, mein Schicksal zu verkraften, betend zu bewältigen. Wie schrecklich, wenn jemand Hader und Haß in sich weiterfressen läßt. Das macht ihn unfähig, neue Schicksalsschläge zu verkraften.

Dann aber brach erneut das Unglück über mich herein. Der knotige Aussatz befiel mich. Erst traten die Anzeichen dafür nur zögernd hervor. Aber jeder wußte, was die eitrigen Beulen bedeuteten. Und auch mir, dem Herrn über ein großes Gehöft – oder nein, dem ehemaligen Herrn über ein großes Gehöft – blieb es nicht erspart, mich von den anderen abzusondern. Draußen mußte ich sitzen, weit weg von allem Leben im Haus, abgeschoben, lebendig begraben.

Ich saß in der Asche, eine alte Hausregel für Aussatz. Es

wurde immer schlimmer. Bald war mein ganzer Körper vom Scheitel bis zu den Fußsohlen mit schmerzhaft juckenden, eitrigen Geschwüren bedeckt. Es war gar nicht anders auszuhalten – wenn es überhaupt auszuhalten war –, als daß ich mich mit einer Tonscherbe unaufhörlich kratzte und schabte.

Und dann traf mich der schlimmste Schlag. Vielleicht empfand ich es aber auch nur so, weil ich am Ende meiner Kräfte war. Meine Frau brachte es nicht fertig, mich zu trösten. Der einzige meiner Lieben, der mir noch geblieben war, hatte keine Liebe mehr in sich. Wenn sie mir das Essen in sicherer Entfernung abstellte, daß ich mir dann holen konnte, rief sie mir zu: »Warum hältst du noch fest an deiner Frömmigkeit? Sage Gott ab und stirb!« Können Sie sich vorstellen, wie hart es einen trifft, wenn einen der letzte Mensch, auf den man sich verlassen zu können glaubte, in der dunkelsten Stunde verläßt? Was es heißt, von einem, dem man in guten Tagen herzlich verbunden war, in der Not verleugnet zu werden, so daß man spürt: Sie warten nur darauf, daß man stirbt?

Dieser Schmerz war der schneidendste, er hielt am längsten an. Aber ich will meiner Frau auch nicht Unrecht tun. Ich verstehe ihre Verzweiflung, mußte sie doch – abgesehen von der Krankheit – alle Schicksalsschläge, die mich getroffen hatten, mittragen. Sie besaß nicht diesen Halt in Gott, der mir geschenkt war, und darum brachte sie gegenüber meinem Glauben nur Unverständnis auf. Ja, er ärgerte sie, weil sie sich über Gott ärgerte, der uns nicht das gab, von dem sie meinte, daß es uns wegen meiner Frömmigkeit zustand. Es ist schmerzlich, wenn der Lebensgefährte einen auf den Höhen des Lebens mit einem verflachten Glauben begleitet, aber einem durch die Tiefen des Lebens und über die Höhen des Glaubens nicht folgen kann.

Es war vielleicht gut, daß die körperlichen Schmerzen mein Denken so gefangenhielten, daß ich über die Tragik meiner Ehe nicht viel nachdenken konnte.

Eines Abends – waren Tage vergangen oder waren es Jahre? Auf jeden Fall erschien mir die Zeit wie eine Ewigkeit – eines Abends traf eine kleine Karawane ein. Ich beobachtete von weitem, wie die vornehmen Besucher ins Haus traten. Dort wies man ihnen den Weg zu mir. Zu mir? Hatte irgend jemand noch Interesse an mir?

Dann erkannte ich sie. Es waren meine drei Freunde, ähnlich reiche Leute, wie ich es gewesen war. Gelegentlich hatten wir uns besucht: Eliphas von Theman, Bildad von Suah und Zophar von Naema. Ich erkannte sie, aber sie erkannten mich nicht sogleich. Diese nackte, von Geschwüren bedeckte und verunstaltete, ekelerregende Gestalt vor ihnen im Dreck – das sollte ihr vornehmer Freund Hiob von Uz sein?

Als sie mich endlich erkannten, konnte ich in ihrem Gesicht wie in einem Spiegel lesen. Sie bemühten sich auch gar nicht, ihr Entsetzen zu verbergen, sondern weinten laut und zerrissen ihre Kleider.

Dann setzten sich die drei Freunde zu mir. Lange Zeit saßen sie so da, ohne etwas zu sagen. Es tat mir schon gut, nur zu spüren, daß Menschen um mich waren, die an meinem Los Anteil nahmen. Sieben Tage saßen sie schweigend auf der Erde und litten mit mir. Sieben Tage des Schmerzes, des Nachdenkens, des Haderns mit dem Schicksal, jeder mit seinen Gedanken allein.

Dann aber empfand ich, daß dieses stumme Leiden nicht helfen konnte. Ich verlangte nach Antwort auf meine Fragen. Ich wollte meine Anklagen hinausschreien und brauchte Menschen, die mir zuhörten.

So begann ich zu sprechen. Ich versuchte, mich zu beherrschen, während ich in Worte faßte, was ich empfand. Warum bin ich überhaupt geboren? – stieß ich heraus. Hätte ich doch niemals das Licht der Welt erblickt!

Eliphas, der würdigste der Freunde, nahm als erster das Wort. Warum ich so sehr die Fassung verlieren würde, fragte er. Gott ließe doch keinen Unschuldigen ins Unglück geraten. Ob ich denn jemals gesehen hätte, daß es einem Gerechten wirklich schlecht gegangen wäre. Also könnte dieses Leid entweder nur Strafe für meine Sünde sein – dann hätte ich keinen Grund, mich zu beklagen –, oder der Herr würde mir bald wieder heraushelfen.

Ich will ihm zugute halten, daß er es nicht besser verstand. Auch daß er seine Rede mit abmildernden Worten begann, habe ich wohl gehört. Aber ändert das etwas? Ich brauchte Trost, und den gab er mir nicht. Im Gegenteil, er verweigerte ihn mir bewußt. Er wollte das Problem auf eine sachliche Ebene stellen. Aber für sachliche Überlegungen war ich in meinem Schmerz nicht empfänglich.

Ich mußte ihnen wohl erst einmal klarmachen, wie ich wirklich empfand. Das tat ich auch in drastischen Worten. Können Worte überhaupt ausdrücken, was ich fühlte? Bitter beklagte ich mich über die Härte des Freundes und über die Härte Gottes. So sehr die drei sich für mich Zeit nahmen – wirklich mitfühlen konnten sie wohl nicht.

Meine Klage war sicher auch nicht gerecht und aus der göttlichen Weisheit geboren. Darum hatte Bildad in gewisser Weise recht, als er meine Rede tadelte. Aber eben nur in gewisser Weise. Daß er mich zur Buße rief, mochte ja von seiner Warte aus richtig sein und vielleicht sogar theologisch unanfechtbar. Aber ich brauchte keine Strafpredigt. Daß man mit Gott nicht rechten kann, wußte ich auch. Doch was nützte mir diese Erkenntnis? Ich wollte mit Gott auch nicht streiten. Wer kann das schon? Wenn er Leid schickt, haben wir es anzunehmen, ob schuldig oder nicht. Aber fragen, warum das so kommt, wird man doch noch dürfen?

Als Zophar das Wort ergriff, wußte er auch nichts Besseres zu sagen als die beiden anderen. Aber diese neunmalklugen Ratschläge halfen mir nichts. Ärgerlich wies ich sie zurecht: »Mit euch wird die Weisheit sterben!« Die Allmacht des Höchsten war mir auch bewußt. Aber ich konnte davor nicht nur ehrfürchtig erschauern. Ich brauchte Hilfe, die nicht in abstrakten Gedanken bestand, sondern die mit meinem Leben oder dem, was davon übriggeblieben war, zu tun hatte. Ich weiß, daß es lieblos war, wie ich sie zurechtwies. Aber der Zorn über ihre Worte, die ich als leere Phrasen empfinden mußte, brach aus mir heraus. Mit Phrasen kommt man den Problemen des Lebens nicht auf den Grund. Da gilt es, ganz ehrlich zu sein. Auch ehrlich vor Gott zu fragen, mag das anderen auch lästerlich erscheinen.

Es verging einige Zeit, bis Eliphas zum zweiten Mal das Wort ergriff. Er nahm meinen aggressiven Ton auf – ich konnte mich nicht beschweren, daß er damit angefangen hätte – und nannte mich aufgeblasen. Wenn ich so fortführe, gegen Gott zu murren, machte ich mich erst recht schuldig, meinte er, und hätte damit um so mehr das Strafgericht verdient.

Ich hatte keine Kraft mehr, mich weiter mit ihnen zu streiten. So wandte ich mich an Gott selbst und klagte ihm laut meinen Jammer. Ich mußte es einfach aussprechen, wie ich mich fühlte: um mich nur Elend und vor mir der Tod.

Erst als Bildad noch einmal in die gleiche Kerbe schlug wie vorher, wandte ich meine Aufmerksamkeit wieder dem Gedankenaustausch mit den Freunden zu. Aber ich beklagte mich nur über ihren Mangel an Einfühlungsvermögen. Der wirkliche Freund kann doch nur Gott sein. Er irrt nie. Er handelt auch nie lieblos, auch wenn es manchmal so scheint. Er ist lebendig und wird mein Leben zum Ziel bringen, selbst durch größtes Elend hindurch, ja durch den Tod. Ich begann, während ich so sprach, an Gott selbst zu denken, statt an meine Not, und das erleichterte mich.

Zophar begriff nicht, welche Hilfe sich für mich anbahnte und begann wieder, das alte Schema auszubreiten, daß es den Gottlosen schlecht ginge und den Frommen gut. Stimmt das überhaupt, was ihr dauernd behauptet? fragte ich. Schon im Ansatz sind eure Gedanken falsch. Es geht den Gottlosen ja gar nicht schlecht und den Gerechten gut. Gibt es nicht unzählige Beispiele für das Wohlleben böser Menschen?

All diese Reden waren natürlich ausführlicher, als ich sie jetzt wiedergegeben habe. Tage gingen darüber hin. Das war auch gut so, selbst wenn die Freunde mir manchmal zum Ärger Anlaß gaben. So verging die Zeit aber schneller.

Inzwischen war ein vierter Freund eingetroffen, der zwar noch jung war, den ich aber wegen seiner Reife gern zu meinen Freunden zähle: Elihu, der Sohn Baracheels von Bus. Elihu sagte zunächst nichts, sondern hörte nur schweigend zu.

Noch einmal meldete sich Eliphas zu Wort und dann Bildad. Zophar verzichtete darauf. Ich hatte ihm wohl zu sehr den Mund gestopft. Aber auch diese Beiträge und meine Erwiderungen brachten uns nicht weiter. Wir hatten uns festgefahren.

Langes Schweigen schloß unsere fruchtlose Diskussion ab. Da endlich ließ Elihu seine Stimme hören. Er habe bis jetzt wegen seiner Jugend geschwiegen, sagte er, aber nun müsse er reden. Er könne angesichts der Torheiten, die er da gehört habe, nicht mehr zurückhalten, was er für richtig halte. Und dann rügte er mich. Meine Selbstrechtfertigung vor Gott wäre völlig fehl am Platz. Aber um Sünde solle es bei dem nicht gehen, was er zu sagen habe, jedenfalls nicht um die Meinung, Leid sei eine Strafe für Schuld in der Vergangenheit. Gottes Züchtigung könne auch einen anderen Sinn haben. Sie könne erziehen oder vor falschen Wegen warnen, könne demütig machen, Sündenerkenntnis wecken, damit Gott sich erbarmen kann.

Ich muß sagen, die Worte Elihus drangen tiefer in mich ein als die der anderen Freunde. Zwar waren auch sie kein Balsam für meine seelischen Wunden, aber immerhin mußte ich den Argumenten recht geben, und dadurch löste sich eine Verkrampfung in mir. Die ständige Abwehr aus dem Gedanken heraus, »die wollen mir was«, weichte auf.

In einer zweiten Rede sprach Elihu auch von der Gerechtigkeit Gottes wie die drei anderen vorher. Aber seine Worte klangen nicht so phrasenhaft. Als er davon sprach, daß ständige Klage nur dem Klagenden selbst schadet, indem sie ihn verbittert und verhärtet, da mußte ich ihm recht geben. Ich antwortete nichts auf all diese Worte, sondern hörte nur zu mit der Bereitschaft, mir etwas sagen zu lassen. Als er dann schließlich von der Herrlichkeit Gottes zu reden begann, bereitete er die Lösung meines Problems vor.

Die Lösung bestand aber nicht in Argumenten, in einleuchtenden Erklärungen auf das Warum. Sie bestand einfach darin, daß Gott selbst redete.

Ja, Gott redete. So muß ich es wohl nennen. Wenn Sie mich nach dem Wie fragen, kann ich Ihnen keine Antwort geben. Waren es hörbare Worte? Waren es Gedanken, die er mir ins Herz gab? Ich weiß nur, daß es ausgelöst wurde durch ein mächtiges Unwetter, dessen grell zuckende Blitze und grollende Donner, dessen mächtige Windstöße und sich über das Firmament wälzende phantastische Wolkengebilde mir die Macht des Herrn drastisch vor Augen führten.

»Ich will dich fragen«, sagte Gott, »lehre mich! Wo warst du, als ich die Erde gründete? Sage es, wenn du klug bist!« Und nun begann Gott in bunten Bildern die Tausende von Wundern vor meinem geistigen Auge vorüberziehen zu lassen, aus denen unsere Erde besteht:

»Wer hat das Meer mit Türen verschlossen und sprach: Bis hierher sollst du kommen und nicht weiter. Hier sollen sich legen deine stolzen Wellen. Hast du dem Morgen geboten und der Morgenröte ihren Ort gezeigt? Bist du in den Grund des Meeres gekommen und in den Fußstapfen der Tiefe gewandelt? Haben sich dir des Todes Tore je aufgetan, oder hast du gesehen die Tore der Finsternis? Bist du gewesen, da der Schnee herkommt, oder hast du gesehen, wo der Hagel herkommt? Durch welchen Weg teilt sich das Licht und fährt der Ostwind hin über die Erde? Wer hat dem Platzregen seinen Lauf zugeteilt und Blitz und Donner ihren Weg? Wer ist des Regens Vater? Wer hat den Tau gezeugt? Kannst du die

Bande der sieben Sterne zusammenbinden oder das Band des Orion auflösen? Kannst du den Morgenstern hervorbringen zu seiner Zeit und den Bären am Himmel heraufführen? Kannst du deine Stimme zu der Wolke erheben, daß dich die Menge des Wassers bedecke? Kannst du der Löwin ihren Raub zu jagen geben und die jungen Löwen sättigen? Weißt du die Zeit, wann die Gemsen auf den Felsen gebären? Kannst du dem Roß Kräfte geben oder seinen Hals zieren mit seiner Mähne? Fliegt der Habicht durch deinen Verstand und breitet seine Flügel gegen Mittag? Fliegt der Adler auf deinen Befehl so hoch, daß er sein Nest in der Höhe bereitet?«

Ich kann Ihnen, meine Leser, nur einige dieser Fragen wiedergeben, mit denen Gott mir die Dinge zurechtrückte. An vielen Beispielen zeichnete er in mein Bewußtsein das Bild der komplizierten und bis in Kleinigkeiten hinein wunderbaren Welt. Wer war denn dieser Gott, den ich anzuklagen wagte? Der allmächtige, allgegenwärtige, allwissende Herr, der Schöpfer und Erhalter von Himmel und Erde! Und wer war ich, der kleine beschränkte Mensch, der ich mit dem Höchsten streiten und Argumente austauschen wollte? Hatte er nicht einen viel besseren Überblick? Wußte er nicht viel zutreffender, was richtig war? Überhaupt – hatte er nicht das Recht, mit seinem Geschöpf zu tun, was ihm beliebte?

Wenn ich Ihnen meine Empfindungen wiedergeben soll, bin ich ziemlich hilflos. Ich kann auch wieder nur Argumente nennen, die für Gottes Größe und Gerechtigkeit sprechen und gegen meinen lächerlichen Aufruhr. Aber Argumente waren nicht das Entscheidende in jenen gesegneten Augenblicken. Entscheidend war die Begegnung mit Gott selbst. Das Empfinden: der Allmächtige redet mit mir. Da verblaßten alle Überlegungen, da verstummten alle Fragen, da erschienen alle menschlichen Gedanken so lächerlich. Wie arm sind wir Menschen dran, wenn wir über Gott nur Lehrsätze haben, Überzeugungen, Theorien. Es ist aber ein Unterschied wie Tag und Nacht, von Wissen und Meinen zum Erleben zu kommen, zur Begegnung mit Gott. Das Erkennen des Heiligen und Allmächtigen tut so unvorstellbar wohl und vertieft unser Leben auf eine unbeschreibliche Weise. Es ist, als wenn uns Schuppen von den Augen fallen. Und all die Fragen, die wir haben, werden dann nicht erschlagen, auch nicht einfach in nichts aufgelöst, aber sie werden relativiert. Sie werden in der Größenordnung eingereiht, die ihnen zukommt. Ja, wir können sie sogar vergessen angesichts unseres Gottes.

»Ich bekenne, daß ich unweise geredet habe, was mir zu hoch ist und ich nicht verstehe«, stammelte ich betend. »Ich hatte von dir mit den Ohren gehört, aber nun hat mein Auge dich gesehen. Darum spreche ich mich schuldig und tue Buße in Staub und Asche.« Ja, so sprach ich vor Gott. Und es fiel mir nicht schwer, Schuld zu bekennen. Gott selbst hatte es mir leicht gemacht.

Es fiel mir freilich auch äußerlich nicht schwer, in Staub und Asche Buße zu tun; denn da saß ich sowieso schon.

Was ich erlebt hatte, mußte sich ebenso den Freunden mitgeteilt haben. Gott rückte auch ihnen die Perspektiven zurecht. Sie baten mich um Verzeihung und darum, daß ich vor Gott für sie eintreten möchte. Natürlich tat ich das. Niemand, der vor Gott steht, kann gegenüber Menschen seinen Ärger ausspielen oder schmollen.

Und nun geschah das Wunder: Nachdem ich zu meinem Leid innerlich ein Ja gefunden hatte, nahm Gott es fort! Ist das nicht merkwürdig? Vorher, als ich glaubte, es nicht mehr ertragen zu können, war ich doch dazu gezwungen. Jetzt aber, wo ich dazu im Glauben die Kraft hätte aufbringen können, wurde ich davon befreit. Ein Zeichen dafür, daß der Herr damit eine erzieherische Absicht hatte.

Meine Geschwüre gingen schnell zurück. Bald konnte ich wieder unter Menschen sein, weil keine Ansteckungsgefahr mehr bestand. Ich lebte wieder im Haus. Alle Verwandten, die sich von mir zurückgezogen hatten, besuchten mich und versöhnten sich mit mir. Nun war ihnen klar, daß ich nicht unter dem Zorn Gottes stand. Sie brachten Geschenke und freuten sich, daß ich ihnen nicht böse war.

Mein Glück ging noch weiter. Überraschend schnell kam ich wieder zu Reichtum, so daß ich am Ende meines Lebens doppelt so viel besaß wie zu dem Zeitpunkt, als mich die erste Unglücksnachricht ereilte. Gott schenkte mir auch wieder Kinder. Wie vorher hatte ich sieben Söhne und drei Töchter. Es waren drei auffallend hübsche Mädchen, die wie die Söhne beim Teilen des Erbes berücksichtigt werden sollten. Schließlich war es mir vergönnt, im hohen Alter die Nachkommen aus mehreren Generationen zu erleben.

Ich erzähle Ihnen das alles, um zu zeigen, daß Gott eine Fülle von Wohltaten über mich ausschüttete. Warum? Sicher nicht, um mich zu entschädigen. Auch nicht, um mir zu beweisen, daß er doch gerecht war. Den Beweis hatte ich nicht nötig. Oder sagen wir besser: Gott hat es nie nötig, diesen Beweis anzutreten. Wer ihm begegnet ist, der weiß: Gott macht nie Fehler. Selbst durch dunkle, widergöttliche Mächte läßt er sich nicht beirren, erst recht nicht durch Menschen. Vielleicht hat Gott mich darum so offensichtlich gesegnet, damit alle Menschen um mich her, die ja das Reden Gottes nicht so unmittelbar gehört hatten wie ich, auch etwas von seiner Gerechtigkeit sehen sollten.

Leider sind wir als Menschen auf so äußere Dinge angewiesen. Unsere Gotteserkenntnis ist sehr bruchstückhaft. Ob Gott noch einen Weg finden wird, sein wahres Wesen, seine Gerechtigkeit und Güte allen Menschen zu offenbaren, klarer noch als mir und beständiger? Aber was soll's – ich will dankbar sein für die Erkenntnis Gottes, die ich gewonnen habe, und davon reden. Mein ganzes Leben, das mir noch blieb – über ein Jahrhundert –, war bestimmt von jenem Erleben, das ich in schwachen Worten zu schildern versuchte.

Jetzt standen – noch viel deutlicher als vorher – nicht Besitz und Familie, Freundschaft und Ehre im Vordergrund, sondern die Erkenntnis: »Ich weiß, daß mein Erlöser lebt!«

JOSEPH

Mein Name ist Joseph. Sie wissen doch, welchen ich meine? Es gibt in der Bibel ja zwei bekannte Männer mit Namen Joseph, einen im Alten und einen im Neuen Testament. Ich bin der alte. Wissen Sie, der Träumer. Aber der Mann von Maria war ja auch einer, bei dem die Träume eine große Rolle spielten. Gott zeigte ihm im Traum, daß er Maria zu sich nehmen sollte, nach Ägypten fliehen und schließlich zurückkehren sollte. Das muß wohl der Name Joseph so an sich haben, daß die immer träumen. Scherz beiseite. Jedenfalls standen auch am Anfang meiner Geschichte die Träume. Erinnern Sie sich? Sonne, Mond und Sterne neigten sich vor meinem Stern, und elf Getreidegarben neigten sich vor meiner Garbe.

Aber ich sollte mit meiner Geschichte vielleicht vorn anfangen. Sonst bekommen Sie die Folge der Ereignisse nicht richtig mit. Kompliziert genug ist es sowieso schon, das dauernde Auf und Ab in meinem Leben.

Das also ist mein Steckbrief: Joseph, Sohn des Jakob und seiner jüngeren Frau Rahel, zweitjüngster Sohn der Familie, geboren in Mesopotamien, als Kind mit der ganzen Familie nach Kanaan gekommen. Das alles unterschied mich zunächst nicht von meinen Brüdern. Der Unterschied lag darin, daß mein Vater mich bevorzugte.

Ja, man kann es nicht anders sagen: Ich war sein Lieblingssohn. Das mag zum Teil daran gelegen haben, daß ich der erste Sohn seiner geliebten Rahel war. Es kann aber auch deshalb gewesen sein, weil ich halt ein Junge war, wie ihn Väter gern haben. Ich ging auf ihn ein und gehorchte ihm. Ich war auch ein schlauer Bursche, der noch einiges zu werden versprach, und das schmeichelte seinem Vaterstolz. Er hatte mit mir auch nicht solchen Ärger erlebt wie mit den älteren Söhnen, z. B. Simeon und Levi, die in Sichem das Blutbad angerichtet hatten. »Streber« und »Muttersöhnchen« haben meine Brüder mich geschimpft. Natürlich habe ich mich darüber geärgert. Aber nicht so, daß ich mein Verhalten daraufhin geändert hätte. An der Bevorzugung durch meinen Vater lag mir mehr als an der Anerkennung durch meine Brüder.

Heute sehe ich das alles etwas anders. Inzwischen habe ich sehr viel mehr Menschenkenntnis gewonnen und weiß, daß ich auf diese Weise meine Brüder provozieren mußte. Und mein Vater auch. Er ließ mir ein besonderes Gewand machen, lang und mit kostbaren Farbstoffen gefärbt. Kein anderer in der Familie hatte so etwas. Klar, daß sie da sauer waren. Und als ich dann diese merkwürdigen Träume hatte, die prophetischen Träume, hatte ich nichts Eiligeres zu tun, als es ihnen allen gleich auf die Nase zu binden. In meinem Stolz merkte ich gar nicht, daß ich damit ihren Neid nur noch schürte.

Wie gesagt, heute sehe ich das als einen großen Fehler. Aber es ist nicht nur die hinzugewonnene Reife und Menschenkenntnis, die mich zu dieser Überzeugung gebracht hat. Es ist noch etwas anderes: Gott hat es mich gelehrt. All die Erfahrungen, die ich seit jener Zeit machen mußte, haben mir das unterstrichen: Gott steht zwar auf der Seite dessen, der ihm vertraut. Aber außer dem Gottvertrauen gehört noch eine andere Qualifikation dazu: das Bewußtsein nämlich, daß man von sich aus nichts ist.

Der Herr wollte mich segnen und zum Segen für andere gebrauchen. Das aber konnte er nicht mit dem eingebildeten Fatzke, der ich war. Unreif und ichbezogen war ich ihm eher ein Hindernis als ein nützliches Werkzeug für seine Pläne. Darum mußte er mich erst ganz hart in die Schule nehmen. Nicht meinen Fleiß und meine Klugheit wollte er mir nehmen, aber meine Einbildung und meinen Stolz. Deshalb mußte ich erst in die Grube, in die Sklaverei und später ins Gefängnis.

Aus dieser Sicht betrachte ich die Dinge heute. Menschen hatten es böse mit mir vor – auch ich selbst tat unwissend manches, um mich in mein eigenes Unglück zu bringen –, aber Gott hat alles gutgemacht.

Ich war ein junger Mann, der meistens zu Hause blieb. Eines Tages aber schickte mein Vater mich zu meinen Brüdern, die unser Vieh in der Gegend von Sichem weideten. Wir mußten oft weite Wege zurücklegen, bis wir genug Weidefläche für unsere großen Herden fanden. Ich verließ also Hebron, suchte meine Brüder bei Sichem vergeblich und fand sie schließlich in der Gegend von Dothan.

Ahnungslos lief ich ihnen entgegen, als ich sie von weitem sah. Erst kurz bevor ich bei ihnen war, stockte ich. Was war hier los? Kein Gruß, kein freundlicher Zuruf. Und dann sah ich ihre finsteren Mienen, ihre stechenden Blicke. Ehe mir recht zum Bewußtsein kam, was hier geschah, packten sie mich, rissen mir das Gewand vom Leib, zerrten mich wütend bis zu einer tiefen, ausgetrockneten Zisterne und warfen mich da hinein.

Da lag ich nun im Schlamm. Um mich her glitschige Wände, die es mir unmöglich machten, hochzuklettern. Selbst wenn ich das gekonnt hätte – oben an dem kreisrunden Stück Himmel ließen sich immer wieder die hämisch grinsenden oder zornigen Gesichter meiner Halbbrüder blicken. Sie überschütteten mich mit Spott: »Siehst du, wir beugen uns vor dir. Du hattest doch recht mit deinem Traum.« Es gab keinen Zweifel – hier ging es nicht um einen derben Spaß, hier waren Haß und Neid meiner Brüder zu bitterem Ernst geworden. Sie wollten mich umbringen. Wenigstens bei einigen war das unverkennbar. Wie sich später herausstellte, hatten Ruben und Juda sich dafür eingesetzt, daß ich nicht getötet wurde.

Ich hatte Angst. Die steigerte sich noch, als sie nach stundenlangem Warten Stricke herunterwarfen, an denen sie mich herausziehen wollten. Kam nun das Ende?

Als ich über den Rand der Zisterne kletterte, sah ich eine Karawane. Die Leute hatten Kamele in der Nähe lagern lassen. Es waren Ismaeliten. Da wußte ich, was sie vorhatten: Sie wollten mich als Sklaven verkaufen. Ich wurde zu den Händlern hinübergestoßen, und meine Brüder nahmen dafür einige klingende Münzen entgegen. So weit war es also gekommen. Sie verkauften mich für ein paar Silberlinge! Was für eine Demütigung für mich, den Lieblingssohn meines Vaters!

Als ich dann in den folgenden Tagen müde und deprimiert hinter den Lasttieren herstolperte, fing ich zum ersten Mal so richtig an, zu Gott zu schreien. Allerdings rechnete ich nicht damit, daß sich mein Elend noch einmal wenden könnte. Noch hatte ich keine Erfahrungen mit der wunderbaren und weisen Führung Gottes gemacht. Ich wußte nur durch meine väterliche Erziehung von Gottes Allmacht, nicht aber aus persönlichen Erlebnissen. Noch konnte ich mir nicht vorstellen, wie ich je aus dieser verzweifelten Lage hätte herausfinden können.

Auf dem ägyptischen Sklavenmarkt wurde ich verschachert. Was die Ismaeliten dabei gewannen, weiß ich nicht. Aber einen allzu hohen Preis werde ich in meinem abgehärmten Zustand wohl nicht gebracht haben. Andere würden sagen, ich hätte Glück gehabt. Ich begann es anders zu sehen und sehe es im nachhinein erst recht anders: Gott führte es gut. Ich kam zu einem einflußreichen Ägypter namens Potiphar. Er war ein hoher Beamter Pharaos und sehr reich.

Ich trat in eine völlig neue Welt ein. Vorher war ich Lieblingssohn gewesen. Jetzt war ich Sklave. Vorher war ich Viehhirte gewesen und hatte in Zelten gewohnt. Jetzt war ich Hausdiener in einem festen Gebäude. Die Sprache war neu für mich, das Klima, die Eßgewohnheiten, der Lebensstil. Vorher hatten wir den Gestank der Schafherden nicht aus der Nase bekommen. Hier dagegen war alles, wie man so zu sagen pflegt, stinkvornehm. Aus einem schmutzigen Nomadenzelt ist es ein weiter Sprung in das Haus des Ministers einer reichen Kulturnation.

Aber ich war jung und lernbegierig und konnte mich anpassen. Anpassen in jeder Hinsicht: Sprache, Kultur, Umgangsformen. Nur in einer Sache nicht: in der Religion. Ich blieb fest im Glauben an den Gott Abrahams, Isaaks und Jakobs. War es, weil ich bei diesem radikalen Wandel wenigstens noch eine Verbindung zu meinem früheren Leben brauchte? Ich glaube, es war mehr. Ich begann zu ahnen, daß mein Geschick von Gott so gelenkt war. Und je mehr ich im Hause Potiphars zu Ansehen kam, um so deutlicher wurde, daß er mit mir war. Es begann eine Art Karriere, eine Sklavenkarriere sozusagen. Weil Gott gelingen ließ, was ich anfaßte, wurden mir immer mehr andere Sklaven unterstellt, bis ich schließlich zum obersten Verwalter im Haus des Ministers aufgestiegen war.

Ist es nicht oft so? Wenn man sich freut über Gottes Hilfe, ist die Versuchung schon vor der Tür. So unlogisch das scheint – aber die Gefahr, abzufallen, ist gerade dann am größten, wenn man sich über geistliche Siege freut. Damals habe ich das freilich noch nicht so durchschaut. Um so dankbarer bin ich für die Bewahrung, als die Versuchung über mich hereinbrach, plötzlich und massiv, wie die Flut nach einem Dammbruch. Die Frau Potiphars hatte auf mich ein Auge geworfen. Irgendwo in einer dunklen Ecke des Hauses sprach sie mich unverhofft und unverhohlen an: »Schlafe mit mir.« Das wirkte wie ein Schlag, und das Blut schoß mir siedend heiß in den Kopf. Nein! war meine erste Reaktion. Nein – ohne Überlegung, einfach aus dem tief in mir sitzenden Wissen: Du darfst nicht gegen Gottes Willen handeln. Es wäre auch ein großer Vertrauensbruch gegen Potiphar. Nein – und nochmals nein!

Als die Situation vorbei war, war ich selbst überrascht, wie ich sie überstanden hatte. Aber die größte Versuchung begann erst, nämlich die stetige. Wie kleine Nadelstiche wirkt die stetige Versuchung. Kleine Nadelstiche können einem auf die Dauer mehr zusetzen als ein kräftiger Hieb.

Immer wieder sprach sie mich an. Immer wieder stand sie da, wenn ich ins Haus kam, in aufreizender Kleidung, mit lockenden Gesten. Besonders wenn Potiphar weit weg war.

Es war nicht nur diese naheliegende Versuchung, die mir zu schaffen machte. Es war noch mehr. Ihr Werben schmeichelte meiner Eitelkeit. Auf dem Gebiet war ich anfällig. Das wußte ich, seit ich mich mit dem bunten Gewand von meinen Brüdern abgesetzt hatte. Mir hatte es schon immer imponiert, etwas Besseres zu sein. Und nun verlangte die Frau eines angesehenen Beamten nach mir, dem Rechtlosen. Es mußte also doch an mir etwas sein, auf das ich stolz sein konnte.

In solche Überlegungen kann man sich ja sehr verlieben. Sie beschäftigen einen Tag und Nacht. Wenn man Sorgen hat, kann man sie leichter verdrängen. Wenn man gescholten oder kritisiert wird, kann sich leichter trösten mit dem Gedanken: Ich bin aber von jemandem heiß begehrt. Und diese Denkspiele beginnen sich in einem auszubreiten. Sie behaupten schließlich den Platz, den sie sich errungen haben, als stände er ihnen zu. Sie wirken wie ein Brückenkopf des Versuchers.

Und dann war da noch eine Überlegung: Konnte es nicht meiner Karriere nützen, wenn ich die einflußreiche Frau für mich gewann? Sie konnte heimlich sicher viel für mich tun. Daß ihr Mann das herausbekommen könnte, war so gut wie unmöglich.

So formten sich denn die Gedanken in mir zu treffenden Argumenten und schaukelten sich gegenseitig hoch: Lustgewinn, befriedigte Eitelkeit, Karriere. Übermächtig erschienen die Gründe, endlich auf ihr Verlangen einzugehen – und auf der anderen Seite stand nichts weiter als das Wort Gottes. Denken und Triebe, alles sprach dafür – nur Gottes Wille stand dagegen. Ich merkte kaum, wie ich weichzuwerden begann.

Dann kam der entscheidende Augenblick. Sie hatte die Situation herbeigeführt, wohl ahnend, daß ihre Bemühungen nicht ohne Chancen waren. Aber Gott half. Ich sage das nicht als fromme Phrase. Es war wirklich so. Unter rein menschlichen Voraussetzungen hätte ich nicht standhalten können. Aber inzwischen hatte Gott in meinem Leben Gestalt gewonnen. Er war nicht mehr nur der Gott meiner Väter, den ich durch Erziehung kennengelernt hatte. Er war mein Gott, den ich durch Erfahrung kennengelernt hatte. Und dieser Gott war zum entscheidenden Faktor in meinem Leben geworden. Und hier stand eine Entscheidung an, die in wenigen Augenblicken gefällt werden mußte: Ja oder nein zur Sünde. Meine Entscheidung – von Gott eingegeben – hieß: Nein.

Aber ich wußte, auf wie schwachen Füßen das Nein bei mir stand. Lange konnte ich es nicht verteidigen. Ich mußte aus dieser gefährlichen Situation heraus. Ich wollte fliehen. Sie aber hielt mich an meinem Rock fest. Ich schlüpfte heraus und ließ das Kleidungsstück in ihrer Hand.

Dann kam die Katastrophe. Was ich, menschlich gesprochen, hätte vermeiden können, wenn ich ihr zu Willen gewesen wäre, das geschah auch prompt: Ihre Verliebtheit schlug in Haß um. Ich hatte ihre Eitelkeit gekränkt, indem ich sie verschmähte. Das konnte sie nicht ertragen. Sie schrie ihr gesamtes Personal zusammen und behauptete, ich hätte mich an sie herangemacht. Erst ihr Geschrei hätte mich vertrieben.

Später, als Potiphar wiederkam, wurde das Ganze wiederholt. Sie verstand es wirklich, Entsetzen und Empörung zu spielen. Es konnte gar keine Frage sein, wem man glaubte: der ehrbaren, vornehmen Frau Gemahlin des Herrn Ministers oder dem Ausländer, den sie für ein paar Silberstücke auf dem Sklavenmarkt gekauft hatten, auch wenn er schon elf Jahre im Haus war. Ich konnte es Potiphar nicht einmal übelnehmen. Eigentlich tat er mir leid, daß er so hintergangen wurde.

Ich wurde ins Gefängnis geworfen und konnte sogar stolz sein: Ich kam ins Hofgefängnis für die vornehmsten Straftäter. Da sollte ich nun Zeit haben, über mich nachzudenken, schimpften sie hinter mir her. Und das tat ich auch.

Zum zweitenmal war ich nun urplötzlich aus ziemlicher Höhe in einen Abgrund gestürzt. Erst als Lieblingssohn in die Grube, nun als Hausverwalter ins Gefängnis. Ob sich das wohl so fortsetzen würde? So ein Auf und Ab ist ja nicht gerade nervenschonend.

Wissen Sie, wenn ich heute ziemlich gelassen davon spreche, dann entspricht das natürlich nicht meiner damaligen Gemütsverfassung. Es ist nur durch den Abstand zu erklären, den ich inzwischen dazu habe. Damals war ich verständlicherweise sehr ärgerlich und zutiefst aufgewühlt wegen der Ungerechtigkeit, die mir widerfahren war. Aber verbittert – nein, verbittert war ich nicht. Wenn man glaubt, daß Gott einen in allen Dingen führt, kann man nicht verbittert sein. Gegen wen denn auch? Gegen Gott etwa? Oder gegen die Menschen? Sie sind doch nur Werkzeuge in Gottes Hand.

Nein, ich wollte das Vertrauen festhalten, das in mir gewachsen war. Schon einmal hatte Gott mir aus der Tiefe herausgeholfen. Schon einmal war deutlich geworden, daß er die bessere Übersicht hat.

Meine innere Haltung war es wohl, die mich von den anderen Gefangenen unterschied. Die Aufseher merkten, daß da einer nicht mit Fluchen und Schimpfen auf alles reagierte. Das tat ihnen wohl. Es ist ja auch eine undankbare Sache, Gefängnisaufseher zu sein. Sie zogen mich zu kleinen Hilfsarbeiten heran. Als ich die ordentlich erledigte, gab man mir größere, die schon einiges Vertrauen voraussetzten. Ich begann wieder einen – wenn auch bescheidenen – Aufstieg. So wie vorher meine Sklaven-, begann nun meine Gefangenenkarriere.

Im Zuge meiner Hilfstätigkeit kam ich auch mit zwei hohen Beamten in Kontakt, die eines Tages eingeliefert wurden. Der königliche Mundschenk und der Bäcker am Hof des Pharao. Beide waren in Ungnade gefallen. Den Grund weiß ich nicht.

Aber eines besonderen Grundes bedurfte es gar nicht, um beim Pharao in Ungnade zu fallen. Da genügte schon eine Kleinigkeit, wenn sie mit einer schlechten Laune des Pharao zusammentraf.

Es vergingen einige Tage. Eines Morgens erzählte mir jeder von den beiden, als ich ihnen das Essen brachte, in höchster Erregung seinen Traum. Die Träume waren auf den ersten Blick ähnlich. Sie waren fest überzeugt, daß ihnen damit etwas gesagt werden sollte. Träume spielen in der Religion der Ägypter eine große Rolle. Sie waren darum sehr bedrückt, daß sie ihnen niemand deuten konnte.

Heute staune ich über den Mut, den ich damals hatte, als ich ihnen die Träume deutete. Wenn damit wirklich etwas Verborgenes offenbart werden sollte, konnte das doch nur Gott. Wenn Gott ihnen etwas zeigen wollte, warum ließ er sie träumen, ohne daß ihnen jemand die Bedeutung erklärte? Vielleicht, weil ich es tun sollte? Ich war doch sein Knecht!

Und wirklich – als die beiden ihre Träume erzählten, war mir sonnenklar, was Gott ihnen damit sagen wollte. Ich sagte ihnen voraus, daß der Mundschenk nach drei Tagen wieder in Amt und Würden kommen werde, der Bäcker aber sollte gehängt werden. Drei Tage vergingen – und genau das geschah! Gott hatte geredet. Ich war überzeugt, daß er es deshalb so gefügt hatte, damit der Mundschenk draußen für mich ein gutes Wort einlegen konnte. Ich hatte ihn ausdrücklich darum gebeten.

Aber die Tage vergingen – und nichts rührte sich. Wochen verstrichen, Monate – ich saß weiter im Gefängnis. Der Mann mußte mich wohl vergessen haben. Eine herbe Enttäuschung.

Zwei Jahre brachte ich hinter Gittern zu. Zwei Jahre unschuldig gefangen! Als rechtloser Sklave war ich ja auch nicht gerade glücklich gewesen. Aber das waren noch goldene Zeiten gegenüber dieser Kerkerhaft. Und doch – so niedergeschlagen ich manchmal war –, tief in mir lebte die Hoffnung, nein, die Gewißheit, daß Gottes guter Plan das so nötig machte. Der Herr würde schon wissen, warum er es so kommen ließ.

Auch diese Zeit des Elends fügte sich so nahtlos in die großartigen Absichten Gottes, daß ich im Rückblick nur staunen kann. Was für ein mächtiger Herrscher ist er, daß er die irdischen Herrscher und alle Menschen so lenken kann! Was für ein weiser Gott ist er, daß er seine Pläne über so lange Zeit hin verfolgt! Was für ein guter Meister, daß er alle Hebel in Bewegung setzt, um seinen Leuten wohlzutun! Er verliert nie die Übersicht. Er läßt sich das Heft nicht aus der Hand nehmen. Ihm ist kein Problem zu schwierig oder zu kompliziert.

Eines Tages klirrten die Waffen der Soldaten durch die Gänge. Man holte mich heraus und führte mich aus dem Gefängnis. »Wohin bringt ihr mich?« – »Zum Pharao!« – »Zum Pharao?« – »Ja, komm, beeil dich!« Ich wurde gewaschen, frisiert, neu eingekleidet und dann – ich meinte zu träumen – in den Palast des Pharao geführt!

Da stand ich nun! Eben noch im Staatsgefängnis, heruntergekommen und ohne Hoffnung – und nun im prächtigen Thronsaal des mächtigsten Königs weit und breit. Der Glanz des Goldes und der vielen edlen Steine blendeten fast meine Augen. Schöne Sklavinnen fächerten dem Pharao auf seinem Thron Wind zu. Geheime Räte standen dabei, eine Wache in der Nähe. Dann aber sah ich in all dieser strahlenden Pracht sein Gesicht. Ein Mensch wie alle. Sehr menschlich sogar sah er aus. Er hatte Angst.

»Ich habe geträumt«, begann der Herrscher ohne Umschweife, »niemand kann mir eine Deutung sagen. Nun habe ich gehört, du könntest das.«

Wie spricht man einen Großkönig an? Muß man salbungsvoll reden oder sich kurzfassen? Muß man Verbeugungen machen oder sich gar auf den Boden werfen? Ich wußte es nicht. Aber ich war auch nicht verlegen. Im Gegenteil, ich war froh und stolz. Da wollte der mächtige Pharao etwas von mir. Und zwar nur darum, weil ich Gott gehörte. Konnte ich darauf nicht stolz sein? Stolz, ein Bote des Allmächtigen zu sein, der über allen Mächtigen stand? »Das kann ich nicht«, hörte ich mich sagen. »Gott aber wird Pharao das Rechte wissen lassen.«

Dann erzählte er. Sieben Kühe, fett und schön, waren aus dem Nil gestiegen und grasten am Ufer. Dann folgten sieben häßliche, magere Kühe. Die fraßen die fetten auf. In einem weiteren Traum hatte Pharao etwas Ähnliches gesehen. Sieben dicke, volle Ähren wurden von sieben leeren, versengten Ähren verschlungen. Wieder war es wie damals im Gefängnis. Ich sah sofort, was Gott damit deutlich machen wollte, und sagte das dem Pharao: Sieben fruchtbare Jahre mit reicher Ernte würden kommen. Die folgenden sieben armen Jahre aber würden alles zunichte machen, wenn wir nicht die reichen Jahre nutzten, um Vorräte anzulegen.

Es war nun fast so, als ob ich träumte, und doch erlebte ich alles überwach. Ohne Zögern erkannte Pharao die Richtigkeit meiner Deutung an. Er stimmte mir auch darin zu, daß ein Mann beauftragt werden sollte, das alles zu organisieren. Wer sollte das sein? Nun, am besten dieser junge Hebräer, der da vor ihm stand und der bewiesen hatte, daß der wahre, lebendige Gott mit ihm war. Er war klug, und er würde dieses Problem mit dem Segen seines Gottes meistern.

Papyrus wurde beschrieben, ein kostbarer Ring des Pharao an meinen Finger gesteckt, und ehe ich mich's versah, war ich der Vizekönig von Ägypten, der zweitmächtigste Mann im mächtigsten Staat der Erde. Aus dem Gefängnis heraus auf den Posten eines Staatskanzlers katapultiert.

Meine Gefühle kann ich nicht beschreiben. Ich war einfach überwältigt. Gar nicht mal so sehr von der ungewohnten Pracht, die mich nun umgab, sondern von dem Erweis der Größe Gottes. Mein Glaube war nicht enttäuscht worden. Wieder einmal hatte sich erwiesen, daß Gott nichts verkehrt macht. Ich konnte ihn nur loben und anbeten.

Nun aber ging es an die Arbeit. Vorratshäuser wurden gebaut. Ein Abgabe- und Steuersystem wurde entworfen. Ich hatte alle Vollmachten, hatte genügend tüchtige Mitarbeiter. Es machte richtig Spaß, dieses Werk zu tun, zu dem mich ja im Grunde Gott selbst beauftragt hatte. Als dann die Ernte kam, war alles vorbereitet. Unmengen von Getreide wurden in den Lagerhallen aufgeschüttet. Alle Räume waren mit einem sinnvollen System gut durchlüftet, um Schimmelbildungen und Fäulnis zu verhindern. In den nächsten Jahren kam immer mehr hinzu. Wir organisierten, daß alles frisch geerntete Getreide eingelagert und das ältere verbraucht wurde. Es klappte vorzüglich. Gegen Ende der sieben Jahre hatten wir so unvorstellbar viel Getreide, daß wir die Übersicht verloren. Wir hatten zum Schluß gar nicht mehr mitgezählt. In diese Zeit fiel meine Heirat mit Asnath, der Tochter Potipheras, des Priesters in On. Unser erster Sohn wurde geboren, und ich nannte ihn Manasse, d. h. »Er macht vergessen«. Ja, all das Elend, das ich erlebt hatte, konnte ich vergessen. Kein Groll blieb zurück. Auch hatte ich nicht den Wunsch, Rache zu nehmen für das erlittene Unrecht, wußte ich doch jetzt, daß alles von Gott eingefädelt worden war. Das war ja nun mit Händen zu greifen, wie in alledem sich Gottes Plan verwirklicht hatte. Und als unser zweiter Sohn geboren wurde, den ich Ephraim nannte, d. h. »Doppel-Fruchtbarkeit«, da war ich kaum noch zu halten in meiner Freude. Es fehlte nichts mehr zu meinem Glück.

Nichts? Doch, eins fehlte noch. Ich wollte gern meinen Vater wiedersehen. Aber Gott würde auch das fügen, wenn es sein Wille war.

Dann kam der Umschwung. Im achten Jahr blieb der Regen aus. Der Nil trat nicht mehr über die Ufer und lagerte auch so seinen fruchtbaren Schlamm nicht auf den Feldern ab. Die Bauern säten und pflanzten zwar, aber es wuchs nichts. Das wenige, das aus der trockenen Erde sproßte, versengte in der Sonnenglut, noch ehe es Frucht bringen konnte

Bereits im ersten der sieben mageren Jahre mußte von dem gehorteten Getreide ausgegeben werden. Bald sprach es sich auch in den benachbarten Ländern herum, daß in Ägypten Getreide zu kaufen war. Von überall her kamen die Karawanen. Sie brachten reiche Schätze: Metalle und Duftmittel, edle Steine und edle Hölzer, Waffen und Töpferwerk, Stoffe und ausländisches Geld. Und mit Weizen beladen zogen sie wieder in ihre Länder. Unser Vorrat war so groß, daß wir nicht fürchten mußten, bald für unser eigenes Land nicht mehr genug zu haben.

Von Tag zu Tag rechnete ich damit, daß eine Karawane aus dem Land Kanaan eintraf. Auch meine Familie mußte unter der Dürrekatastrophe leiden. Ich gab also Befehl, mich sofort zu benachrichtigen, wenn Nomaden aus dem Bergland zwischen dem Toten Meer und dem Mittelmeer kommen sollten.

Tatsächlich, eines Tages waren sie da. Es war eine größere Reisegruppe, der sich meine Brüder angeschlossen hatten. Ich ließ sie aussondern und vorführen.

Da standen sie alle. Von Ruben angefangen bis zu Sebulon. Nur Benjamin fehlte, der Jüngste. Ich hatte Mühe, sie wiederzuerkennen. Nur weil ich auf sie gewartet hatte, wußte ich, wer sie waren. Sie aber erkannten mich nicht. Schließlich waren inzwischen mehr als zwanzig Jahre vergangen.

Ich hatte lange darüber nachgedacht, wie ich mich ihnen gegenüber verhalten sollte. Vielleicht hat nicht jeder dafür Verständnis, wie ich dann tatsächlich vorging. Das Naheliegende war natürlich, mich ihnen einfach zu erkennen zu geben. Aber das schien mir nicht richtig zu sein, weil es jede Schulderkenntnis meiner Brüder im Keim erstickt hätte. Sie hätten sich leicht entwinden können mit dem Gedanken: Wir haben zwar nicht ganz richtig gehandelt, aber es ist ja noch mal gutgegangen. Nein, sie sollten erkennen, daß sie sich versündigt hatten. Dabei ging es mir nicht um Triumphgefühle. Das hatte ich als Verwalter in einer Weltmacht nicht nötig. Ich wollte, daß sie ihre Schuld einsahen; denn nur so ist ein Neuanfang möglich. Gott hatte auch an mir allerlei Mühe gehabt, hatte mir Angst und Bedrängnis geschickt, um mich von meinem hohen Roß herunterzuholen. Mit ein paar freundlichen Worten und ein paar klugen Gedanken ist das nicht zu schaffen. Meistens muß der Mensch erst ganz unten durch, um sich zu ändern.

Ich stellte mich also fremd und sprach nur durch einen Dolmetscher zu ihnen. Harte Worte ließ ich ihnen sagen. Sie bekamen es mit der Angst zu tun und warfen sich demütig auf den Boden. Und da stand auf einmal wieder das Bild vor mir, das ich damals im Traum gesehen hatte: ihre Garben neigten sich vor meiner Garbe. Also hatte es sich erfüllt. Und Gott hatte schon damals vor über zwanzig Jahren im Zelt meines Vaters im kanaanäischen Bergland zu erkennen gegeben, was er heute im entfernten Ägypten tun wollte. Was für ein weise planender Gott! Ich war durch diese Erkenntnis und durch das Wiedersehen mit meinen Brüdern tief bewegt. Aber ich ließ mir nichts anmerken. Noch waren nicht die Voraussetzungen gegeben für Versöhnung und Neuanfang unter Gott.

Ich warf ihnen vor, Spione zu sein. Sie beteuerten ihre guten Absichten und erzählten zu dem Zweck ihre Familienverhältnisse, die ich ja längst kannte. Ich entgegnete, sie könnten die Wahrheit ihrer Worte beweisen, indem sie mir ihren jüngsten Bruder brächten.

Drei Tage ließ ich ihnen Zeit, das zu erörtern. Sie ahnten nicht, daß ich sie auch ohne Dolmetscher verstand, wenn sie miteinander sprachen. Was ich da hörte, zeigte mir aber, daß die Wandlung noch nicht eingetreten war. Sie hatten zwar Angst, sie begannen langsam auch einen Zusammenhang zu sehen zwischen ihrem jetzigen Schicksal und ihrer Schuld, aber noch redeten sie sich heraus, noch war ein echtes Schuldbekenntnis nicht gesprochen. Ruben zum Beispiel schob die Schuld auf die anderen. Die Zeit war noch nicht reif.

So nahm ich – so schwer mir das fiel – Simeon, der sich damals bei meinem Verkauf in die Sklaverei hervorgetan hatte – als Geisel und schickte die anderen weg mit der Mahnung, ja nicht ohne ihren jüngsten Bruder wiederzukommen. Um sie noch mehr in die Enge zu treiben, ließ ich ihnen ihr Geld wieder oben in ihre Getreidesäcke legen. Sie sollten merken, was das für Gefühle sind, wenn man unschuldig verdächtigt wird.

Es dauerte lange, bis sie wiederkamen. Richtig ausgehungert sahen sie aus. Nur die äußerste Not hatte sie wieder hergetrieben. Benjamin war bei ihnen. Ich schickte Simeon zu ihnen. Sie erschraken, als sie hörten, daß sie in meinem Haus zu Gast sein sollten. Aber allmählich löste sich ihre Angst. Ich bewirtete sie freundlich. Ob sie ihre Haltung geändert hatten? Ich wollte es vorsichtig herausfinden. Aber noch war ich mir nicht sicher, ob der richtige Zeitpunkt gekommen war. Darum unternahm ich noch einen Versuch. Ich ließ meinen silbernen Becher in Benjamins Sack stecken und schickte sie auf den Heimweg. Dann ließ ich ein paar Soldaten nachreiten, die sie des Diebstahls bezichtigen sollten.

Als sie wieder vor mir standen, schien mir die richtige Stunde gekommen zu sein. Wie eine Muschel ein Schmutzteilchen einkapselt, so hatten sie die Schuld in ihrem Gewissen eingeschlossen. Sie hatten wohl immer daran gedacht, sie aber nie wirklich ans Licht gebracht. Nun erst war ihre Verzweiflung groß genug, die Abkapselung aufzubrechen. Juda trat vor und bot sich als Stellvertreter für Benjamin an. Er erzählte mir der Wahrheit gemäß die ganze Geschichte.

Da konnte ich mich nicht länger zurückhalten. Ich schickte alle Ägypter hinaus und gab mich zu erkennen. »Ich bin Joseph.« Sie standen mit offenem Mund da und konnten es nicht fassen. Keiner bekam ein Wort heraus. »Kommt her, seht mich an, ich bin Joseph, den ihr nach Ägypten verkauft habt!«

Erst als Benjamin und ich uns weinend in den Armen lagen, löste sich die Erstarrung der anderen. Ich mußte freundlich mit ihnen reden. Natürlich in unserer Muttersprache, um ihre Angst zu nehmen, ich könnte nun an ihnen Rache üben. Endlich konnte ich auch jeden einzelnen von ihnen umarmen. Die Versöhnung war geschehen.

Nun sollte noch eine herrliche Zeit kommen. Ich schickte die elf mit reichen Geschenken zu meinem Vater und ließ ihn holen. Pharao war einverstanden, daß sie ihre Herden im Land Gosen weideten. Er lud sie sogar persönlich dazu ein.

Was war das für eine Freude, als mein alter Vater in meinen Armen lag. Ich sorgte nach bestem Vermögen für meine Familie. Dann aber mußte ich meine ganze Aufmerksamkeit wieder der Güterverteilung in Ägypten widmen.

Der Rest ist rasch erzählt. Ich hatte meine Pflichten und kam nicht oft zu meinem Vater und zu meinen Brüdern. Erst kurz vor Jakobs Tod eilte ich zu ihm. Ich war glücklich, als er meine beiden Söhne segnete und bestimmte, daß sie später wie seine eigenen Kinder behandelt werden sollten. Ja, meine Nachkommen sollten als Nachkommen Abrahams, Isaaks und Jakobs Glieder in der Kette des Segens sein. Sie sollten, wie ich, nicht Ägypter sein, sondern zu dem von Gott erwählten Volk gehören.

Dann segnete mein Vater alle seine Söhne und starb. Wir alle hielten die Totenklage, salbten seinen Leichnam, wie es die Ägypter verstehen, und zogen nach Kanaan, um ihn dort zu begraben. Ja, dort im Land der Verheißung wollte auch ich begraben sein. Das ließ ich mir später von Enkeln und Urenkeln schwören, als ich mit 110 Jahren dem Tod entgegenging.

Als wir wieder nach Ägypten kamen, merkte ich die Angst meiner Brüder. Nun, da unser Vater nicht mehr da war, fürchteten sie, ich würde mich an ihnen doch noch rächen. Aber da war kein Gedanke dran! Ich sagte ihnen: »Fürchtet euch nicht, ich bin doch nicht an Gottes Statt, daß ich richten könnte. Ihr gedachtet es böse zu machen, aber Gott gedachte es gut zu machen.«

JOSUA

Mein Name ist Josua, der Sohn Nuns, aus dem Stamm Ephraim. Meine Eltern hatten mich eigentlich Hosea genannt, d. h. »Hilfe«. Aber Mose hat mir dann einen neuen Namen gegeben: Josua, »Gott hilft«.

Das ist sicher nicht üblich, daß ein Herr seinem Diener einen anderen Namen gibt. Aber das Verhältnis zwischen Mose und mir war in jeder Hinsicht anders als üblich. Er war eben nicht nur mein Herr und mein Vorgänger. Er war Freund und Helfer, Vorbild und Lehrer, ja, er war mehr als ein Vater für mich. Ohne ihn hätte aus meinem Leben niemals das werden können, was daraus wurde. Oder spreche ich hier zu menschlich? Sicher hat im Grunde nicht Mose, sondern Gott selbst mein Leben in der Hand gehabt, es geformt und brauchbar gemacht. Aber der Herr benutzt ja oft Menschen, wenn er dieses Werk vorhat. Für mich hat er eben Mose gebraucht. An ihm konnte ich mich halten und emporwachsen, wie ein junges Bäumchen an einem festen Stamm Halt findet.

Ich war ein junger Mann, als ich als Helfer und Diener zu Mose kam, unreif und unerfahren. Zum Schluß war ich der anerkannte Führer Israels, 110 Jahre alt – der älteste Mann überhaupt im Volk – und wahrhaftig erfahren, aber immer noch abhängig von der Hilfe Gottes. Dazwischen lagen etwa 90 Jahre. Jahre der Entbehrungen und der Freude, der Niederlagen und der Siege, des Zweifels und der Glaubenserfahrungen.

Wenn ich diese Zeit – fast ein Jahrhundert – im nachhinein überblicke, dann drängt sich mir immer der Eindruck auf, als wenn sie von einer großen Klammer zusammengehalten würde: Am Anfang die Hoffnung, die Verheißung, der Auszug aus Ägypten, das Reden Gottes am Horeb – und am Ende meiner Lebenszeit die Erfüllung, die ich selbst so aufgeschrieben habe: Und es fehlte nichts an allem Guten, das der Herr dem Hause Israel verheißen hatte. Es kam alles.

Was ich Ihnen zu erzählen habe, ist also nichts weiter als die Geschichte dieser Erfüllung, freilich eine oft schmerzliche und sehr langwierige Geschichte. Eine, die oft fast auf falsche Wege geführt hätte, die alles andere als gradlinig dem gottgegebenen Ziel zustrebe und in der ich selbst auch längst nicht immer die Rolle eines Glaubenshelden gespielt habe. Und doch – im nachhinein kann ich nur staunend feststellen, daß Gott alles erfüllt hat, was er versprochen hat. Er bleibt treu, auch wenn wir untreu werden. Er kann auch auf den verschlungensten Wegen die Seinen zum Ziel führen.

Das erste besondere Erlebnis, das sich zu berichten lohnt und das zugleich durch die Offenbarung von Gottes Macht meine weitere Entwicklung bestimmte, war der Kampf mit den Amalekitern. Wir mußten durch das Gebiet ziehen, das diese Nomaden gelegentlich auch durchwanderten. Sie fürchteten wohl um das wenige Grün, das dort wuchs, versprachen sich aber auch reiche Beute und machten sich zum Kampf gegen uns bereit. Mose beauftragte mich, in aller Eile eine Kampftruppe aus unseren kräftigsten jungen Leuten zusammenzustellen. Das machte mir Spaß.

Daß beim heißen Kampf der Spaß schnell vergeht, merkte ich erst, als wir mittendrin standen. Wir hatten sie – unerfahren wie wir waren – wohl auch etwas unterschätzt. Wir waren alle ungeübt im Gebrauch der Waffen. Die Krieger dieses wilden Wüstenstaates setzten uns schwer zu. Seit der Verfolgung durch die Äygpter damals am Roten Meer hatten wir nicht mehr solche schreckliche Angst gehabt. Wir mußten zurückweichen, fingen uns wieder und drängten vor, stießen aber wieder auf den härtesten Widerstand. So wogte die Schlacht hin und her, bis in der Hitze unsere Kräfte erlahmten. Als die Sonne unterging und die Dunkelheit die Heere trennte, waren wir wohl die Sieger, hatten aber die Amalekiter nicht ganz vertreiben können.

Erst als wir abgekämpft ins Lager zurücktaumelten, erfuhren wir, daß die Beobachter etwas Merkwürdiges festgestellt hatten: Immer wenn Mose auf der Spitze eines nahen Berges die Hände zum Gebet erhob, drängte Israel nach vorn. Wenn er sie sinken ließ, gerieten wir in Bedrängnis. Erst als zwei Helfer seine Arme stützten und er ständig im Gebet blieb, konnten wir endgültig die Oberhand gewinnen. Plastischer hätte uns allen wohl kaum deutlich werden können, daß Gott nur auf inständiges Gebet hin den Seinen beisteht.

Diese Erfahrung hatte mich vor Hochmut bewahrt. Immerhin war ich von einem unbekannten jungen Mann plötzlich zum militärischen Oberbefehlshaber aufgestiegen, wenn auch dieses Wort reichlich übertrieben klingt angesichts des völligen Mangels an strategischen Kenntnissen und des schlecht gerüsteten und völlig ungeschulten Haufens, der unser Heer darstellte. Immerhin war ich aber als Feldherr erfolgreich, und das hätte mir leicht zu Kopf steigen können. Doch war mir sehr wohl bewußt, daß wir alles nur der Hilfe Gottes zu verdanken hatten. Das sage ich nicht nur so, weil man es von einem frommen Mann erwarten kann. Wie wenig mit unseren Kräften auszurichten war, ist mir vor den drohenden Speerspitzen der wilden Kamelreiter so deutlich geworden, daß ich es wohl nie vergessen werde.

Das nächste Erlebnis, auf das ich zu sprechen kommen muß, ist zugleich das gewaltigste meines Lebens. Ich weiß auch gar nicht, ob ich es Ihnen schildern kann. Es geht dabei um so heilige Dinge, daß ich mich scheue, sie wiederzugeben, soweit ich überhaupt Einzelheiten in Erinnerung habe. Ich meine die 40 Tage und 40 Nächte, die ich mit Mose auf dem Berg Gottes verbringen durfte.

Schon seit einiger Zeit hatte das Volk am Fuße des Horeb gelagert. Gott hatte sich in Rauch und Feuer zu erkennen gegeben. Mose trat zu Gott in den heiligen Bereich, den das Volk nicht betreten durfte. Später ging er mit Aaron, einmal sogar mit den 70 Ältesten des Volkes hinauf. Dann aber kam der Befehl, allein mit mir auf den Berg zu steigen, um die Gesetze entgegenzunehmen, nach denen unser Volk in Zukunft leben sollte. Die unmittelbare Nähe des allmächtigen Herrn war beängstigend und beglückend zugleich. Es waren heilige Stunden und Tage. Zwar ging nur Mose in die unmittelbare Nähe Gottes, und ich wartete in einiger Entfernung. Trotzdem waren diese Tage das Ergreifendste, das ich je erlebt habe. Ich bin überzeugt, daß Gott mich das alles erleben lassen wollte, damit ich ihn besser kennenlernen und aus mir ein Mann Gottes werden sollte.

Und daran hat Gott auch weiter gearbeitet. Als später das Zelt der Offenbarung Gottes unter uns aufgebaut war, durfte ich dort immer in der Gegenwart des Heiligen bleiben, wenn Mose zum Volk sprach. Gott ist hier unter uns gegenwärtig – das hat sich mir unauslöschlich eingeprägt.

Die Schilderung der vielen Wirren der Wüstenwanderung will ich mir ersparen. Vielleicht erzählt Ihnen davon ein anderer aus unserem Volk mehr. Ich möchte mich darauf beschränken, zu berichten, was Gott an mir und durch mich getan hat, welche Wege er ging, um seine Verheißungen, die er dort am Sinai gab, letztlich voll zu erfüllen. Daß ich dabei eine wichtige Rolle spielen würde, war von Anfang an klar. Schon nach der Schlacht gegen die Amalekiter hatte der Herr Mose geboten, mich zu beauftragen, dafür zu sorgen, daß die Erinnerung an alle diese Ereignisse nicht verlorenging.

Die folgende Zeit war voller dramatischer Ereignisse, auch wenn uns kein Krieg drohte. Da war der entsetzliche Abfall von Gott – die Anbetung des goldenen Kalbes; da waren die vielen Gefahren – Hunger, Durst, ein Lagerbrand – und immer wieder das Murren des Volkes. Da war Gottes Strafe, Gottes Hilfe. Da war das Manna, das Brot vom Himmel. Da war inmitten der Wüste auf wunderbare Weise immer wieder Wasser. Da war seine Führung in der Wolke am Tag und durch die Feuersäule in der Nacht. Ein ständiges Auf und Ab von Zweifel und Glaube, von Angst und Bewahrung, von

Murren und neuem Versprechen des Gehorsams. Alles in allem ein erschütterndes Dokument der menschlichen Sündhaftigkeit und Verzagtheit sowie der göttlichen Treue und Barmherzigkeit.

Als wir an der Grenze zu dem verheißenen Land Kanaan lagerten, kam eines Tages eine Abordnung des Volkes und schlug vor, einige Männer zur Erkundung in das vor uns liegende Land zu senden. Mose fragte Gott deswegen, und er beauftragte ihn, jeweils einen Mann aus jedem der zwölf Stämme für diese Aufgabe auszuwählen. Für den Stamm Ephraim fiel die Wahl auf mich.

Es war schon ein merkwürdiges Empfinden, mit dem wir eines Morgens loszogen. Mose mahnte uns, auf alles zu achten, was wir zu sehen bekämen: landschaftliche Gegebenheiten, Möglichkeiten für Ackerbau und Viehzucht und vor allem die Eigenheiten der Bewohner und ihre militärische Stärke. Das Volk rief uns viele gute Wünsche nach, und wir wanderten durch die Wüste nach Norden.

Ich kann Ihnen sagen, je weiter wir kamen, desto mehr gerieten wir ins Staunen. Städte fanden wir da, wie wir sie nur aus Ägypten kannten und auf dem ganzen Zug bis hierher nirgends gesehen hatten. Mauern, die bis zum Himmel zu ragen schienen, wenn man direkt davor stand. Und die Menschen, die dort wohnten! Riesengroße, kräftige Krieger! Uns sank das Herz immer tiefer, je weiter wir kamen. Wie sollten wir diesen dichtbevölkerten Landstrich mit seinen Festungen jemals erorbern können?

Andererseits aber war es ein sehr reiches Land mit einem fruchtbaren Boden. Das viele Grün, das wir ringsum sahen, hob sich wohltuend ab von dem eintönigen Graubraun der Wüste.

40 Tage waren wir unterwegs. Bis in das obere Jordantal kamen wir. Tief beeindruckt von allem, was wir gesehen hatten, kehrten wir um. In der Nähe von Hebron schnitten wir auf dem Heimweg noch eine riesige Weintraube ab, wie sie

dort wachsen. Besser konnten wir dem Volk wohl kaum demonstrieren, wie gesegnet dieses Land war. Der Einfachheit halber hängten wir die Traube auf einen Stock, so daß zwei Mann sie tragen konnten.

Als wir zurückkamen, wurden wir mit großem Hallo begrüßt. Die große Frucht wurde bewundert, und alle freuten sich, daß wir wohlbehalten wieder eingetroffen waren. Aber dann merkten sie unsere Niedergeschlagenheit. Wir waren so mutlos, daß man uns das gleich ansah, und als dann einige zu erzählen anfingen – von den riesigen Männern und den befestigten Städten und der großen Zahl der Gegner –, da machte sich ein allgemeines Wehklagen breit: Warum hat Gott uns überhaupt aus Ägypten herausgeführt? Das schaffen wir nie! Wir werden alle umkommen! Wehe unseren Kindern! Warum haben wir all die Strapazen der Flucht und der Wüstenwanderung auf uns genommen, wenn wir nun doch sterben müssen?

Nur einer stimmte nicht in das allgemeine Klagen ein: Kaleb, der bei unserer Erkundung den Stamm Juda vertreten hatte. »Ja«, rief er laut über das Wehgeschrei hin, »alles ist so, wie es die anderen berichtet haben. Aber eines haben sie und ihr alle vergessen: Gott ist mit uns! Er wird uns den Sieg geben! Wir müssen nur Vertrauen zu ihm haben!«

Und ich? Ja, ich war hin- und hergerissen. Ich gestehe, daß ich auch sehr deprimiert war, weil ich die menschliche Aussichtslosigkeit unseres Vorhabens erkannte. Das will schon etwas heißen, hatte ich doch die starken Amalekiter mit Siegesgewißheit angegriffen. Aber hier war die Sache wirklich hoffnungslos! Was nützten denn Mut und scharfe Waffen gegen solche Festungsmauern! Andererseits imponierte mir aber auch, was Kaleb sagte. Nur – diesen Glauben hatte ich nicht, litt aber zugleich darunter und wurde von Zweifeln hin- und hergerissen. Erst in der Nacht, im stillen Gebet wuchs das Vertrauen zu Gott. Und am nächsten Tag konnte ich mich auf Kalebs Seite stellen, zitternd zwar noch, ängstlich und ratlos gegenüber all den vernünftigen Argumenten, aber doch mit der Gewißheit, daß Gott, der den Auftrag gegeben hatte, dieses Land einzunehmen, auch helfen würde.

In seiner Angst und Wut war das Volk nahe dran, uns zu steinigen, Mose abzusetzen und unter neuer Führung nach Ägypten zurückzukehren. Schon fielen Namen, wer der neue Anführer sein könnte.

Während Mose und Aaron im Zelt Gottes niederfielen und beteten, traten Kaleb und ich vor die aufgewühlte Menge und riefen laut – nur mit Mühe konnten wir uns Gehör verschaffen: Das Land ist gut, das wir erkundet haben! Wolltet ihr das nicht? Was habt ihr euch denn vorgestellt? Daß ein paradiesisches Land völlig unbewohnt ist und uns völlig ohne Kampf und ohne Glauben in die Hände fällt? Wir müssen darum kämpfen! Aber wir werden siegen, weil der Herr auf unserer Seite ist! Fürchtet euch doch nicht vor diesen Leuten! Ihre Götter sind machtlos. Sie haben keinen anderen Schutz als ihre Mauern und ihre Waffen! Mit uns aber ist der Herr!

Was wir hier in unserer Verzweiflung herausschrien, war ein Vorgriff auf das, was Gott tun würde. Wir waren sicher, daß es die Wahrheit war. Aber wer nicht glaubt, sieht das eben nicht. Und das aufgewühlte, von Angst und Enttäuschung gepeitschte Volk glaubte nicht. Schon flogen die ersten Steine. Binnen kurzem mußte es mit uns aus sein.

Da herrschte plötzlich – von einem Augenblick zum andern – Totenstille. Mit weit aufgerissenen Augen schauten sie alle erschreckt hinüber zum Zelt Gottes. Ich drehte mich um. Die Wolke! Das Zeichen der Gegenwart des heiligen Gottes! Unmittelbar über der Offenbarungshütte, wo Mose und Aaron beteten, hatte sich die Herrlichkeit Gottes kundgetan!

Alle waren erstarrt. Die Steine, mit denen sie uns töten wollten, entglitten ihren Händen. Einige fielen auf ihr Angesicht nieder. Lange dauerte diese Stille. Dann trat Mose heraus.

Langsam schritt er heran. Er sah um einige Jahre gealtert

aus. Er ergriff das Wort und berichtete, was Gott gesagt hatte. Sehr bedrückt war er. Wie zähe Flüssigkeit tropften langsam seine Worte: Der Herr hatte sich nur auf das Gebet Moses hin bewegen lassen, das Volk wegen seines Unglaubens nicht gänzlich zu vernichten. Aber ungestraft konnte er es nicht lassen. Alle, die gemurrt hatten, sollten in der Wüste sterben. Nur die unter 20jährigen sollten in das Land Kanaan einziehen, keiner der Älteren, außer Kaleb und mir. Erst wenn eine neue Generation herangewachsen sein würde, sollten sich die Verheißungen Gottes erfüllen.

Lähmende Stille breitete sich aus. Nach und nach begriffen die Israeliten, was das bedeutete: 40 Jahre würden sie nun durch die Wüste wandern müssen, rechtlos, besitzlos, ohne Heimat, immer auf der Flucht. Und all die Strapazen, die sie schon hinter sich hatten und die noch kommen würden, sollten ihnen selbst keinen Lohn bringen, sondern erst ihren Kindern!

Verzweiflung machte sich breit. Resignation bei den einen, Verbitterung bei den anderen. Bei einigen auch Trotz. Einige Hitzköpfe wollten schnell wiedergutmachen, was sie verdorben hatten. Sie scharten sich zusammen und zogen trotz der Warnung Moses aufs Gebirge hinauf, um einen Eroberungsfeldzug zu führen. Es kam, wie es kommen muß, wenn man etwas ohne oder sogar gegen Gott unternimmt: Sie wurden zerschlagen und zertreut. Nur Reste ihrer Truppe kamen niedergeschlagen und erschöpft ins Lager zurück.

Es war nichts daran zu rütteln: Das Gericht, das Gott dem Volk aufgelegt hatte, mußte nun auch getragen werden.

Ja, und dann begann die lange Zeit in der Wüste. Fast ein Menschenalter in der Einöde! Nicht, daß die Jahre eintönig gewesen wären! O nein, es passierte immer wieder etwas. Nicht nur das tägliche Bangen um Wasser, das tägliche Stöhnen über Hitze und Staub, die tägliche Furcht vor Gefahren. Es gab auch herausragende Ereignisse: der Aufruhr der Gruppe um den Leviten Korah beispielsweise. Er wollte

Macht und Einfluß gewinnen und machte darum Aaron und Mose den Priesterdienst streitig. Auf dramatische Weise kamen er und seine Leute um: Ein Erdbeben riß große Spalten auf, in denen sie verschwanden. Dann war die Auseinandersetzung mit den Edomitern, die uns den Durchzug durch ihr Gebiet verweigerten. Oder die Geschichte mit dem Wasser, das aus dem Felsen sprudelte, als Mose dagegenschlug. Dann die Gefahr der Giftschlangen. Mose stellte damals auf Geheiß Gottes eine Schlange aus Bronze auf. Wer sie ansah, blieb vor dem Tod bewahrt, wenn er gebissen worden war. Mirjam, die Schwester Moses, starb, später Aaron, sein Bruder.

So gingen die Jahre dahin. Immer mehr Väter und Mütter, die den Auszug aus Ägypten miterlebt hatten, starben. Eine neue Generation wuchs heran, eine Generation von Wüstenkindern, abgehärtet, an Gefahren gewöhnt. Gefahren gab es wahrlich genug. Kamen wir durch Sandwüste, drohten wir zu verdursten oder zu verhungern, lagerten wir uns in der Nähe der Moabiter, wo es Wasser gab, gerieten wir in Versuchung, dem Götzendienst dieser Leute zu verfallen.

Trafen wir auf verschiedene Stämme, gab es entweder blutige Schlachten wie gegen die Midianiter, oder man versuchte auf andere Weise, uns zu schaden, wie etwa durch den Zauberer Bileam.

Es war ein ständiges Auf und Ab: zweifeln, glauben, sorgen, aber auch Erfahrungen mit der Hilfe Gottes.

Je mehr sich aber die von Gott genannte Zeitspanne dem Ende zuneigte, desto hoffnungsvoller wurde unsere Lage. Erst kleine, dann immer größere militärische Erfolge stärkten das Selbstbewußtsein und die Kampfkraft. Sie weckten im Volk aber auch neu das Vertrauen auf Gottes Hilfe. Wir besiegten den König Og von Basan und die Midianiter. Dadurch fiel uns gutes Weideland in die Hände für unser zahlreicher werdendes Vieh.

Durch diese Eroberungszüge waren wir bis in das Land

östlich des Jordan gekommen. Nun galt es, den Jordan zu überqueren und das verheißene Land, Kanaan, zu erobern.

Damit begann die Erfüllung dessen, was Gott verheißen hatte, und für mich die eigentliche Aufgabe meines Lebens. Darauf hatte mich der Herr seit Jahrzehnten vorbereitet durch die lange Wüstenwanderung mit ihren vielfältigen Erfahrungen und durch die Nähe zu Mose, dem Mann Gottes. Jetzt durfte, ja mußte ich aus dem Hintergrund heraustreten und Moses Platz einnehmen. Immerhin war ich nach dem Tod Moses neben Kaleb der älteste Mann im Volk. Alle anderen unseres Alters durften ja nicht über den Jordan ziehen. In einem so hohen Alter beginnt man nicht gerne eine neue Aufgabe, schon gar nicht, wenn sie so verantwortungsvoll ist.

Gott aber machte mir den Anfang leicht. Ehe Mose starb, führte er mich feierlich vor der versammelten Volksmenge in das neue Amt ein. Sicher, ich hatte schon unser Heer geführt und Verwaltungsaufgaben bei der Verteilung des Ostjordanlandes an die Stämme Ruben und Gad wahrgenommen. Aber das ganze Volk in ein neues Land zu führen, ist doch noch mehr. Darum war ich dankbar, daß Mose sich mit der ganzen Autorität seiner Persönlichkeit hinter mich stellte. Wichtiger aber war mir noch, daß Mose mir segnend die Hände auflegte. Von der Kraft und Weisheit dieses Patriarchen sollte etwas auf mich übergehen, oder nein, besser gesagt: etwas von der Kraft und Weisheit, die Gott ihm verliehen hatte, sollte er mir nun verleihen.

Dann verabschiedete sich Mose vom Volk. Noch einmal erinnerte er an die wichtigsten Gesetze und ermahnte es, Gott treu zu bleiben und nicht fremdem Götzendienst zu verfallen. Ich stand neben ihm, als er zum letzten Mal zum Volk sprach. Es waren bewegende Stunden. Dann ging er allein von uns. Auf des Herrn Gebot hin stieg Mose auf den Nebo, von wo aus er das verheißene Land jenseits des Jordan sehen konnte, das er aber nicht mehr betreten durfte. Dort oben starb er, 120 Jahre alt. Der Uralte war abgetreten und hatte die Bürde dem Alten überlassen.

Da sprach Gott zu mir. Bisher hatte er immer nur zu Mose gesprochen. Ich aber hatte von Gott nur über Mose etwas gewußt. Nun sprach der Allmächtige mich mit meinem Namen an. Er wollte mich nicht verlassen, sagte er. Ich sollte getrost und unverzagt sein, wenn es nun galt, über den Jordan zu ziehen. Glauben Sie mir – da sind alle meine Sorgen dahingeschmolzen wie Butter an der Sonne. Gott war mit mir! Was konnte mir da noch geschehen?

Nun begann eine rege Betriebsamkeit. Auf drei Tage setzte ich die Frist fest, nach der der große Feldzug beginnen sollte. Vorräte wurden bereitgelegt, die Waffen geschliffen, Pläne durchgearbeitet, Kundschafter ausgeschickt.

Am festgesetzten Tag zog das ganze Heer zum Jordan. Ich gebot dem Volk, sich zu heiligen. Wir mußten nun einfach mit einem Wunder Gottes rechnen. Denn wie sollten wir sonst mit großen Herden, mit Frauen und Kindern über den Jordan kommen, der zu dieser Zeit Hochwasser führte, und das alles unter militärischer Bedrohung? Gott wirkte das Wunder, wie er es durch Mose beim Durchzug durchs Schilfmeer gewirkt hatte. Als die mit der Lade Gottes vorangehenden Priester mit ihren Fußsohlen das Wasser berührten, staute es sich nach oben, nach unten floß es ab. So konnte ganz Israel trockenen Fußes ans andere Ufer gelangen. Was für eine Bestätigung Gottes, daß er bei allem Kommenden dabeisein wollte!

Nachdem wir an dieser Stelle ein Denkmal errichtet hatten und die Beschneidung, das Bundeszeichen, das in der Wüste vernachlässigt worden war, nachgeholt hatten, wandten wir uns Jericho zu, der drohenden Festung am Eingang in das Gelobte Land.

Mit meinen schweren Gedanken ging ich etwas abseits von unserem Lager, um dem lauten Treiben zu entfliehen und von Gott Weisung zu erhalten. Plötzlich stand ein Mann vor mir, ein Krieger mit einem blanken Schwert in der Hand. Lähmender Schreck durchfuhr mich. Was für ein Leichtsinn von mir, hier im Feindesland ohne Leibwache vom Lager fortzugehen! Was hätte ich alter Mann tun können, selbst wenn ich bewaffnet gewesen wäre?

In meinem Schreck sprach ich ihn an: Gehörst du zu uns oder zu unseren Feinden? Er antwortete in unserer Sprache: Ich bin ein Fürst über die Engelheere Gottes. Ich fiel auf meine Knie zur Anbetung nieder. Dann gebot er mir, die Schuhe auszuziehen, weil wir auf heiligem Boden ständen. Wie bei Mose, schoß es mir durch den Kopf, als er den Auftrag Gottes bei dem brennenden Dornbusch empfing! Des Herrn unsichtbare Mächte, hier durch einen Engel für kurze Zeit sichtbar geworden, standen auf unserer Seite! Wie hätte ich da noch zweifeln können!

Die Geschichte der Eroberung Jerichos kennen Sie sicher. Viel ist darüber schon geschrieben, gesagt und gesungen worden. Ich weiß nicht, ob ich unter anderen Umständen den Glaubensmut gehabt hätte, sieben Tage lang mit Kind und Kegel, Heer und Troß um die Stadt zu ziehen. Aber nach allem, was vorangegangen war, konnten wir vertrauensvoll und gehorsam nach Gottes Wort handeln, ohne Angst, daß die ausfallenden Bewohner Jerichos das auseinandergezogene Heer überfallen könnten, auch ohne Angst, uns lächerlich zu machen. Als dann am siebten Tag nach dem siebten Umzug die Mauern fielen und wir die Stadt erobern und zerstören konnten, war das fast wie erwartet gekommen.

Aber solch eine Sicherheit kann gefährlich werden. Einige Kundschafter, die ich aufs Gebirge geschickt hatte, berichteten mir von einer kleinen Stadt namens Ai. Zwei- oder dreitausend Mann sollte ich hinaufschicken, meinten sie, es lohne sich nicht, das ganze Heer hinaufzubemühen. Ich tat es. Was für ein Schrecken, als die knapp dreitausend Mann fluchtartig zurückkamen. Die Leute von Ai hatten sie vertrieben und 36 Mann getötet.

Eine große Verzagtheit ergriff alle. Eben noch hatten wir einen glänzenden Sieg erfochten und nun diese schmähliche Niederlage! Ich fiel im Zelt Gottes zur Erde nieder und betete voller Verzweiflung. Mir war, als wäre ich aus einem geistlichen Höhenflug jäh abgestürzt.

Gott aber sprach ernst mit mir: Steh auf! Warum liegst du auf deinem Gesicht? Israel hat sich versündigt! Ich werde nicht mit euch sein, solange die Sünde unter euch nicht ausgetilgt ist. Dann gab er Anweisung, das Los zu werfen, um zu erfahren, wer den Bann auf das Volk gebracht hatte.

Bedrückt, in heiligem Ernst, standen die 12 Stämme am nächsten Morgen geordnet beisammen. Als das Los den Stamm Juda traf, forschten wir weiter nach dem Geschlecht, nach dem Clan, nach der Familie. Schließlich wurde Achan getroffen. »Was hast du getan, mein Sohn? Leugne nichts!« beschwor ich ihn. Achan brach zusammen und gestand: Gold, Silber und einen kostbaren Mantel hatte er in Jericho erbeutet und unter seinem Zelt vergraben. Er hatte sich bereichert an Dingen, die dem Herrn gehörten.

Auf den Befehl des Herrn wurde er mit seiner ganzen Familie gesteinigt. Ein hartes Urteil, könnte man meinen. Aber nicht angesichts des Fluches, den er über alle gebracht hatte, und angesichts der Gefahr, die gerade am Anfang einer neuen Epoche unserer Geschichte bestand, daß sich das Böse breitmachen könnte.

Der Bann war beseitigt. Wir wurden trotzdem nicht mehr so leichtsinnig und zogen mit unserem ganzen Heer nach Ai hinauf. Es ist nur ein kleiner Schritt vom Glaubensmut zur Überheblichkeit, vom Gottvertrauen zur Selbstsicherheit. Wir hatten diesen Fehltritt einmal begangen und wollten ihn nicht wiederholen.

Wir teilten unser Heer. Mit einem Teil griffen wir die Stadt an und taten dann so, als wollten wir fliehen. Als uns die Bewohner verfolgten, nahm der andere Teil unseres Heeres die Stadt in Besitz. Ihrer Verteidigungsmöglichkeiten beraubt, waren die Leute von Ai bald besiegt. Aber ich wußte wohl: Nicht unsere Kriegslist hatte uns den Sieg gebracht, auch nicht unsere zahlenmäßige Überlegenheit, sondern Gott, der nun wieder mit uns war.

Sie wissen sicher, meine verehrten Leser, wie leicht wir Glaubenden aus der unmittelbaren Verbindung zu Gott herausfallen können. Manche schmerzliche Erfahrung habe ich da machen müssen. Ich denke etwa an die List der Gibeoniten, die mir mit einer Lüge das Versprechen abnötigten, sie zu verschonen. Manchen Fehler hätte ich bei genauerem Hinhören auf die Stimme des Herrn sicher vermeiden können. Andererseits bin ich aber dankbar, daß er mich in den großen Linien geführt hat, die er für mich vorgezeichnet hatte.

In den vielen Schlachten, die die Eroberung des Landes nötig machte, wurde das deutlich. Erwarten Sie von mir nicht, daß ich Ihnen die vielen Gefechte im einzelnen schildere. Ich erinnere mich ungern an das Blutvergießen, gerne aber an Gottes Hilfe.

Natürlich konnten wir in der kurzen Zeit nicht all die vielen kleinen Stämme vertreiben. Nach Gottes Gebot sollte das auch Aufgabe der einzelnen Stämme Israels bleiben. Jeder sollte das Gebiet vollständig in Besitz nehmen, das ihm zugewiesen war. Schließlich konnten wir nicht mit dem ganzen Heer jahrelang durchs Land ziehen. Die Zeit drängte auch; denn ich war alt und fühlte, wie meine Kräfte nachließen. Noch aber hatte ich die wichtigste Aufgabe nicht erfüllt: die Verteilung des Landes.

Das mußte ein undankbares Geschäft werden. Aber niemand anders als ich hatte die Autorität, das, was durchs Los entschieden war, bei dem Widerstreit der vielen Interessen und gegen Habgier und Neid auch durchzusetzen. Wie soll man Land gerecht verteilen, das teils aus Wüste, teils aus fruchtbaren Äckern besteht, teils aus Bergen, teils aus sumpfigen Ebenen, das teils schon erobert und befriedet ist, teils aber noch fest in der Hand irgendwelcher Stämme liegt? Wie soll man da vermeiden, daß sich Ärger und Mißgunst breitmachen? Diese Aufgabe schien mir schwerer lösbar, als heiße Schlachten zu schlagen.

Gott aber gab dazu das Gelingen. Mein Wort und das des Priesters Eleasar galt, zumal uns vornehme Leute aus allen Stämmen unterstützten. Als diese ungeheuer schwierige und wichtige Aufgabe, die das Leben unseres Volkes auf Jahrhunderte hinaus bestimmen würde, erledigt war, dankte ich Gott und legte alles, was nun geworden war, vertrauensvoll in seine Hände. Ich brauchte die Verantwortung nicht mehr zu tragen.

Wie freute ich mich, als nach Abschluß dieser Arbeit eine Abordnung Israels kam, um mir als ihrem Führer auch ein Erbteil anzubieten. Ich durfte wählen und entschied mich für Thimnath-Serah auf dem Gebirge Ephraim. Ich baute die Stadt für mich und meine Nachkommen aus. Nun hatte ich nach einem ganzen Menschenleben auf der Wanderschaft endlich ein Zuhause, nach jahrzehntelangem Kampf endlich Frieden.

Noch gab es manche Entscheidungen zu fällen. Aber die Hauptarbeit, meine Lebensaufgabe, war getan. Das Heiligtum hatte in Silo einen festen Platz gefunden. Alle Ländereien waren verteilt, die mächtigsten Feinde besiegt. Es fehlte nichts an dem Guten, das der Herr verheißen hatte. Alles war wie versprochen gekommen. Ich konnte die Verantwortung ablegen, die Last, die so lange auf mir gelegen hatte.

Nein, ganz ablegen konnte ich sie nicht. Eine Sorge war immerfort in mir: Ob die Ruhe dem Volk nicht gefährlich werden würde? Ob der Götzendienst der fremden Völker nicht Einzug halten und Glaubenslosigkeit als Folge des ungewohnten Wohlstandes um sich greifen könnte?

Noch einmal machte ich mich auf und rief das ganze Israel zusammen. Nach Sichem kamen sie, wo wir damals nach der Eroberung von Jericho und Ai schon einmal das gesamte Volk versammelt und das Gesetz vorgelesen hatten. Inständig ermahnte ich sie, im Gehorsam gegenüber Gott zu bleiben. Was konnte ich tun, um über meinen Tod hinaus den Glauben zu bewahren? 110 Jahre war ich alt, und bald würde ich nicht mehr Einfluß nehmen können auf den Weg des Volkes. Mir blieb nur, meinen eigenen Entschluß beispielhaft deutlich zu machen: Ich und mein Haus wollen dem Herrn dienen.

Allgemein war die Zustimmung: Ja, auch wir wollen Gott treu bleiben! Aber ob das ein tiefgreifender Entschluß war? Oder nur ein leeres Versprechen, aus der Stimmung des geschichtlichen Augenblicks geboren, gestützt von der Masse? Ich hatte keinen Einfluß darauf.

Ein Letztes konnte ich noch tun, auch wenn es kaum Erfolg versprach: Ich richtete unter einer Eiche einen großen Stein auf als Denkmal dieses Tages. Vielleicht würde er später manchen an diese besonderen Ereignisse erinnern. Dazu schrieb ich alles, was Gott gesagt und getan hatte, auf eine Schriftrolle. Freilich ist das nur eine Krücke für den Glauben. Eine tote Sache kann nie die lebendige Verbindung mit Gott ersetzen. So bleibt die Sorge. Gebe Gott, daß seine Kinder ihm die Treue halten!

SAMUEL

Mein Name ist Samuel. Aus dem Stamm Levi. Titel habe ich keine, eigentlich auch keine klare Berufsbezeichnung. Ich war Priester, Prophet, Richter und Königsmacher. Ich war eben Samuel, das sagte damals alles. Da brauchte es keine Titel. Ich hatte nie ein offizielles Amt inne, wie etwa das eines Präsidenten oder Kanzlers. Allenfalls könnte man mich als Chefideologen bezeichnen oder als graue Eminenz. Aber was soll's – ich war eben der Samuel. Jedes Kind damals wußte, wer das war. Und Autorität hatte ich auch ohne Amt und Würden.

Autorität. Ja, stimmt das eigentlich? In gewisser Weise ja. Aber es war nicht meine Autorität, sondern die Gottes. Man wußte, daß ich im Auftrag des Herrn sprach. Wenn er anerkannt wurde, wenn man auf ihn hören wollte, hörte man also auf mich. Zu Zeiten aber, wo Gottes Wort nichts galt, wo man lieber nach eigenem Gutdünken handeln wollte, war es auch mit meiner Autorität nicht weit her.

Es ist eine herrliche Aufgabe, Gottes Bote zu sein. Das kann ich ehrlichen Herzens sagen. Das Leben bekommt auf diese Weise einen Sinn, der nicht in einem selbst, sondern außerhalb liegt. Auf der andern Seite ist es auch eine sehr schwere Aufgabe, die ungeheure Belastungen mit sich bringt, manche Anfechtungen, Traurigkeit, bis hin zur Verzweiflung. Davon muß noch die Rede sein, wenn ich Ihnen aus meinem Leben erzählen will.

Es ist ja nicht so, daß die Verbundenheit mit Gott uns aus den Problemen dieser Welt heraushebt. Im Gegenteil. Er schickt uns in diese Welt hinein und beauftragt uns, die Lasten der Menschen mit auf unsere Schultern zu nehmen. So erging es auch mir. Und da hatte ich wahrhaftig nicht wenig zu tragen. Aber Aufgaben, die wir in Gottes Auftrag erfüllen, sind nie unlösbar. Gott kann Wunder tun.

Dieser Tatsache, daß Gott auf Gebet hin Wunder tut, verdanke ich überhaupt mein Leben. Das kam so: Meine Mutter Hanna war lange Zeit kinderlos. Sie war nicht die einzige Frau meines Vaters Elkana. Da seine zweite Frau Kinder hatte, mußte meine Mutter viel Gespött und Verachtung über sich ergehen lassen. Die Familie war wieder einmal in Silo, wo die Bundeslade Gottes in dem heiligen Zelt stand. Dort hatte man geopfert und anschließend das fröhliche Mahl gehalten. Meine Mutter aber löste sich aus der Gruppe und ging noch einmal zu dem heiligen Ort zurück, um zu beten. Sie bat um einen Sohn und versprach ihn gleichzeitig Gott zu seinem Dienst.

Als Eli, der alte Priester, beobachtete, wie sie tonlos die Lippen bewegte, weil sie nur im Herzen betete, begann er auf sie einzuschimpfen, denn er meinte, sie wäre betrunken. Als meine Mutter ihm erklärt hatte, daß sie gebetet habe und welches der Inhalt ihres Gebetes war, schickte Eli sie fort mit dem Versprechen: »Der Herr hat dein Gebet erhört und wird deine Bitte erfüllen.« Er behielt recht.

Als ich, der heiß ersehnte Sohn, geboren wurde, gab sie mir den Namen Samuel, das heißt: »Erhört von Gott«.

Immer und immer wieder hat mir meine Mutter diese Geschichte erzählt. So prägte sich bereits in früher Kindheit bei mir die Gewißheit ein, daß Gott auf unser Gebet wirklich antwortet. Ich war mir selbst der Beweis dafür. Ebenso tief prägte sich mir die Liebe ein zu dem Herrn, der an den Armen und Verachteten denkt und sich seiner annimmt. Als dann meine Mutter mit meinem wachsenden Verständnis mehr und mehr davon sprach, daß ich in besonderer Weise Gott geweiht war, hatte ich dazu ein volles Ja. Ja, ich wollte ganz für den Herrn da sein.

Ich war freilich erst ein paar Jahre alt und verstand nicht allzuviel von der Welt, als ich in das Haus Gottes nach Silo kam. Aber daß man viel von der Welt verstehen muß, ist keine Voraussetzung dafür, daß Gott zu einem reden kann.

Meine Mutter brachte mich hinauf nach Silo, übergab mich Eli, der inzwischen sehr alt geworden war, und brachte ein Opfer. Da war ich nun allein, ein Kind noch, aber unter dem Schutz Gottes.

Eli war ein frommer Mann, der mich im Sinne meiner Mutter erzog. Vieles habe ich von ihm gelernt während des Dienstes im Tempel, der mir auch Freude machte. Andererseits aber nahm der gute Einfluß Elis immer mehr ab.

Er hatte seine beiden Söhne mit dem Opferdienst beauftragt. Die hatten bald raus, wie man sich dabei ein gemütliches Leben machen konnte, und ihre Diener taten fleißig mit. Das Spektrum ihrer Vergehen reichte vom Essen des Fleisches, das zum Opfer bestimmt war, bis hin zu nackter Erpressung mit Gewaltandrohung gegen die Frommen Israels, die nach Silo kamen, um Gott anzubeten. Es waren haarsträubende Zustände. Verständlich, daß die Ehrfurcht des Volkes vor dem heiligen Kult schwand.

Und Eli? Natürlich bekam er trotz seines Alters mit, was geschah. Aber er brachte nicht mehr die Kraft auf, dagegen anzugehen. Er wies seine Söhne zwar zurecht. Sie hörten ihm auch gelassen zu. Aber als er sie entließ, machten sie draußen genauso weiter wie vorher. Mich in meiner kindlichen Unerfahrenheit brachte das in große Anfechtungen. Gott aber bewahrte mich, so daß ich von dem gotteslästerlichen Treiben der Eli-Söhne nicht angesteckt wurde.

Eigentlich tat Eli mir leid, und ich konnte es überhaupt nicht verstehen, als eines Tages ein Prophet kam und Eli im Auftrag Gottes Gericht ankündigte. Nicht nur seinen Söhnen, sondern auch Eli! Ich empfand das als ungerecht. Was sollte der alte Mann gegen seine Söhne unternehmen? Erst später begriff ich, daß auch Eli nicht frei von Schuld war. Er hätte eben früh genug einschreiten sollen, als er noch kräftiger und die Söhne schwächer waren. Er hätte den Anfängen wehren sollen. Dem Bösen stillschweigend seinen Lauf zu lassen ist genauso Schuld, wie es selbst zu tun.

Daß ich das eines Tages begriff, hängt mit dem ersten Reden Gottes zusammen. Diese Begebenheit muß ich ihnen erzählen. Und sei es nur deshalb, weil sie deutlich macht, daß mein Auftrag wirklich von Gott kam und nicht etwa nur das Ergebnis frommer Erziehung war. Das erste Reden Gottes traf mich nämlich so unerwartet, daß ich davon selbst völlig überrascht wurde und gar nicht wußte, was mit mir geschah.

Als ich mich eines Nachts im Tempel des Herrn auf meiner Matte zum Schlafen niedergelegt hatte, wie es meine Gewohnheit war, hörte ich plötzlich meinen Namen rufen. Ich stand schnell auf und lief zu Eli, denn wer sonst sollte mich gerufen haben. Eli war fast erblindet und brauchte meine Hilfe oft für kleine Dienste. Er sagte aber, er hätte mich nicht gerufen. Das wunderte mich, aber ich legte mich wieder an meinen Platz. Da hörte ich zum zweiten Mal ganz deutlich meinen Namen. Aber als ich zu Eli kam, schickte er mich wieder weg. Als ich zum dritten Mal hörte: »Samuel«, war ich ganz sicher, daß der alte Priester nach mir gerufen hatte. Er überlegte eine Weile, und dann befahl er mir, bei einem nochmaligen Anruf zu sagen: »Rede, Herr, dein Knecht hört.« Gott redete also zu mir! Und ich hatte nicht gemerkt, woher die Stimme kam!

Mit klopfendem Herzen legte ich mich wieder nieder. Ob ich den Anruf aus der anderen Welt wohl noch einmal hören würde? Was für ein heiliger Augenblick, wenn man Gott reden hört wie einen Freund. Tatsächlich – da war wieder die Stimme: »Samuel, Samuel!« – »Rede, Herr, dein Knecht hört«, gab ich zur Antwort, wie mir aufgetragen worden war.

Und tatsächlich: Gott sprach zu mir! Zu mir, dem halbwüchsigen Jungen! Und was? Die göttliche Botschaft war nichts, was zu einem Kind gepaßt hätte. Es war ein Gerichtswort über Eli und seine Familie. Gott bekräftigte, daß er alles wahrmachen werde, was er schon vorher ankündigen ließ. Deshalb also mußte ausgerechnet ich, der Jüngste, dieses göttliche Wort entgegennehmen. Es gab ja im Tempel keinen mehr, der nicht schon dem Gericht verfallen war – außer mir. Und daß ich, der Jüngste, beauftragt war, die Gerichtsankündigung zu bringen, war schon ein Stück Gericht. Gott sprach nicht mehr zu Eli.

Alles das bewegte mich natürlich sehr und ließ mich kein Auge zudrücken. Am Morgen begann ich mit meinem Dienst wie immer, voller Angst davor, dem verehrten alten Priester die Schreckensbotschaft zu sagen. Aber Eli ahnte, was in der Nacht geschehen sein mußte. Als er mich fragte, konnte ich nicht mehr ausweichen. Ich erzählte ihm alles. Seine Antwort hieß: Es ist der Herr, er tue, was ihm gefällt.

Es konnte nicht anders sein, als daß ich mich allmählich vom Einfluß Elis und erst recht seiner Söhne löste. Ich achtete ihn weiterhin, sah mich aber immer mehr von Gott in Aufgaben gedrängt, die über den Tempeldienst weit hinausgingen. Gott sprach immer wieder zu mir. Als sich die Prophezeiungen erfüllten, sprach sich das herum. Menschen kamen von weither, um Gottes Urteil zu irgendeiner Sache zu erfahren. Es wurde bekannt, daß nun wieder ein Prophet im Land war, nachdem lange Zeit kein Bote Gottes die Stimme erhoben hatte.

Sie müssen sich, verehrte Leser, die Verhältnisse von damals völlig anders vorstellen, als sie es in einem modernen Staat sind. Israel war zwar ein Volk, aber keine Nation. Jeder Stamm lebte für sich, ja, jedes Dorf, jede Sippe. Es gab keinen König und auch keine andere Regierung. Es gab überhaupt keine einheitliche politische Linie, keine Führung, keine Autorität. Jeder machte, was er für richtig hielt. Auch ein Gerichtswesen gab es nicht und keine Ordnungsmacht, Polizei, oder ein stehendes Heer. Bei diesem ungeordneten System war es den Feinden ringsum natürlich leicht, unser Land immer wieder mit Krieg oder Beutefeldzügen zu überziehen.

Nur wenn es gar zu schlimm wurde, war der Boden bereitet für einen politischen Führer, der aus dem Volk kam und sich vielleicht nur durch Überzeugungskraft und etwas militärisches Geschick auszeichnete. Er rief mühsam ein paar tausend Männer zusammen, vertrieb die Feinde – oder auch nicht – und war nach der Schlacht bald wieder vergessen.

Wie gesagt, diese politisch äußerst liberale Struktur war ziemlich ungeeignet für Landesverteidigung und innere Ordnung. Aber doch hatte Gott es so gewollt, als die großen Führer Mose und Josua gestorben waren. Aus einem ganz bestimmten Grund: Wir sollten uns nicht auf ein System verlassen, sondern auf unseren Herrn. Mittelpunkt des Volkes sollte nicht ein König, ein mächtiger Adel oder eine strahlende Hauptstadt sein, sondern der schlichte Ort der Anbetung, wo die Lade Gottes stand. Das Verbindende sollte nicht ein Nationalbewußtsein oder Stolz auf Geschichte und Kultur sein, sondern der gemeinsame Glaube an Jahwe und der Gehorsam gegenüber seinem Wort.

So hatte Gott es gewollt. Daß es meistens nicht so war, lag nicht an ihm, sondern an den Menschen, die fremde Götter annahmen, den Opferdienst vernachlässigten und die Gesetze, die Gott durch Mose gegeben hatte, mit Füßen traten. Die Folgen waren offensichtlich. Die Volksgemeinschaft fiel auseinander. Es gab keine Ordnung und keine Gerechtigkeit mehr. Die Feinde hatten mit dem ungeordneten Gebilde, das sich Israel nannte, leichtes Spiel.

Eines Tages kamen fremde Männer nach Silo. Sie sahen abgerissen und abgekämpft aus. Wie sie uns berichteten, hatte im Grenzgebiet zum Land der Philister eine Schlacht stattgefunden. Die Israeliten, die in der Gegend wohnten, hatten sich versammelt und damit die Philister provoziert. Jede Art von Einigung der Israeliten mußte für sie gefährlich werden, weil sie zwar gute Krieger, aber gegenüber Israel weniger an Zahl waren. Ihre Übermacht lag in ihrer besseren Strategie und in ihrer besseren Kampfmoral, vor allem aber in ihrer strafferen Organisation. Deshalb wollten sie jeden Ansatz zu einer Einigung israelitischer Stämme im Keim ersticken und griffen an. Die Unseren mußten fliehen.

Und was wollt ihr nun? fragten wir die Kämpfer. Ihre Antwort ließ in mir zwiespältige Gefühle wach werden. Sie wollten die Bundeslade holen. Wenn sie die vor sich her in die Schlacht trügen, meinten sie, würde Gott ihnen Sieg geben. Ich muß sagen, zuerst imponierte mir der Gedanke. War es nicht gut, wenn das Volk sich auf die Gegenwart Gottes in seiner Mitte besann? Dann aber kamen mir Zweifel. Die wuchsen, je mehr ich darüber nachdachte. Ließ sich Gott herbeizwingen, indem man die Lade mitnahm? Hätte er, wenn er Sieg geben wollte, das nicht auch ohne den Schrein tun können? Spielte hier nicht ein magisches Verständnis mit, das mit echtem Glauben an Gott wenig zu tun hatte?

Elis Söhne holten die Lade aus dem Zelt und trugen sie, begleitet von den Soldaten, hinunter ins Heerlager Israels, nahe der Grenze zu den Philistern. Was dort geschah, wurde bald in ganz Israel erzählt. Und so erfuhr auch ich davon.

Die Ankunft der Bundeslade löste im Heer großen Jubel aus. Das vorweggenommene Siegesgeschrei war so laut, daß die Feinde es hörten. Bald erfuhren sie den Grund für den Jubel. Aber die Philister waren nicht von dem Schlag, der sich einschüchtern läßt. Diese geborenen Krieger ließen sich durch eine Bedrohung nur zu vermehrter Anstrengung mitreißen. Als die Philister mit dem Mut der Verzweiflung in die Schlacht stürzten und auf die in falschem Glauben sorglos gewordenen Israeliten trafen, kam es, wie es kommen mußte: Unsere Leute flohen Hals über Kopf, als sie merkten, daß ihre Lade nichts half. Ungeordnet – wie meistens – wurden sie in viele Rückzugsgefechte verwickelt, die sich bis weit ins Land hineinzogen, und verloren dreißigtausend Mann. Auch die Söhne Elis kamen dabei um. Die Lade des Herrn wurde von den Philistern erbeutet.

Eli wartete in Silo sehnlichst auf eine Nachricht vom Heer. Endlich kam ein Mann, der ihm die Ereignisse schilderte. Da erschrak Eli, der inzwischen 98 Jahre alt war, so sehr, daß er vom Stuhl fiel und tot war. Gott hatte sein Gericht vollzogen.

Israel war tief deprimiert. Die Bundeslade war weg, der Priester tot. Es gab keinen Gottesdienst mehr. In politischer Hinsicht verschlechterten sich die Verhältnisse dadurch noch mehr. Nun war das Zentrum, Silo, der einzige Kristallisationspunkt der auseinanderlaufenden Interessen, nicht mehr da. Nichts mehr hielt das Volk zusammen.

Eins kann man in dieser Situation noch als glücklich bezeichnen: Es gab kein Faustrecht, jedenfalls war es nicht verbreitet, auch wenn es hier und da auftauchte. So weise waren die Menschen wenigstens noch, daß sie wußten: Wenn das Recht des Stärkeren bei Streitigkeiten entscheidet, ist das Chaos nicht mehr aufzuhalten. An welche Autorität sollte man sich aber wenden, wo es weder Polizei noch Gerichte gab?

Zuerst waren es nur wenige, die zu mir kamen. Dann wurden es immer mehr, und schließlich war ich so eine Art oberster Richter des Volkes. Weil nicht alle, die Streit hatten, nach Rama kommen konnten, wo ich nun wohnte, reiste ich jährlich einmal durchs ganze Land und hielt überall Gerichtstage ab. Da kam dann groß und klein und brachte seine Anliegen vor.

Die erbeutete Lade Gottes verursachte den Philistern nur Probleme, und darum schickten sie sie schließlich zurück. Aber der Opferdienst begann doch nicht wieder. Das Heiligtum wurde in einem Bauernhaus bei einem Mann namens Abinadab provisorisch untergestellt. Diese erbärmliche Unterkunft für den Schrein, der Gottes Gegenwart symbolisieren sollte, ist symptomatisch für die Situation im Volk zu jener Zeit. Kein Glaube, kein Gesetz, keine Freiheit, keine Regierung, keine Hoffnung auf Besserung.

20 Jahre lang dauerte dieser trostlose Zustand. 20 Jahre des Elends, der Resignation. Ich versuchte, das Volk aufzurichten, versuchte es zu echter Buße zu bewegen. Aber ich stieß mit meiner Predigt auf taube Ohren. Von Gott wollte man nichts wissen. Er hatte ja versagt – so meinte man –, weil

er ihnen trotz Gegenwart der Bundeslade keinen Sieg gegeben hatte. Da hielt man sich lieber zu Baal und Aschera und wie die Götter der Kanaaniter alle hießen. Die hatten zwar auch noch nicht viel Positives zuwege gebracht, aber wenigstens auch noch nicht enttäuscht.

Mir drehte es fast das Herz um, wenn die Leute so redeten. Immer wieder predigte ich den Namen Gottes, des Höchsten. Aber es kam kein Echo.

Trotzdem hielt ich es für meine Aufgabe, meine richterliche Tätigkeit weiter auszuüben. Auf diesem Gebiet galt noch mein Wort. Man wußte, wie nützlich eine Autorität sein kann. Aber als Prophet galt ich wenig, vielleicht gar nichts mehr.

Erst als viele Jahre ins Land gegangen waren und die Lage immer drückender wurde, merkte ich erste Anzeichen zur Umkehr. Die Menschen – es war ja inzwischen eine neue Generation herangewachsen – begannen wieder von Jahwe zu reden. Man besann sich auf die Berichte von seinen früheren Wundern und begann zu hoffen und zu beten, daß Gott auch das gegenwärtige Elend sehen und wenden möchte.

Als das Umdenken im Volk, das Leidtragen am gegenwärtigen Zustand und das Schreien zu Gott nicht mehr zu übersehen war, hielt ich den Zeitpunkt für gekommen, einen großen Bußgottesdienst abzuhalten.

Nach Mizpa lud ich ein. In großen Scharen strömte das Volk herbei – ein Zeichen dafür, daß in den Herzen der Menschen eine Wandlung begonnen hatte. Überall im Land wurden Götzenaltäre eingerissen, wie man mir erzählte.

Selbstverständlich konnte so eine Massenbewegung von den Philistern nicht unbeobachtet bleiben. Schnell hatten die Fürsten der Städte am Meer ihr Heer zusammengerufen. Als das die Israeliten hörten, kroch ihnen die Angst den Nacken herauf. Jetzt kam die Bewährungsprobe. Würden sie Gott vertrauen? »Bete du weiter für uns zum Herrn«, sagten sie, und machten sich zum Kampf bereit. Ich jubelte innerlich.

Die Umkehr war vollzogen. Nun würde Gott sich auch wieder zu seinem Volk bekennen.

Noch während ich das Opfer brachte, brachen die Philister über uns herein. Gott aber antwortete. Ein schreckliches Gewitter brach los. Das unverhoffte und gewaltige Donnern erschreckte die Feinde so sehr, daß sie an ein Zorngericht unseres Gottes glaubten – womit sie ja auch nicht unrecht hatten. Sie sahen sich außerstande, mit solchen Mächten Krieg zu führen und flohen. Unsere Männer verfolgten sie und schlugen sie. Erst als wir sie aus dem Gebiet, das sie uns vorher abgenommen hatten, hinausgejagt hatten, hielten wir mit der Verfolgung inne.

Die Philister vergaßen diese Lehre lange nicht. Aber ebenso auch Israel nicht. Um das zu unterstützen, setzte ich einen Gedenkstein, den ich Eben-Ezer nannte, »Stein der Hilfe«.

Ich war alt geworden. Das Reisen und die verantwortungsvolle Tätigkeit eines Richters gingen bald über meine Kräfte. Was sollte ich tun? Israel ohne Richter lassen?

Ich setzte meine beiden Söhne Joel und Abia zu Richtern ein. Die Autorität, die ich genoß, glaubte ich an sie weitergeben zu können. Zunächst ging das auch gut. Aber bald mußte ich die gleiche furchtbare Erfahrung machen wie Eli. Meine Söhne arbeiteten nicht in meinem Sinn. Sie waren bestechlich. Recht bekam meistens der, der die größten Geschenke machte. Natürlich dauerte es einige Zeit, bis mir das zu Ohren kam. Ich war fest entschlossen, den Fehler Elis nicht zu wiederholen. Aber noch ehe ich sie aus Beer-Seba im Süden holen konnte, kam eine Abordnung des Volkes feierlich zu mir nach Rama gezogen und brachte eine Resolution vor. Als sie ihre Sache vorgetragen hatten, fühlte ich mich wie vor den Kopf geschlagen.

Einen König wollten sie! Einen richtigen König, sagten sie ausdrücklich, so wie ihn die Heiden haben. Ich sollte einen geeigneten Mann zum König salben.

Natürlich hatten sie politisch gesehen recht. Nur mit einem König konnte das Volk auf die Dauer dem Druck von außen standhalten, den Zerfallstendenzen wehren und ein geordnetes Staatssystem aufbauen. So war ja auch die Rechtlosigkeit meiner Söhne der direkte Anlaß für ihr Ersuchen. Aber man kann die Dinge eben nicht nur politisch sehen. Wollte das Volk nicht mehr Gott vertrauen, daß es nun die Hilfe von einem politischen Oberhaupt erwartete? Ich ging ins Gebet, um mir von Gott Weisung zu holen.

»Sie haben nicht dich, sondern mich verworfen«, sagte Gott. Ja, so war es. Aber dann befahl er mir, ihnen doch ihren Willen zu lassen. Nur sollte ich sie von vornherein darüber aufklären, was so ein Königtum auch an negativen Begleiterscheinungen mit sich bringen würde.

Das tat ich dann auch. Ich warnte sie vor den Steuern, die sie würden zahlen müssen, vor den Pflichten, dem König eine standesgemäße Hofhaltung zu ermöglichen, vor dem Kriegsdienst, zu dem sie dann gezwungen werden würden. Aber sie ließen sich die Sache nicht ausreden. »Nun gut«, erwiderte ich notgedrungen, »ihr sollt euren König haben. Geht jetzt alle nach Hause und wartet, bis es soweit ist.«

Nicht lange danach hörte ich wieder das Reden Gottes, wie er schon oft zu mir gesprochen hatte. Morgen, sagte Gott, würde mir ein Mann begegnen, den ich zum König über Israel salben sollte. Ich war sehr gespannt. Wer würde es wohl sein, den der Herr erwählt hat? Ein bekannter oder ein bisher unbekannter Mann? Ein Krieger oder ein Diplomat? Ein stolzer Herrscher oder ein bescheidener, bürgernaher König?

Am andern Tag rüstete ich mich auf die Begegnung. Da ich aber nicht wußte, wann und wo ich ihn treffen würde, plante ich meinen Tag wie sonst auch. Auf einem nahen Berg sollte eine Opfermahlzeit stattfinden, zu der ich geladen war. Ich machte mich auf den Weg.

Am Tor begegneten mir zwei Männer. Ein stattlicher jüngerer Mann mit einem Knecht. Als ich sie sah, gab mir Gott sofort die Gewißheit ein: Das ist der neue König Israels. Der Große trat auf mich zu und fragte nach dem Haus des Propheten. »Ich bin der Prophet«, sagte ich und lud ihn ein, an der Mahlzeit teilzunehmen.

Saul hieß der junge Mann. Er war mit seinem Begleiter unterwegs, eine Schar Eselinnen zu suchen, die seinem Vater weggelaufen waren. Ich beruhigte ihn wegen der Esel und machte ihm eine vorsichtige Andeutung, daß etwas Besonderes auf ihn warte. Er verstand mich natürlich nicht, ahnte aber wohl, worum es etwa ging.

Bei der kleinen Festversammlung wies ich ihm den Ehrenplatz zu und ließ ihm das beste Fleischstück auftragen, was die übrigen Anwesenden einigermaßen verwunderte. Später beherbergte ich ihn mit seinem Knecht und brachte sie am nächsten Morgen auf den Weg. Als wir die Stadt hinter uns hatten, bat ich Saul, den Knecht vorauszuschicken. Und als wir allein waren, goß ich ihm Olivenöl auf den Kopf als Symbol für den Heiligen Geist, der nun für seinen Auftrag mit ihm sein sollte, und ernannte ihn so im Namen Gottes zum König, ohne daß ein Mensch außer uns davon wußte. Saul ließ das alles mit einer Mischung aus Verwunderung, Ehrfurcht und Freude über sich ergehen. Dann gab ich ihm genaue Anweisungen, wie er sich bis zur öffentlichen Königsproklamation zu verhalten hatte.

Kurz darauf rief ich die Ältesten und Vertreter aller israelitischen Stämme zu einem großen Volkstag nach Mizpa. Es war eine imponierende Menge Menschen, die da unter freiem Himmel zu einem riesigen Lager zusammenströmte.

Noch einmal sagte ich ihnen, was ihr Wunsch nach einem König bedeutete. Sie verloren damit die unmittelbare Abhängigkeit von Gott, aber sie wollten es so. Gott aber zwingt niemanden.

Nach Gebet und Opfer wurde das Los geworfen. Ich war sicher, daß Gott es auf den fallen lassen würde, den ich in seinem Auftrag schon vorher gesalbt hatte. Aber das Volk sollte sehen, daß ich nicht eigenmächtig über die Frage entschied, wer König werden sollte, sondern daß Gott sie entschied.

Das Los fiel auf den Stamm Benjamin, dann auf das Geschlecht Matris. Und als über den einzelnen Personen gelost wurde, traf es Saul, den von Gott Erwählten.

Nun wollten natürlich besonders die Benjaminiten ihn jubelnd auf den Schild heben, aber – er war nicht da. In seiner Bescheidenheit, fast könnte man sagen Schüchternheit, hatte er sich beim Troß versteckt. Man mußte ihn erst holen. Als er dann kam und vor das Volk trat, ein großer und kräftiger, ernster Mann, da konnten sich die Menschen nicht mehr halten vor Jubel. Mit dieser imponierenden Gestalt waren sie zufrieden, und sie riefen begeistert ihrem neuen König Glückwünsche zu.

Aber Begeisterung ist nicht alles. Sie sollten Saul auch nicht dienen, weil er ihnen auf den ersten Blick Eindruck machte. Darum sprach ich noch einmal zu ihnen und hielt alle Rechte und Pflichten des Königs schriftlich fest.

Dann waren die Feierlichkeiten beendet, und ich forderte alle auf, nach Hause zu gehen. Auch Saul ging heim, und mit ihm zogen bereits freiwillig einige Kämpfer, die sich in früheren Schlachten ausgezeichnet hatten und ihm nun dienen wollten, um den Grundstock für Sauls Armee zu bilden.

Natürlich – wie konnte es anders sein – waren nicht alle mit der Wahl Sauls einverstanden. Aber der neue König hörte großmütig über ihre neiderfüllten Spottreden hinweg. Recht so, dachte ich und freute mich über den neuen Herrscher.

Nun hoffte ich, die Verantwortung los zu sein. Aber so schnell ging das nicht. Es war niemand da, der Gottes Wort an das Volk weitergeben konnte.

Eines Tages kam große Unruhe in unser verschlafenes Städtchen Rama. Ein Bote eilte durchs Land und rief im Auftrag Sauls alle kampffähigen Männer zusammen. Ich eilte nach Gibea und erfuhr, was geschehen war: Die Ammoniter hielten die Stadt Jabes belagert, in der Erwartung, daß niemand der Stadt helfen würde, wie es ja bisher immer gewesen war. Aber inzwischen war etwas anders geworden: Wir hatten nun einen König. Saul hatte wie bisher seine Feldarbeit getan, aber nun wußte er sich gefordert. Unter Androhung von Strafe rief er alle Männer nach Bezek. Und sie kamen, dreihundertdreißigtausend Krieger.

Der Ausdruck Krieger ist freilich sehr übertrieben, denn die Männer hatten keine Waffen. Die Philister, die ja unser Land beherrschten, hatten jahrzehntelang keine Schmiede arbeiten lassen, weil sie keine Waffen in Israel duldeten. Wer eine Pflugschar oder eine Sichel brauchte, mußte sie sich bei den Philistern holen. So zogen die Israeliten also mit Sensen und Knüppeln in den Krieg gegen die Ammoniter.

Gott gab den Sieg. Die Feinde wurden geschlagen. Der Jubel war groß. Das mußte genutzt werden. Bei allem Großmut gegenüber denen, die immer noch Sauls Königswürde anzweifelten, mußte nun seine Herrschaft festgemacht werden. Ich berief wieder eine Volksversammlung ein.

Dort wurde Saul noch einmal zum König ausgerufen, und zwar diesmal im Aufwind des Erfolgs. Ich aber nutzte die Gelegenheit, mein Richteramt offiziell niederzulegen. Wohl würde ich meine Aufgabe als Prophet nicht als beendet ansehen, aber Richter brauchte ich nun nicht mehr zu sein, weil wir einen König hatten.

In feierlicher Rede ermahnte ich das Volk, in allem dem Herrn treu zu bleiben, keine fremden Götter anzubeten und dem von Gott eingesetzten König zu dienen. Ich erinnerte sie an ihre Sünde, sagte ihnen aber auch Gottes Gnade zu, wenn sie in Zukunft mit ihm leben wollten. Unter dem Eindruck der feierlichen Stunde stimmte das Volk mir zu und versprach, dem Herrn treu zu sein.

Damit glaubte ich, mich auf einen geruhsamen Lebensabend ohne nervenaufreibende Verantwortung freuen zu können. Ich war ein alter Mann und brauchte meine Ruhe.

Dem sollte nun auch nichts mehr im Weg stehen, meinte ich. Das Königtum war gesichert. Erste militärische Erfolge verhießen Gutes. Das Volk versprach Gott die Treue. Was konnte da noch passieren?

Ich hatte mich aber gründlich verrechnet. Ich hatte nicht mit der Glaubenslosigkeit des Volkes gerechnet, vor allem aber nicht damit, daß Saul, der Gesalbte Gottes, so versagen würde.

War er seiner Aufgabe nicht gewachsen? Hatte er Angst bekommen? Auf jeden Fall war er ungehorsam, auch fehlte ihm das Vertrauen zu Gott. Das war wohl die schmerzlichste Enttäuschung meines Lebens: Der Erwählte des Herrn entfernte sich immer mehr von Gott, verstrickte sich in Probleme, die er selbst heraufbeschworen hatte, zeigte Führungsschwäche und Mangel an Überblick.

Wie konnte ich auch damit rechnen, daß Saul so versagen würde? Daß er, als die Philister heraufzogen, seine Leute, die Angst bekamen, nicht zusammenhalten konnte? Daß er, als die meisten flohen, entgegen der Weisung Gottes eigenmächtig ein Opfer brachte?

Das war alles nur der Anfang vom tragischen Abstieg Sauls.

Als ich zu seinem restlichen Heerhaufen nach Gilgal kam, sah ich prophetisch das Ende voraus, und ich sagte es ihm. Aber Saul erkannte sein Schuld nicht – ein weiterer Schritt zum Abgrund.

Die Philister umgingen geschickt das Lager Sauls und durchzogen mit drei Heergruppen mordend und brennend unser Land. Es war wieder wie früher. Das Versagen eines Mannes stürzte unser Volk erneut ins Unglück.

Ein Lichtblick war da: Jonathan, Sauls Sohn. Er war ein glaubender junger Mann und tapfer dazu. Ob er nicht einmal ein besserer König als sein Vater werden könnte?

Fast hatte ich diesen Eindruck, als man sich überall von seiner Heldentat erzählte. Zusammen mit seinem Waffenträger hatte er eine Legion der Philister angegriffen und verjagt. Durch dieses Ereignis bekamen viele Israeliten wieder Mut. Sie griffen an, die Philister flohen und wurden geschlagen. Aber auch hier: Saul gab unsinnige Befehle und hätte fast noch seinen Sohn umgebracht. Gottes Geist war von Saul gewichen. Das heißt aber nicht, daß damit seine Aufgaben erfüllt waren. Gott wollte ihn noch einmal gebrauchen. Ich mußte Saul den Befehl geben, die Amalekiter anzugreifen und zu vernichten, und zwar mit Mann und Maus. Mit dieser harten Strafe für ihre Feindschaft gegen Israel während dessen Wüstenwanderung sollte aller Welt klar werden, wie ernst Gott die Sünde nimmt.

Der Kriegszug gelang. Aber auch hier befolgte Saul nicht das eindeutige Gebot des Herrn. Er brachte den König der Amalekiter und das Vieh als Beute mit. Ich hatte den Eindruck, daß er mit diesem Ungehorsam seine letzte Chance vergab. Als ich ihn zur Rede stellte, wich er aus, schob die Schuld auf die Soldaten und redete sich mit frommen Phrasen heraus. Als ich ihm auf den Kopf zu sagte, daß Gott ihn verworfen hatte, berührte ihn das kaum. »Ja, ich habe gesündigt«, sagte er oberflächlich, »aber ehre mich jetzt vor dem Volk.« So weit war es gekommen! Die Ehre vor dem Volk war ihm wichtiger als die Ehre bei Gott! Und das bei einem Mann, der einmal so demütig und großherzig gewesen war! Wirklich – Gottes Geist hatte ihn verlassen.

Wieder war ich gefragt. Saul hatte versagt, und nun mußte ich wieder die Initiative ergreifen. Das sollte jetzt allem Volk deutlich werden. Auf Gottes Geheiß vollzog ich eigenhändig das Gericht am gefangenen König der Amalekiter.

Kein Wort wurde mehr zwischen Saul und mir gesprochen. Was Gott ihm zu sagen hatte, wußte er. Ich ging nach Rama zurück – traurig, enttäuscht.

Da aber kam Gottes Wort wieder zu mir: »Wie lange trauerst du um Saul? Nimm dein Ölhorn und gehe nach Bethlehem. Salbe einen der Söhne Isais zum König.«

Noch einmal von vorn beginnen? Wollte Gott einen anderen einsetzen? Ob der halten würde, was man von ihm erwarten mußte? Und wenn ich meinen Auftrag erfüllt haben würde, ob ich dann Ruhe hatte? Mußte dann nicht irgendwann ein Machtkampf zwischen den beiden Gesalbten ausbrechen? Aber was fragte ich! Gott trug die Verantwortung.

Ich ging nach Bethlehem. Isai war erstaunt, als der berühmte alte Samuel, der schon so etwas wie ein lebendes Denkmal geworden war, ihn bat, seine Söhne zu rufen. Aber bei keinem der stattlichen Männer gab mir Gott innerlich das Ja. Erst als ich nachfragte, ob das alle Söhne seien, holte man den Jüngsten vom Feld, wo er die Schafe hütete.

Als dieser vor mir stand, wußte ich: Der war es! Und mitten unter seinen Brüdern, die sich das alles nicht erklären konnten, salbte ich ihn.

Wortlos zog ich wieder ab. Mit mir in meinen Gedanken und in meinen Gebeten ging das Bild eines hübschen Knaben mit braungebrannter Haut und großen schwarzen Augen und ein Name: David. Ob er der Helfer für unser Volk werden würde?

An keinem der kommenden Ereignisse war ich mehr beteiligt. Ich hatte endlich meinen Lebensabend, war alt und kraftlos geworden und verließ meine Stadt nicht mehr. Aber mit regem Interesse verfolgte ich alle Nachrichten. Wie Saul immer wahnsinniger wurde, wie man ihn mit Harfenmusik zu beruhigen suchte und dafür einen gewissen David an den Hof holte. Wie die Philister erneut aufzogen und geschlagen wurden, weil ein junger Mann namens David ihren größten Helden, Goliath, besiegte. Wie Sauls Tochter Michal einen jungen Offizier heiratete. Wie dieser David fliehen mußte, weil Saul in ihm einen Konkurrenten sah. Allmählich fügte sich das Bild zusammen. Ich erkannte dankbar, daß Gott am Werk war. Unser Volk war nicht verloren, weil der Herr sich einen Mann ersehen hatte, durch den er Heil geben wollte. Ich konnte in Frieden für immer meine Augen schließen.

ELIA

Mein Name ist Elia. Elia der Thisbiter, so wurde ich genannt, weil ich aus Thisbe in Gilead stamme. Sie haben sicher schon von mir gehört. Elia, der am Bach Krith von den Raben versorgt wurde, der das Gottesurteil auf dem Karmel herbeiführte, der die Baalspropheten tötete, der am Horeb Gott begegnete. Das alles sind Szenen, die bekannt sind. Und sie lassen mich bei der Nachwelt in einem besonderen Licht erscheinen, so, als wäre ich eine Art Halbgott oder zumindest ein besonders begabter Wundertäter. Was für eine absurde Vorstellung! Ich bin ein Mensch wie alle anderen auch. Ein gewisser Jakobus hat das später im Neuen Testament geschrieben: »Elia war ein Mensch wie wir, und er betete ein Gebet, daß es nicht regnen sollte, und es regnete nicht.« Recht hat er, der Jakobus. Ein Mensch wie alle anderen war ich. Nur daß ich betete, daß ich mit Gott redete und auf ihn hörte, daß ich ausführte, was er befahl – das machte mich zum Mann Gottes.

Wieviel Falsches war an meinem Handeln! Wie oft mischten sich eigene Wünsche und Gedanken mit Gottes Absicht. Aber Gott hat mich korrigiert. Und ich ließ mich korrigieren. So durfte ich sein Bote bleiben bis zu jenem wunderbaren Ende.

Aber vielleicht sollte ich besser der Reihe nach erzählen. Der eine oder andere von Ihnen wird noch nicht von mir gehört haben, und Sie sollen doch alle mitkriegen, was ich von Gottes wunderbarem Handeln zu berichten habe.

Der Reihe nach – ja. Aber erwarten Sie nun keine lückenlose Chronologie von mir. Ich könnte sie zwar geben, aber die würde Sie sicher langweilen. Das Merkwürdige war nämlich, daß Gott oft lange Zeit keinen Auftrag für mich hatte. Dann lebte ich meinen Alltag wie jeder andere auch. Später bestand der dann nicht wie in meiner Jugend aus meiner Arbeit in

Thisbe, sondern ich zog durchs Land und pflegte Kontakt zu den verschiedenen Prophetengruppen. Aber eben doch – Alltag. Aber dann geschah es immer wieder einmal, daß Gott ganz plötzlich sein Wort an mich richtete. Ich mußte dann an die Öffentlichkeit treten, mich Gefahren aussetzen, mich mit dem König anlegen – und durfte Wunder erleben.

Es war auch durchaus nicht so, daß ich der einzige gewesen wäre, durch den der Herr redete. Wenn ich wieder für einige Zeit aus der Öffentlichkeit verschwunden war, konnte es durchaus sein, daß Gott andere beauftragte. Ich denke da etwa an den Propheten, der König Ahab das Gericht ankündigen mußte, weil dieser den Syrer Benhadad in falschem Großmut hatte laufenlassen. Oder ich denke an Micha, der das unglückliche Ende des gemeinsamen Kriegszuges von Ahab und Josaphat prophezeit hatte. Ich freute mich dann, daß ich nicht allein war, daß die ganze Last der Verantwortung nicht nur auf meinen Schultern lag.

Irgendwann aber kam dann doch der Ruf: »Gehe hin!« Und ich hatte hinzugehen, ohne Rücksicht auf die Gefahr, ohne an meine Angst zu denken.

Allen erschien ich dann als der standhafte Gottesheld. Aber bei dem Wort Held bekomme ich immer ein komisches Gefühl. Sehr heldisch kam ich mir nicht vor. Schließlich habe ich mich lange in der Wüste und im Ausland versteckt. Und vor Isebels Drohungen bin ich davongelaufen. Aber »Gottesheld« – gut, das Wort will ich stehenlassen. Durch Gott zu einem Helden gemacht, nur durch ihn, für ihn und in seiner Kraft.

Das erste Mal riß mich Gottes Ruf aus meinem Alltag, als es galt, die große Dürre anzukündigen. Und gleich mußte ich zum König. Ahab hatte Isebel geheiratet, die Tochter des Königs Ethbaal von Sidon. Große Politik, verstehen Sie! Israel brauchte die Sidonier mit ihrer seemännischen Erfahrung und ihrem weiten Handelsnetz. Ohne diese weltweite Verbindung mit Hilfe der Phönizier wäre Israel ein bedeutungsloses Land geblieben. Das aber war gar nicht nach Ahabs Geschmack. Darum mußte die Heiratspolitik nachhelfen.

Dieser sidonische König war früher selbst Baalspriester gewesen und hatte seine Tochter offenbar so darin erzogen, daß sie den Vater an Eifer noch übertraf. Da sie außerdem eine tatkräftige Frau war, dauerte es nicht lange, bis sie in Samaria, der Hauptstadt, einen Baalstempel errichten ließ. Die Propheten Gottes wurden verfolgt, und von Isebels Gunst lebten bald 850 Götzenpriester, die sich bemühten, überall im Volk ihre Abgötterei zu verbreiten und das letzte bißchen Glauben, das es noch gab, vollends auszurotten.

Eines Tages also stand ich vor dem König und brachte Gottes Gerichtswort: »Es soll jahrelang nicht regnen, es sei denn, ich sage es.« Er muß das als ungeheuer dreist empfunden haben, was ich auch verstehen kann. Kommt da ein hergelaufener Kerl in einer schmutzigen ungegerbten Tierhaut – das Zeichen der Propheten – und behauptet, daß es von seinem Wort abhinge, ob das Volk an Hunger und Durst zugrunde geht oder nicht. Daß ich nicht in eigener Machtvollkommenheit sprach, konnte er wohl nicht verstehen. Natürlich sagte ich ihm, daß ich im Auftrag Gottes spräche, vor dem ich stünde. Aber dieser Gott hatte ja für ihn keine Bedeutung. Er glaubte nicht an ihn, sonst hätte er die Abgötterei nicht zugelassen.

Ehe der verdutzte König so recht zur Besinnung kam, war ich verschwunden. Gott schickte mich in die Wüste, wo man mich nicht so schnell suchen würde. An dem Bach Krith, der seine spärlichen Wasser nach Jericho hinunterschickte, richtete ich mich ein. Und da erlebte ich dann das erste dieser offensichtlichen Wunder, die ich später noch öfter erleben sollte: Große Vögel, Raben, schleppten Brot und Fleischstücke heran, die sie offenbar irgendwo gestohlen hatten, und ließen sie in meiner Nähe fallen. Erklären kann ich das nicht. Es sei denn eben mit der Feststellung, daß Gott sie dazu veranlaßte. Ich war auf diese Weise versorgt und dankte Gott, daß er seinen Mann nicht nur in Gefahr schickte, sondern darin auch bewahrte.

Doch dann kam der Tag, an dem der Bach ganz austrocknete. Das Wasser war schon in den letzten Tagen immer spärlicher geflossen. Ich sah nur drei Möglichkeiten: Entweder ich verdurstete, oder ich begab mich unter Menschen, was mich sicher auch das Leben gekostet hätte. Oder aber, Gott sagte den Raben, sie sollten mich nun auch mit Wasser versorgen. Das taten sie aber nicht. Und sterben mußte ich auch nicht. Für Gottes Wunder gibt es kein Schema. Er hatte noch eine Lösung für mein Problem, auf die ich nie gekommen wäre. Er befahl mir, nach Zarpath in der Nähe von Sidon zu gehen. Ausgerechnet dorthin, wo die gottlose Isebel herkam und wo der Baalskult zu Hause war. Doch gerade dort würde mich Ahab nicht suchen.

Ich machte mich also auf den Weg, traf vor der Stadt eine Witwe und hatte sofort den Eindruck, daß sie es war, durch die Gott mich versorgen wollte. Da ich annahm, daß Gott mich nicht bei jemand einquartieren wollte, der Baal diente, stellte ich ihren Glauben an den lebendigen Gott auf die Probe. Sie bestand die Prüfung: Im Vertrauen auf mein Wort, daß der Herr uns versorgen würde, gab sie mir von ihrem letzten Vorrat. Ich wohnte von da an in ihrem Haus und erlebte wirklich, daß Gott uns auf wunderbare Weise versorgte: Soviel sie auch aus ihrem Mehltrog nahm, soviel sie auch aus ihrem Ölkrug goß – es war immer etwas drin, es wurde einfach nicht alle.

Das großartigste Wunder war dann noch, daß auf mein Gebet hin der Sohn der Witwe, der gestorben war, wieder ins Leben zurückkam. Was geschieht doch durch vertrauensvolles Gebet! Ja, vertrauensvoll war mein Beten, konnte ich mir doch nicht denken, warum Gott den Jungen sterben lassen wollte, nachdem er ihn durch das Wunder mit dem Öl und dem Mehl erst vor dem Hungertod bewahrt hatte.

So sensationell diese Geschichten auch erscheinen – ich

möchte aber nicht ausführlicher darauf eingehen, waren sie doch nur Randerscheinungen der großen Geschichte Gottes mit seinem Volk, die er durch mich fortführen wollte. In erster Linie ging es ja um das, was der Herr mit seinem Volk Israel vorhatte. Obwohl ich sagen muß: Solchen Glauben wie bei dieser Frau aus der Gegend von Sidon habe ich in Israel nicht gefunden.

Dreieinhalb Jahre dauerte das Elend. Natürlich hatten die umliegenden Länder genauso unter der Dürre zu leiden wie das Gottesvolk, dem das Strafgericht eigentlich galt. Es war furchtbar. Die Felder waren braungrau, die Erde ausgelaugt und in großen Rissen aufgesprungen. Kaum einen Brunnen gab es, aus dem die Menschen in zeitraubender Arbeit noch ein wenig schmutziges Wasser herausholten. Der Hunger ergriff wie eine Seuche von reich und arm Besitz. Scharen zum Tod geschwächter Bettler schlichen, von der unerträglichen Hitze zusätzlich niedergedrückt, über die staubigen Straßen und hofften vergeblich. Niemand hatte etwas, um ihnen davon abgeben zu können.

In Israel aber bewirkte dieses furchtbare Gericht immer noch keine Umkehr. Isebel hatte alles fest in der Hand. Erst später erfuhr ich, daß einer der höchsten Beamten Ahabs, Obadja, hundert Leute aus den Prophetengruppen in ihren Verstecken heimlich mit Wasser und Brot versorgen ließ. Im übrigen aber war der Gottesglaube so gut wie ausgerottet. Allenthalben herrschte Baal. Trotzdem aber wollte Gott das Volk nicht ganz zugrunderichten. Noch war die Zeit nicht reif für das vernichtende Urteil. So bekam ich schließlich den Befehl, vor Ahab zu treten und ihm das Ende der schrecklichen regenlosen Zeit anzukündigen.

Ich machte mich auf den Weg. Fast menschenleer waren inzwischen die Straßen in Israel. Was sollte man auch draußen, wo es doch nichts zu ernten und nichts zu handeln gab. Da blieb man lieber im Schatten der Häuser und schonte seine letzten Kräfte.

Plötzlich begegnete ich einem Reitertrupp, dem Wagen folgten. Solch ein Aufmarsch in dieser Hitze? Das konnte Ahab sein! Ich stellte mich auf den Weg und wartete, bis sie herankamen. Aber es war nicht der König, sondern Obadja. Ahab hatte ihn durchs Land geschickt und war selbst mit einem anderen Trupp unterwegs. Sie suchten Heu und anderes Futter für die Pferde der Armee, die einzugehen drohten. Wehe dem Bauern, dem es nicht gelang, seine letzten Vorräte zu verstecken! Alles wurde konfisziert für Ahabs Militär. Es geschieht ja bekanntlich selten, daß Herrscher wegen einer Hungersnot ihre Armee verkleinern. Dieses Lieblingsspielzeug der Mächtigen war auch für Ahab unentbehrlich.

Obadja sprang vom Pferd und begrüßte mich ehrerbietig. Nicht ich mußte vor ihm, dem hohen Regierungsbeamten, niederfallen, sondern er fiel vor mir nieder. Das freute mich. Nicht wegen der Ehrung, auf die ich keinen Wert legte, sondern weil es deutlich machte, daß Obadja Gott ehren wollte, als dessen Bote er mich sah.

Zunächst sträubte er sich, Ahab zu holen. Er befürchtete, daß ich dann verschwinden und des Königs Zorn sich auf ihn entladen könnte. Ich mußte ihm vor Gottes Angesicht versprechen zu bleiben. Da erst zog er fort und suchte den König. Dann kam Ahab. Daß ich so ruhig dastand und ihn erwartete, verwirrte ihn offenbar, machte ihn unsicher. Er stieg ab. »Da bist du ja, der Israel ins Unglück stürzt.« – »Nicht ich stürze Israel ins Unglück«, erwiderte ich, »sondern du tust das, weil du die Gebote des Herrn verlassen hast und Baal dienst.«

Und dann sagte ich ihm, er sollte sämtliche Götzenpriester auf dem Berg Karmel versammeln, dazu eine große Volksmenge. Danach drehte ich mich um und ging.

Er wagte nicht, mich aufzuhalten. Auch die Anordnungen für das Treffen auf dem Karmel traf er, wie ich es ihm gesagt hatte. Anscheinend ahnte er nun, nach der über dreijährigen Dürre, daß Gott hinter mir stand.

Es war ein denkwürdiger Anblick. Ich stand oben auf dem Karmel und beobachtete, wie sie den Berg heraufkeuchten. Erst einzelne, dann immer mehr. In Scharen strömten sie schließlich herbei. Es mußte sich offenbar schnell herumgesprochen haben. Alle ahnten, daß es hier um eine dramatische und bedeutungsvolle Entscheidung ging. Zum Schluß kam Ahab, der König. Die 450 Baalspropheten, die tatsächlich gekommen waren, standen in einem Winkel beisammen. Alle spürten die Spannung, die in der Luft lag. Ich hatte volles Vertrauen zu Gott, daß er sich zu dem bekennen würde, was ich tun wollte.

Aller Augen hingen an meinen Lippen, als sie zu sprechen begannen: »Warum hinkt ihr auf beide Seiten? Ist Jahwe der wirkliche Gott, so folgt ihm. Ist's aber Baal, so folgt ihm!« Mit weiteren Worten versuchte ich sie aufzuwecken, ihnen die Sünde und die Gefahr deutlich zu machen, in der sie lebten. Niemand antwortete. Auch keine Zustimmung oder Ablehnung war zu hören. Es herrschte gedrücktes Schweigen. Jetzt war die Zeit reif, meinen Vorschlag anzubringen. Jeder sollte einen jungen Stier schlachten und seinem Gott zum Opfer darbringen, sagte ich. Aber keiner sollte das Opfer anzünden. Wessen Stier dann allein auf Grund des Gebetes verbrennen würde, dessen Gott habe sich damit als lebendig erwiesen, und ihm sollten alle dienen.

Das Volk samt seinem König war einverstanden, ebenso die Götzenpriester. Ich ließ ihnen den Vortritt. Sie errichteten ihren Altar, legten Holz und Opfertier darauf und begannen mit ihrem Gezeter, das sie Gebet nennen. Natürlich geschah nichts. Schließlich quälten und verwundeten sie sich und tanzten um den Altar, bis sie in Ekstase gerieten. Bis zum frühen Nachmittag ging das so. Die Spannung bei den Zuschauern löste sich. Die einen spotteten, die anderen schämten sich. Als die Zeit vorbei war, in der sie sonst ihre Opfer brachten, gaben sie erschöpft auf, wohl auch in der Hoffnung, daß die Sache bei mir ebenfalls nicht klappen würde.

Mit einigen Helfern richtete ich den Altar des Herrn aus zwölf großen Quadern wieder her, der hier schon lange Zeit gestanden hatte, inzwischen aber verfallen war. Wir legten Holz und Stier darauf und hoben rund um die Steine eine Grube aus. Dann schafften einige Leute aus dem Kison-Bach Wasser herauf, so viel, daß nicht nur das Opfertier naß war, sondern auch noch die Grube voll Wasser lief.

Als die Zeit des abendlichen Speisopfers kam, trat ich vor und betete laut zu Gott, so daß mich alle hören konnten. Da schoß – in dieser Stärke mich selbst überraschend – wie ein Blitz Feuer vom Himmel herab genau auf den Altar. Das Opfer verbrannte, das Feuer griff um sich und trocknete sogar das Wasser aus dem umlaufenden Graben.

Einen Augenblick herrschte erstarrtes Schweigen. Dann aber brach nun so heftiger ein Begeisterungssturm los. »Jahwe ist Gott! Jahwe ist Gott!« riefen, nein, schrien sie und warfen sich auf die Erde, um anzubeten. Auf den Gesichtern der Baalspriester las ich Schrecken, ungläubiges Staunen, Entsetzen. Sie wandten sich zur Flucht. Allzu offensichtlich war nun, daß ihr Spiel ausgespielt war. Schnell rief ich das Volk auf, sie festzuhalten. Keiner entkam. In der Begeisterung über die neu gewonnene Erkenntnis des wahren Gottes führten wir sie hinunter zum Bach und töteten sie.

Und Ahab? Er hatte mit Schrecken miterlebt, was geschehen war, und keinen Mut gehabt, das Gericht an den falschen Propheten zu verhindern. Er stand völlig ratlos da. »Geh heim und feiere ein Fest«, sagte ich ihm, »denn bald wird es regnen.« Jetzt, wo der Götzendienst beseitigt war, hatte ich auch den Mut, um Regen zu bitten. Ich stieg auf einen nahen Gipfel des Karmel, um von dem Trubel fortzukommen. Dort betete ich zu Gott, er möge unserem Land nun wieder gnädig sein. Und tatsächlich: Bald stieg eine kleine Wolke aus dem Meer, das man von hier aus sehen konnte. Ich ließ Ahab durch meinen Diener mahnen, in seinen Sommerpalast in Jesreel zu fahren, um nicht vom Regen überrascht zu werden.

Bald bewölkte sich der ganze Himmel, und dann brach der herrliche erquickende Regen los. Gott hatte mein Gebet erhört.

Sie müssen sich diese Ereignisse als ungeheuer dramatische, mitreißende Stunden vorstellen. Ich fühlte mich emporgehoben von einer jubelnden Begeisterung und vorwärtsgetrieben von einem brennenden Eifer für Gottes Sache. Vielleicht kennen Sie auch ähnliche Höhenflüge des geistlichen Lebens. Aber wie das so geht: Wenn ein gewisser Scheitelpunkt überschritten ist, ist sozusagen die Luft raus. Da fällt man dann plötzlich aus den sonnigen Stunden in eine gähnende Leere. Auf einmal erscheint einem alles so unwirklich, was man gerade noch erlebt hat. Tiefe Anfechtung kommt über einen, mit der Gott oft sehr drastisch daran erinnert, daß wir uns nicht überheben dürfen. Mich wollte er sicher noch mehr lehren. Doch will ich erst den äußeren Ablauf der Ereignisse schildern, ehe ich Ihnen das erkläre.

Ich hielt mich in der Nähe des Königs auf, weil ich versuchen wollte, dem Einfluß Isebels entgegenzuwirken. Da hatte ich mir aber zuviel vorgenommen. Als sie von Ahab hörte, was mit ihren Götzenpriestern geschehen war, schäumte sie vor Wut. Ein Zeichen dafür, daß auch die deutlichsten Beweise für Gottes Allmacht den nicht belehren können, der sich nicht belehren lassen will. Sie ließ mir Botschaft zukommen, am nächsten Tag wolle sie mit mir machen, was ich mit ihren Günstlingen getan hatte.

Mich packte die Angst. Ja, ich muß gestehen: Ich, der gerade noch so großartige Wunder erlebt hatte, fürchtete mich und floh. Dazu ließ Isebel mir ja bewußt Gelegenheit, vielleicht weil sie sich doch nicht recht traute, Hand an den Mann Gottes zu legen.

Es ist schwer, meine Gefühle zu beschreiben. Da war nicht nur Angst, sondern auch Enttäuschung. Warum hatte dieses dramatische Zeichen Gottes denn noch immer keine entscheidende Änderung bewirkt? Das Volk war begeistert gewesen, aber wieder in seinen gottlosen Alltag zurückgekehrt. Ahab war beeindruckt gewesen, aber stand nun wieder unter dem religiösen Zwang seiner Frau. Was hatte das alles überhaupt genützt? Viele Menschen waren getötet worden, aber das Böse, das sie verkörpert hatten, war doch nicht überwunden. Was mußte noch geschehen, damit das Volk samt seinem Herrscher endlich umkehrte? Konnte denn das, was sich auf dem Karmel ereignet hatte, noch an Deutlichkeit überboten werden? Oder gab es einen ganz anderen Weg, die Menschen zur Buße zu rufen? Oder gar keinen? Mußte man sich damit abfinden?

Dunkle Gedanken legten sich auf mich: Alles war umsonst! Es hat keinen Zweck, daß du dich mühst, Elia! Du erreichst nichts, gar nichts! Gib's auf!

Ich floh nach Süden, ließ meinen Diener in Beer-Seba zurück und ging stundenlang in die Wüste hinein. Endlich setzte ich mich unter einen Strauch, der ein klein wenig Schatten warf und betete zu Gott, er möge mich sterben lassen. Ich hatte keine Kraft mehr weiterzuwandern, keine Kraft mehr zum Glauben, keine Kraft mehr zum Leben überhaupt. Erschöpft fiel ich in tiefen Schlaf.

Jemand weckte mich. Ich schrak auf und sah – noch halb im Schlaf – eine Gestalt vor mir, die ein Engel Gottes sein mußte. »Steh auf und iß«, wurde mir geboten. Dann war die Gestalt verschwunden. Erstaunt sah ich mich um. Hinter mir lag ein Brot-Fladen, und daneben stand eine Kanne mit Wasser. Ich konnte also nicht geträumt haben. Ich trank, versuchte auch etwas Brot zu essen, aber es war heiß und ich noch schläfrig. So kam mir gar nicht recht zum Bewußtsein, was hier geschah. Bald legte ich mich wieder hin und war vor Müdigkeit und Traurigkeit schnell eingeschlafen. Da stieß mich der göttliche Bote wieder an und befahl mir, zu essen und zu trinken und dann durch die Wüste weiterzuwandern. Ehe ich recht zu mir kam, war er nicht mehr zu sehen.

Nun war ich hellwach. Ich stand auf, aß und trank. Ich

fühlte mich auf wunderbare Weise gestärkt und ging weiter nach Süden. Mir war klar: Gott wollte nicht, daß ich sterbe, er wollte auch nicht, daß ich kapitulierte. Aber hatte es denn überhaupt einen Sinn, weiterzumachen? Hatte ich nicht alles verkehrt gemacht, wenn mein Wirken so gar keinen Erfolg brachte? Warum sollte ich weitermachen, wenn doch niemand auf mich hörte? Und wie sollte ich weitermachen?

Ich wollte mir die Antwort von Gott selbst holen. Ihm wollte ich begegnen, Abstand gewinnen von den Kämpfen der vergangenen Jahre und in der Stille Gottes Angesicht suchen. Nur so konnte ich innerlich gesund werden und Wegweisung empfangen.

Vierzig Tage lang streifte ich durch die Einöde. Dabei lenkten meine Schritte mich wie von selbst immer mehr zum Horeb hin, dem Berg, auf dem der Herr sich einst Mose offenbart hatte. Das mußte der rechte Ort sein, Gott zu begegnen! Hier sollte mein Leben und mein Dienst neu ausgerichtet werden!

Als ich das Sinai-Gebirge hinaufgeklettert war, stieß ich auf eine Höhle. Dort wollte ich für die Nacht Schutz suchen. Ich legte mich zum Schlafen nieder. Da war mir plötzlich, als wollte Gott selbst mich fragen, warum ich hier war.

Ja, warum war ich hier? Wollte Gott mir mit dieser Frage helfen, mir selbst über alles klar zu werden, was in meinem Herzen vorging? »Herr, ich habe mich bis zum Letzten eingesetzt für dich, aber es hat nichts genützt. Die Kinder Israels haben deinen Bund verlassen, deine Altäre zerbrochen, deine Propheten umgebracht. Ich bin als einziger übriggeblieben, und mir trachten sie auch nach dem Leben.«

Es tat gut, die ganze erdrückende Not einmal so aussprechen zu können. Ob Gott mir antworten, mir Trost zusprechen, mir helfen würde? Ich sollte hinaustreten aus der Höhle. Was würde Gott tun? Wollte er sich mir zeigen? Sollte ich ihn sehen, dessen Angesicht niemand schauen kann, ohne zu sterben?

Was dann geschah, läßt sich kaum beschreiben. Es waren

geheimnisvolle und doch gewaltige Vorgänge, die mich heute noch erschauern lassen, wenn ich daran zurückdenke. Ein ungeheurer Sturm brach plötzlich los und weckte in mir die Erwartung, daß Gott sich in diesem Sturm zeigen würde. Aber da war nichts als dieser Sturm. Heulend fegte er über die kahlen Höhen des Sinai-Gebirges, wirbelte den trockenen Staub in Wolken mit sich, die alles einhüllten, riß hier und da lose Steine aus ihrem Gleichgewicht und ließ sie lawinenbildend ins Tal stürzen. Mich warf der Orkan fast um, so daß ich in die Höhle zurückflüchten mußte. So plötzlich, wie er begonnen hatte, endete der Sturm.

Für eine Weile war es völlig still. Mit angespannten Sinnen lauschte ich. Da bemerkte ich ein unterirdisches Grollen, das unheilankündigend immer lauter wurde. Plötzlich begann der Boden zu zittern, auf dem ich stand. Ein heftiger Erdstoß warf mich fast um, riß große Spalten in das Gestein, löste polternd neue Steinlawinen, verschob mit berstendem Krachen ganze Felsbrocken und ebbte dann mit einigen Nachbeben ab. Mehr, anderes als diese beängstigenden Erscheinungen, konnte ich aber nicht feststellen.

Es dauerte nicht lange, bis die dritte Bedrohung an meiner Höhle vorüberzog. Gleißende Helle strahlte auf und blendete meine Augen. Prasseln wie Feuer und sengende Hitze ließen mich ängstlich noch weiter nach hinten flüchten. Zitternd schmiegte ich mich an die Felswand und fühlte mich wie inmitten eines gerade ausbrechenden Vulkans.

Nach einer Zeitspanne, die mir wie Stunden vorkam, die aber wohl nur wenige Augenblicke gedauert haben kann, kehrte wieder Ruhe ein. Ich wagte die Augen zu öffnen und ein wenig nach vorn zu kommen. Was für Machterweisungen göttlicher Majestät! Was für Zeichen seiner unnahbaren Heiligkeit! Zeichen, ja, aber wo war Gott selbst?

Mit angespannten Nerven trat ich vorsichtig aus der Höhle heraus, zitternd noch, voller Angst. Konnte das, was ich erlebt hatte, noch überboten werden, um Gottes persönliche

Gegenwart deutlich zu machen? Wenn diese gewaltigen Erscheinungen nur Vorankündigungen seines Kommens waren – wie mußte es dann in seiner unmittelbaren Nähe sein?

Da nahmen meine überreizten Sinne ein sanftes Geräusch wahr. So leise begann es, daß es schon eine Weile zu hören gewesen sein mußte, bis es mir ins Bewußtsein drang. Wie ein fernes Flöten klang es oder wie der zarte Klang einer Windharfe. So völlig anders in seiner Art, daß es mir wie ein krasser Widerspruch zu dem eben Erlebten erschien.

Auf einmal wußte ich es: Hier war Gott! In dieser sanften Andersartigkeit kam er an mir vorüber. Hastig hüllte ich mein Gesicht in den Mantel, um Gott in seiner Herrlichkeit nicht sehen und dann sterben zu müssen. Eine Stimme drang an mein Ohr – ach was, an mein Ohr – in mich hinein, in meine Nerven, in mein Mark, in mein Herz und erst zuallerletzt in meine Gedanken: »Was hast du hier zu tun, Elia?«

Ich hörte mich antworten mit den gleichen Worten, die ich schon vorher formuliert hatte. Zu mehr als dieser phrasenhaften Wiederholung war ich nicht imstande.

Und Gott antwortete, anders, als ich erwartet hatte. Ich hoffte auf ein Trostwort, das mich wie ein warmes Gefühl durchströmen würde, oder auf eine Siegesverheißung oder die Ankündigung eines gewaltigen Strafgerichtes. Was aber sagte Gott? Was er schon immer gesagt hatte: Ich sollte durch die Wüste zurückgehen, wen ich in Israel und Syrien zum König salben sollte und daß ich Elisa zu meinem Nachfolger heranziehen sollte – alles mir längst vertraute Dinge. Im Grunde sollte ich weitermachen wie bisher.

War ich darum hierher gekommen, um das zu erfahren? Hatte ich darum die heilige Gegenwart des Herrn erlebt, um im Grunde in Treue weiterhin nur das zu tun, was ich schon immer getan hatte?

Siebentausend seien nicht vor Baal in die Knie gegangen, sagte Gott noch. Sie sollten im zukünftigen Gericht geschont werden. Ein Gericht sollte also doch kommen. Ein gewisser

Trost lag auch darin, daß es in Israel noch siebentausend Treue gab. Plötzlich wußte ich, daß Gott mich nicht nur ein wenig trösten und das Volk, wie ich es gern wollte, auch nicht aus meinem augenblicklichen Zorn heraus strafen wollte. Der Wunsch, durch schlagkräftige Beweise Israel zur Umkehr zu zwingen, war zwar menschlich, doch Gott war anders. Nicht in Sturm, in Beben und Feuer zeigte er sich, sondern in Stille und Sanftmut. Das wollte er mich lehren. Ich hatte nun nicht vom Berg hinabzusteigen, um Sensationen zu erwarten, um als Justizvollzugsbeamter Gottes die Sünde und die Sünder hinwegzufegen. Ich hatte in Stille und Treue weiterzuwirken. Das würde wie bisher manche Enttäuschung bringen und viele kleine Schritte erfordern statt eines großen Sprungs, es würde unendlich mühsam sein, und der Erfolg würde durchaus nicht immer sichtbar werden. Aber das war Gottes Weg.

Gerade daß Gott diese Aufgabe wie bisher erfüllt haben wollte, gab mir neue Kraft und verscheuchte die dunklen Gedanken. Er war ja mit mir. Ich durfte sein Diener sein. Dann wollte ich nicht auf mich sehen, auf meine Schwäche, auf meine Angst, dann wollte ich zu ihm aufsehen und nach vorn blicken auf die Aufgaben, die mir gestellt waren.

Die Salbung Hasaels zum König von Syrien und Jehus zum König von Israel mußte ich meinem Nachfolger überlassen. Es ging ja auch nicht um mich, sondern darum, daß Gottes Wille ausgeführt wurde. Ich fand einen würdigen Nachfolger. Gott wies mich an Elisa, den Sohn des wohlhabenden Saphat. Ich warf ihm den Prophetenmantel über, als er gerade beim Pflügen war. Er brachte Gott ein Opfer, verabschiedete sich von seinen Eltern und kam mit mir.

Nun zogen wir zu zweit durch das Land. Die Zeiten waren unruhig. Benhadad von Syrien führte zweimal Krieg gegen Israel. Aber Ahab blieb Sieger. Langsam wurde es ruhiger. Der König begann, es sich besser einzurichten.

Im Zuge dieser Entwicklung geschah, was dann abermals

Anlaß wurde, ihm Gottes Strafe anzukündigen. Ein gewisser Naboth hatte unmittelbar neben Ahabs Sommerpalst in Jesreel einen Weinberg. Den brauchte Ahab, weil er seine Anlagen vergrößern wollte. Naboth wollte aber nicht verkaufen, weil Gott geboten hatte, den Besitz der Väter zu behalten. Da nahm sich Isebel der Sache an. Sie sorgte dafür, daß Naboth unter falsche Anklage gestellt und gesteinigt wurde. So fiel das Land an Ahab, ohne daß er dafür etwas bezahlen mußte.

Mitten in dem geraubten Weinberg stellte ich Ahab zur Rede, als er gerade seinen neuen Besitz in Augenschein nehmen wollte. »Hast du mich schon wieder gefunden, mein Feind?« sagte er. »Ja, ich habe dich gefunden, weil du dich verkauft hast, nur Böses zu tun. Gott wird Unglück über dich bringen und deine Nachkommen ausrotten. Deine ganze Familie soll bald sterben und unbegraben von den Vögeln gefressen werden. Dein Blut werden die Hunde lecken.«

Ahab erschrak zutiefst. Auf andere Propheten hörte er meist nicht, aber bei mir hatte er die Erfahrung gemacht, daß zutraf, was ich sagte. Er legte ein Büßergewand an und ging gedrückt umher. Und Gott erbarmte sich, wie er sich immer erbarmt, wenn jemand Reue empfindet und umkehrt. Ich sollte Ahab sagen, daß das Unglück erst nach seinem Tod über seine Familie kommen sollte. Ich dachte an das zarte Wehen am Horeb, das Wesen Gottes, das sich hinter Sturm und Feuer verbirgt, ging hin und richtete es ihm aus.

Wie gesagt, auf andere hörte Ahab nicht. So auch nicht auf Micha, der ihn vor seinen Plänen warnte, mit Josaphat zusammen gegen Syrien zu ziehen. Israel verlor die Schlacht zwar nicht, aber Ahab wurde von einem Pfeil getroffen und starb. Als sein Streitwagen gewaschen wurde, leckten die Hunde sein Blut auf. Wie ein Lauffeuer ging diese Beobachtung durch Samaria, weil sie – obwohl nur eine kleine Einzelheit – so eindrücklich klar machte, wie Gott sein Wort erfüllt.

Mit dem Tod Ahabs war meine Hauptaufgabe erfüllt. Wohl mußte ich noch einmal unter dramatischen Umständen seinem Sohn Ahasja den Tod ankündigen, aber das gehörte eigentlich noch zur Geschichte Ahabs, war es doch die Erfüllung der Gerichtsverheißung an ihn.

Dann kam das Ende meiner Zeit, ein ganz anderes Ende, als es andere Menschen erleben. Alle müssen sterben, ehe sie vor Gott erscheinen. Warum Gott mich ein anderes Ende erleben ließ? Ich weiß es nicht. Sicher nicht, weil ich eine besondere Bevorrechtigung verdient hätte. Vielleicht weil er mich vor der Dunkelheit des Sterbens bewahren wollte, damit meine Seele nicht noch einmal in solche Abgründe stürzen müßte wie damals in der Wüste. Vielleicht weil ich schon vorher Gott so nahe sein durfte am Horeb. Vielleicht aber auch, weil dieses Ende ohne Tod den Gedanken an ein Wiederkommen nahelegte. So sagten denn auch später andere Propheten, daß ich wiederkommen sollte. Natürlich ist damit nicht gemeint, daß ich persönlich erscheine. Aber daß ein Mensch auftritt, der im gleichen Geist und an dem gleichen Werk arbeitet wie ich.

Aber wie gesagt – ich kenne nicht alle Geheimnisse Gottes und kann über das Warum nicht viel sagen. Über das Wie kann ich freilich auch nicht viel sagen. Nur daß wir durch den Jordan zogen, der sich beim Schlag mit meinem Mantel teilte und daß mich dann ein feuriger Wagen von Elisa trennte und fortnahm. Mein mühevoller Weg war in Gottes Herrlichkeit eingemündet.

Elisa führte das Werk weiter und nach ihm wieder andere, bis zu Ihnen, meine Leser. Ich brauchte den Tod nicht zu erleben, dagegen jener Johannes, den sie auch als den wiedergekommenen Elia ansahen, wurde enthauptet. Entscheidend ist das Ziel der Herrlichkeit bei Gott.

HOSEA

Mein Name ist Hosea. Ja, lachen Sie ruhig. Ich weiß, Hosea ist in Ihrer Sprache ein komischer Name. Er klingt so nach Hosenbein oder Hosentasche. Aber in meiner Sprache, wissen Sie, hat er einen wunderbaren Klang. Hosea heißt Rettung oder Erlösung. Das ist doch ein schöner Name, nicht wahr? Darum macht es mir nichts aus, wenn ich Ihnen ein bißchen lächerlich erscheine.

Ja, Sie haben recht, ich erscheine Ihnen nicht lächerlich, sondern nur mein Name. Und doch – in meinem Volk bin ich wirklich als eine tragikomische Gestalt angesehen worden, mit der man Mitleid haben muß.

Sie werden das sicher gar nicht verstehen, wenn Sie nicht die Einzelheiten kennen. Alles begann damit, daß Gott mir den Auftrag gab, eine Prostituierte zu heiraten. Ich kann nicht sagen, wie ich zu der Erkenntnis kam, aber eines Tages wußte ich es.

Nun ist da eine Gefahr, daß man sich so etwas einbildet. Ich kannte Gomer, die Tochter Diblajims, und liebte sie auch, obwohl ich um ihre Vergangenheit wußte. Da kann man sich ja einen göttlichen Auftrag einbilden und damit alle Bedenken beiseiteschieben, um seinem Verlangen nachgeben zu können. So was kommt sicher vor: Man konstruiert – vielleicht ganz unbewußt – einen Befehl vom Himmel, der sich merkwürdig genau mit den eigenen Wünschen deckt. Ich kann mit Sicherheit sagen, daß es bei mir nicht so war. Ich wußte nämlich von Anfang an, was auf mich warten würde. Ich liebte Gomer, ja, aber ich heiratete sie auf Gottes Geheiß.

Gleich am Anfang sagte Gott mir nämlich, daß meine Ehe ein Sinnbild sein sollte für die Untreue des Volkes gegen ihn. Wie meine Frau mir untreu sein würde, so war das Volk seinem Gott untreu. Immer und immer wieder. Dieses Sinnbild wäre ja bedeutungslos, wenn Gomer mir treu geblieben wäre. Ich wußte also, was auf mich wartete, aber ich heiratete sie trotzdem. Es ist mir unmöglich zu beschreiben, was ich dabei empfand. Es war eine aufwühlende Mischung aus Liebe und Widerwillen, aus Gehorsam und Scham, aus Gewißheit und Angst.

Sie können sich denken, wie die Leute die Köpfe zusammensteckten. Ich spürte es förmlich, wie sie hinter meinem Rücken tuschelten, wie sie mich mit neugierigen, mitleidvollen oder herablassenden Blicken verfolgten. Es fehlte natürlich auch nicht an guten Ratschlägen. Ich sollte mir doch nüchtern überlegen, was ich täte, redeten sie auf mich ein. Es wäre doch abwegige Schwärmerei, eine Hure zu heiraten und dann von Gottes Liebe zu predigen und die eigene Ehe als Beispiel zu zitieren. Wo hätte man denn so etwas schon einmal gehört? Das sei doch heller Wahnsinn und könne niemals gutgehen.

Das Schreckliche war: Ich fand, daß sie eigentlich recht hatten. Es war wirklich heller Wahnsinn, wenn ich es mir nüchtern überlegte. Und so mußte ich nicht nur gegen die Leute angehen, die mich verlachten und verspotteten, sondern auch gegen die Zweifel im eigenen Herzen. Ich mußte dagegen angehen, wenn ich Gott gehorsam sein wollte; denn das wußte ich mit absoluter Sicherheit, daran war nicht zu rütteln: Gott hatte mir diesen Auftrag gegeben, ich mußte sein Wort befolgen.

Ich weiß, man soll auch auf die anderen hören und soll nüchtern überlegen – das alles ist mir bekannt. Aber das alles fällt hin in dem Augenblick, wenn man Gott selber reden hört. Da gibt es nur zwei Möglichkeiten: Entweder man gehorcht, oder man stellt sich willentlich gegen Gott. Für mich blieb nur die erste Möglichkeit: Ich heiratete Gomer. Und allen, die es wissen wollten – die Zahl der Neugierigen war groß bei so einem pikanten Thema –, und auch allen, die es nicht wissen wollten, predigte ich von der Hurerei des Volkes Israel, von Gottes Zorn und seiner unendlichen Liebe. Meine merkwürdige Ehe aber war als Beispiel für diese Wahrheiten in aller Munde.

Kennen Sie meinen Kollegen Amos, den Hirten aus Thekoa? Er trat in dieser Zeit auf gegen die sozialen Mißstände im Reich Israel und natürlich auch gegen den Götzendienst. Zu geißeln gab es da genug. Unter Jerobeam II. erlebte das Land eine wirtschaftliche Blüte. In jeder Beziehung ging es aufwärts. Nur in Sachen Glauben ging es rapide bergab. Da gab es katastrophale Zustände. Die reiche und mächtige Oberschicht, an der Spitze der König, beutete das arme Volk unbarmherzig aus. Und das alles wußten sie dann auch noch religiös zu verbrämen. Die Gottesdienste – oder das, was sie für Gottesdienste ausgaben – in Bethel, in Gilgal und in Beerseba waren leere Formen, nützliche Tradition, die die Ordnung stützte, in der die Reichen immer reicher und die Armen immer ärmer wurden. Da hatte Amos wahrhaftig genug zu sagen, da gab es reichlich Stoff für flammende Predigten. Natürlich zog er sich den Zorn derer zu, die er angriff. Dafür fand er aber Freunde bei denen, deren Partei er ergriff. Und überhaupt, es war allen irgendwie einleuchtend, was er sagte. Er war nicht beliebt, aber doch geachtet. Ein großer Kämpfer für die Gerechtigkeit, ein Held des Glaubens, ein vielzitierter und vielbeachteter Redner, der in treffenden Formulierungen und mitreißendem Eifer die träge Masse von den Stühlen riß.

Sehen Sie, so einer hätte ich werden mögen. Unter dieser Voraussetzung wollte auch ich Prophet sein. Was aber war ich? Ein verunglückter Ehemann, der auch noch überall erzählen mußte, daß ihn seine Frau ständig mit anderen betrog. Ein Prediger von Gottes Gericht und Gnade – welchen Schuh sollte man sich da wohl anziehen? Ein Prediger, dessen pikante Beispiele man grinsend anhörte, während sie ihm selbst fast das Herz zerrissen. Eine Hanswurst des Reiches Gottes. Oh, was hätte ich drum gegeben, ein Mann wie Amos sein zu können: ungeliebt, aber doch wenigstens anerkannt. Ich aber war weder beliebt noch anerkannt und bildete die Hauptfigur in den Witzen der Gassenjungen. Was hatte mir Gott da auferlegt?

Und doch – ich war nicht so verzweifelt, wie es vielleicht scheint. Vielleicht können Sie das nicht ganz verstehen, aber ich will doch versuchen, es Ihnen zu erklären. Sehen Sie, meine Ehe trug nicht nur meine Botschaft, sondern meine Botschaft trug auch meine Ehe. Weil ich wußte, daß Gott in so unvorstellbarer Geduld und Treue zu uns Menschen hält, konnte ich auch in Geduld und Treue bei meiner Frau bleiben. Weil Gott selbst diese enge Beziehung zwischen meinem persönlichen Schicksal und meiner Predigt hergestellt hatte, konnte ich Gomer mit einer Liebe tragen, die ich Gottes Verhältnis zu Israel abgelauscht hatte. Meine Predigt und mein Leben waren auf eine ganz enge Weise miteinander verknüpft.

Das ist ja sonst oft nicht so. Amos konnte sich auch, wenn er gesagt hatte, was zu sagen war, ins Privatleben zurückziehen. Bei anderen mag es sogar noch bequemer gehen: Dort die Aufgabe im Reich Gottes – hier der persönliche Bereich, der damit wenig zu tun hat. Bei mir aber ging das nicht. Ich hatte kein Privatleben, losgelöst von meiner Botschaft. Ich brachte nicht eine Predigt, sondern ich war Predigt. Ich predigte mit meinem ganzen Sein und Handeln, mit meinem Schicksal. Ich war nicht nur Gottes Bote, ich war Gottes Botschaft.

Es ist zwar nichts menschlich Bequemes, aber es gibt eine tiefe Erfüllung, zu wissen, daß man mit seinem ganzen Leben, mit Unglück und Angst, mit Scham und Trauer ein Teil von Gottes Werk ist. Sehen Sie, darum konnte ich nicht so verzweifelt über mein Schicksal sein, wie es sich ein Außenstehender vielleicht vorstellt. Wenn – wie man so reichlich harmlos sagt – der Haussegen schiefhing, so stand ich um so gewisser unter dem Segen meines Gottes. Ich hatte bei allem fehlenden Familienfrieden den tiefen Frieden mit Gott.

Die wirtschaftliche und politische Blütezeit unter Jerobeam II. neigte sich dem Ende zu. Das Volk hatte die Chance zur Umkehr nicht genutzt. Nun mußte das Gericht hereinbrechen, das Amos lange Zeit in seinen feurigen Reden angekündigt hatte und das schließllich auch ich predigte.

Als Jerobeam starb, wurde sein Sohn Sacharja an seiner Stelle König. Er trieb es mit dem Götzendienst noch schlimmer als sein Vater. Viel Zeit blieb ihm nicht, Macht und Reichtum zu genießen. Sallum aus dem Stamm Manasse zettelte eine Verschwörung an. Die Leute von Manasse konnten es nicht verwinden, daß seinerzeit einer vom Stamm Ephraim durch den Putsch gegen Joram, den Sohn Ahabs, die Macht an sich gerissen hatte. Sallum konnte sich auf die Sympathie des Volkes stützen. Für Sacharja war keiner bereit, einen Finger zu krümmen. Sallum erschlug ihn in aller Öffentlichkeit und machte sich zum König. Allerdings ging es ihm noch schlechter als Sacharja, der wenigstens sechs Monate regiert hatte: Er brachte es nur auf einen. Ziemlich genau diese Zeit brauchte wieder eine Lobby aus dem Stamm Ephraim, um eine Mordbande unter Führung Menahems zusammenzustellen und in die Hauptstadt Samaria zu ziehen. Menahem tötete Sallum und – wie kann es anders sein – setzte sich auf den Thron. Die sich als Kämpfer für die Gerechtigkeit ausgeben, pflegen ja gewöhnlich die höchste Gerechtigkeit darin zu sehen, daß sie selbst ganz oben landen.

Der außenpolitische Druck hielt nun die Innenpolitik wenigstens für ein paar Jahre stabil. Thiglath-Pileser III. von Assyrien zog herunter nach Palästina. Da Menahem es bei unserem ausgebluteten Land unmöglich wagen konnte, ihm militärisch entgegenzutreten, verpflichtete er sich zu riesigen Tributzahlungen. Tausend Zentner Silber mußte man zusammenkratzen. Alle reichen Familien wurden mit einer hohen Steuer belegt. Das war die Antwort auf die Raffgier, mit der sie zu Jerobeams Zeit Schätze angehäuft hatten. Nun war alles weg.

Welche Rolle hatte ich dabei zu spielen? Sehen Sie, das ist das Merkwürdige: Ich mußte Gericht predigen und zugleich Gnade. Vordergründig Gericht, alle sollten wissen, daß Gott sich nicht spotten ließ. Und das Gericht zeichnete sich auch überall ab: im politischen Niedergang, in der wirtschaftlichen Not durch die Tributzahlungen. Es war mit Händen zu greifen, daß Gottes lange zurückgehaltener Zorn sich auszuwirken begann. Hinter dieser Botschaft von Gottes Zorn aber begann die Botschaft von seiner Liebe aufzuleuchten.

War nicht meine Ehe das Zeichen dafür, daß der Herr auch dem untreuen Volk noch treu bleiben wollte? Das wurde auch deutlich in dem Namen, den ich auf Gottes Befehl meinem Sohn geben sollte: Jesreel. Das war der Name der Ebene, in der manche blutige Schlacht stattgefunden hatte und in der Jehu damals mit dem Militärputsch gegen Joram das Karussell der Königsmorde in Gang gesetzt hatte. Gott wollte all die Grausamkeit der Mächtigen strafen. Zerstreuen wollte er das Volk – so wird Jesreel übersetzt: »Gott zerstreut«. Aber zugleich wird dieses Wort »streuen« auch als säen verstanden: »Gott sät«. Ob wir das nicht als einen Hinweis auf neue Hoffnung für die Zukunft nehmen durften? Und schwang nicht in all den Gerichtsworten das Werben Gottes um sein Volk mit? Wer aber wirbt um jemanden, wenn er ihn nicht liebt? Und wer hat nicht letztlich das Beste vor mit dem, den er liebt?

»Als Israel jung war, rief ich ihn, meinen Sohn, aus Ägypten. Aber wenn man sie jetzt ruft, so wenden sie sich ab und opfern den Götzen. Ich nahm Ephraim bei den Armen und leitete ihn; aber sie merkten es nicht, wie ich ihnen half. Ich ließ sie ein menschliches Joch ziehen und in Seilen der Liebe gehen.« Spricht aus diesen Worten nicht der Schmerz verschmähter Liebe viel lauter als der Zorn des allmächtigen Gottes? Macht es nicht Mut zur Umkehr, wenn der Herr seinem Volk verspricht: »Ich will mich mit dir verloben in Ewigkeit. Ich will mich mit dir vertrauen in Gerechtigkeit und Gericht, in Gnade und Barmherzigkeit. Ja, im Glauben will ich mich mit dir verloben, und du wirst den Herrn erkennen.« Was für ein gütiger Gott, der schon bevor Sinnesänderung und Lebensänderung beim Volk sichtbar werden, ja, ehe das Gericht vollzogen ist, seine Bereitschaft zur Vergebung zusichert! Welch eine Liebe muß sein Herz bewegen zu uns, den Sündern!

Meine Frau gebar eine Tochter. Gott ließ mich den Namen wissen, den ich ihr geben sollte: Lo-Ruhama, d. h. »die kein Erbarmen findet«. Was für ein abstoßender Name für ein Mädchen! Denn, so sagte Gott, ich will mich nicht erbarmen über das Haus Israel. Aber was hat denn mein Kind damit zu tun? fragte ich Gott. Die Antwort wußte ich selbst: Sie gehörte auch zum Volk Israel, und sie sollte nun mit ihrem Namen die Botschaft in die Welt hineintragen, daß Gottes Gericht vor der Tür stand. Wenn ich sie rief, sollte mich das daran erinnern. Wenn sie im Dorf Mehl kaufte, sollte der Händler beim Gespräch mit dem Kind wissen, daß Gott jetzt seinen Zorn über uns ausschütten wird. Wenn die Kinder auf den Gassen Kriegen oder Verstecken spielten, dann sollte es von den hellen Stimmen überall laut werden und sich an den Häuserwänden brechen und in den Ohren weitergellen: »Kein Erbarmen! Kein Erbarmen!«

Nein, kein Erbarmen hatte Gott, jetzt noch nicht. Erst mußte geschehen, was Gott angekündigt hatte. Wenn sich die Menschen nicht durch Gottes Güte zur Umkehr bringen ließen, mußte er eben eine andere Sprache sprechen.

Und tatsächlich: Das Verhängnis nahm seinen Lauf. Menahem starb – eine seltene Ausnahme in diesen Zeiten – eines natürlichen Todes. Pekahja, sein Sohn wurde König. Was soll ich sagen – auch er hielt nichts vom Gehorsam gegen Gott und gab dem Volk ein schlechtes Beispiel. Er lebte nicht lange. Sein Adjutant und engster Vertrauter in militärischen Belangen brachte ihn und alle anderen wichtigen Leute um und machte sich zum König.

Wen vom Volk interessierte es schon, wenn der Palast sich rot färbte vom Blut der Adeligen? Es war sowieso eine unüberbrückbare Kluft zwischen denen da oben und denen hier unten. Einfluß nehmen auf die Politik – soweit man dieses Morden so nennen konnte – Einfluß nehmen konnte man ja doch nicht. Also sah jeder zu, wie er selbst einigermaßen zurechtkam, nach dem Motto: »Nach uns die Sintflut.« Nun, eine Sintflut sollte nicht kommen, wie Gott selbst ja versprochen hatte, aber etwas Vergleichbares.

Es fand auch kaum jemand etwas dabei, als Pekah, der neue König, sich mit den Syrern verbündete und gegen das eigene Brudervolk zog. Es hatte niemand mehr Verständnis für die gemeinsame Geschichte unseres Volkes, für Gottes Verheißungen und Absichten. Aber es war ja sowieso kein Krieg der Völker, sondern ein Krieg der Könige.

Unsere Armee zog mit der syrischen nach Juda, verwüstete das Land und belagerte Jerusalem. Was blieb Ahas, dem König des Südreiches, anderes übrig, als Tiglath-Pileser von Assyrien um Hilfe zu bitten? Das heißt, natürlich wäre ihm auch etwas anderes übrig geblieben: Er konnte Gott vertrauen. Jesaja, mein Mitstreiter für Gottes Sache in Jerusalem, hat ihn dazu auch immer wieder ermahnt. Aber dort war es mit der Frömmigkeit kaum besser als bei uns. Kurz: Die Assyrer kamen, befreiten das belagerte Jerusalem, ließen sich das auch gut bezahlen und beraubten wieder einmal unser Land. Ich wundere mich, daß sie überhaupt noch etwas fanden, was ihnen des Mitnehmens wert erschien. Sie müssen wohl auch von der Beute etwas enttäuscht gewesen sein, denn sie nahmen von dem einzigen mit, was wir reichlich hatten: Menschen.

Wenn Sie vielleicht vermuten, dieser schwere Schlag hätte Volk und Regierung nun endlich zur Besinnung gebracht, so irren Sie sich. Offenbar begriffen sie gar nicht, daß dieses Geschehen Gericht Gottes war. Sie sahen mich nur verständnislos mit großen Augen an, wenn ich davon sprach, oder sie lächelten herablassend, besserwisserisch. Aber ich durfte nicht schweigen. »Hört, ihr Kinder Israel, des Herrn Wort, denn der Herr hat Ursache zu schelten. Es ist keine Treue, keine Liebe, keine Erkenntnis Gottes im Lande, sondern Gotteslästerung, Lügen, Mord, Stehlen und Ehebrechen haben überhandgenommen. Eine Blutschuld kommt nach der anderen. Mein Volk fährt dahin, weil es nicht lernen will. Ephraim soll zur Wüste werden, wenn ich sie strafen werde. Davor habe ich sie lange genug gewarnt.«

Welchen Schmerz muß Gott empfunden haben, daß dieses Volk seine Liebe so verschmähte, ja so tat, als wäre er gar nicht da. Ich wußte aus persönlicher Erfahrung, wie einem das Herz fast bricht, wenn man so etwas erleben muß.

Stellen Sie sich vor, Sie lernen einen Jungen kennen, der der Sohn einer Prostituierten ist und der den Namen »Nicht mein Volk« trägt. Wenn die erste Überraschung über den merkwürdigen Namen verklungen ist und Sie außerdem wissen, daß bei uns üblicherweise der Vater den Namen in den ersten Tagen gibt, wird Ihnen sicher eine böse Ahnung kommen. Ein Vater, der mit einer bekannten Dirne verheiratet ist und deren Kind »Nicht mein Volk« nennt, wird sich wohl der Vaterschaft nicht ganz sicher sein – gelinde ausgedrückt. Da vermuten Sie richtig. Aber der Name war nicht Ausdruck meines Zorns oder meiner Bitterkeit, er war mir vielmehr von Gott direkt diktiert worden. Enger konnte die Identifizierung von Bote und Botschaft nicht mehr werden. Und – lächerlicher konnte ich mich nicht mehr machen, als daß ich dem Kind diesen Namen gab. Aber was hieß das schon? Wenn Gott verlacht wurde – konnte ich mich da nicht auch verlachen lassen? Wenn Gott verachtet, beiseitegeschoben, ignoriert wurde – sollte ich mich da über ein ähnliches Schicksal beklagen?

Nein, und nochmals nein! Vor die Wahl gestellt, ob ich zu dem verdorbenen, blind dem Untergang entgegenrennenden Volk oder zu dem gerechten, liebenden Gott halten wollte, blieb mir nur das Letztere. Ich wollte ganz und gar zu ihm gehören. Wenn Gott zu Israel »Lo-Ammi« sprach – so hieß unser drittes Kind, auf deutsch »Nicht mein Volk« – wenn Israel nicht mehr Gottes Volk sein sollte und wollte, dann wollte ich nicht zu diesem Volk stehen, sondern zu Gott.

Fast hatte ich den Eindruck, daß das Gespött der Leute nachließ. Es ist ja oft so: In Zeiten des Chaos oder großer Not sehnen sich die Menschen nach Trost, nach einem festen Halt. Manche sehen dann neiderfüllt oder gar bewundernd auf die, die einen Halt im Glauben haben. So kam es, daß ich mich bei allem Schmerz tief glücklich fühlen konnte in dem Wissen, in Gottes Hand zu sein. Doch den Spöttern, die noch nicht merkten, was die Stunde geschlagen hatte, und die weiterhin über mich tuschelten und lachten, konnte ich mit Güte und Mitleid entgegentreten, statt mich einschüchtern zu lassen.

Das alles erst recht, als sich immer deutlicher zeigte, daß das Ende unseres Volkes nicht mehr aufzuhalten war. Trotz ungezählter Warnungen in Worten und Fügungen durch Gott kehrte sich das Volk immer weiter von ihm ab. Buchstäblich – wie meine Frau sich von mir abkehrte, in dem sie gar nicht mehr den äußeren Schein wahrte und ihre Liebschaften heimlich trieb, sondern mich verließ und fortzog. Das Schreckliche dieser Entwicklung hielt das Bewußtsein für den Schmerz in mir wach, den Gott empfinden mußte, und bewahrte mich vor einem falschen und lieblosen Triumphgefühl. So etwas Furchtbares kann kein Anlaß zum rechthaberischen Triumph sein, es kann einem nur das Herz im Leibe umdrehen.

Auch Pekah, der vorletzte König Israels, wurde ermordet und von seinem Mörder abgelöst. Wen wundert's noch? Der neue Mann hieß, wie ich, Hosea. Er mußte zwangsläufig in der Abhängigkeit der assyrischen Weltmacht bleiben, denn zum Widerstand war er nicht stark genug. So sah es jedenfalls aus, als er dem Assyrerkönig Salmanasser spontan große

Geschenke entgegenschickte, als der mit einem Heer angezogen kam. Heimlich aber versuchte Hosea, Fäden nach Ägypten zu knüpfen.

Was für ein Irrsinn! Als wenn sich so etwas geheimhalten ließe! Und selbst wenn, Ägypten war doch nicht stark genug, unser Land vor den Assyrern zu schützen. Wieviel besser wäre es gewesen, Gott um Hilfe zu bitten. Aber das hatte ich nun schon jahrelang überall laut verkündigt, und niemand hat es hören wollen. Nun, in der letzten Phase der Entwicklung, war das Steuer auch nicht mehr herumzureißen. Die Verantwortlichen waren einfach verblendet.

Salmanasser bekam Wind von den Versuchen Hoseas, einen starken Partner gegen Assyrien zu finden, und überzog das Land mit Krieg. Durch die Städte und Dörfer sprengten seine wilden Reiterhorden, verbrannten die Häuser, vernichteten die Ernten, metzelten alle nieder, die Widerstand wagten, nahmen als Beute mit, was sie gebrauchen konnten, und begannen, das Volk zu vertreiben. Systematisch wurde das Land entvölkert, die Leute umgesiedelt in ferne Gebiete, von denen wir nie etwas gehört hatten. Und als letztes kam dann die Belagerung Samarias.

Der völlige Zusammenbruch unseres Volkes war nicht mehr aufzuhalten. Können Sie sich vorstellen, wie man sich da fühlt? Alle hatten Angst, machten sich und besonders dem König Vorwürfe. Sie begannen wohl endlich zu ahnen, daß das alles Strafe für die ungeheure jahrzehntelange Schuld war, für die götzendienerischen Greuel, für den Ungehorsam gegen Gott. Aber eine wirklich tiefgehende Sinnesänderung war noch nicht in Sicht.

Erste Reaktionen hörte ich zwar auf meine Predigt, gelegentlich stimmte einer mit ein: »Kommt, wir wollen wieder zum Herrn, er hat uns zerrissen, er wird uns auch heilen, er hat uns geschlagen, er wird uns auch verbinden.« Aber es war eine oberflächliche Buße, wenn sie diese Bezeichnung überhaupt verdient. Sie war auch nur bei wenigen anzutreffen. Nein, so war Gottes Gericht nicht abzuwenden. Ich mußte weiter Gottes Worte sagen, überall, unermüdlich, bis zum bitteren Ende: »Was soll ich mit dir tun, Ephraim? Was soll ich mit dir tun, Juda? Denn eure Liebe ist wie eine Morgenwolke und wie ein Tau, der frühmorgens vergeht.«

Wer nicht umkehren will, kehrt auch angesichts des drohenden Verhängnisses nicht um, der wird immer andere Erklärungen und Ausflüchte finden. Ich glaube, es war wirklich so eine Art Hilflosigkeit des Allmächtigen, wenn er sagte: »Was soll ich mit dir tun, Ephraim?« Er wußte nicht mehr, was er noch tun konnte, um das halsstarrige Volk endlich zur Buße zu rufen. Auf Strafe hin änderten sie sich nicht, Drohungen verlachten sie, und Beweise seiner Güte nahmen sie als selbstverständlich hin. Was sollte der liebende Gott da noch tun? Können Sie sich seinen verzweifelten Schmerz vorstellen? Nicht? Dann stellen Sie sich einen Ehemann vor, der seine Frau liebt und von ihr trotz Drohungen und trotz Güte immer wieder hintergangen und schließlich verlassen wird. Ich wußte, wie das ist, und ich begann zu ahnen, wie Gott empfinden mußte. Wie aber würde er nun handeln? Konnte auch das an meiner gescheiterten Ehe sichtbar werden?

Gott befahl mir: »Gehe wieder hin zu deiner Frau, die dich verlassen hat, und wirb um sie, wie ich um mein Volk werbe, das sich den Götzen zugewandt hat.« Ich wehrte mich nicht mehr gegen den Auftrag. Warum auch? Sicher, sie verschmähte mich, aber ich liebte sie noch immer. Das war zwar ungeheuer erniedrigend für mich, aber meine menschliche Ehre war sowieso dahin. Ich suchte Gomer, handelte mit ihr, wie man mit einer Prostituierten feilscht, und kaufte sie zurück. Wenn jeder Mann sie für eine Zeitlang kaufen konnte, warum sollte ich sie nicht auch für genug Geld eine längere Zeit für mich kaufen können? Ich sage das ohne Sarkasmus, obwohl es so klingen mag. Sie gehörte mir an, aber das galt bei ihr nicht mehr. So mußte ich sie ein zweites Mal erwerben, wobei der eigentliche Kaufpreis nicht die paar Silberlinge waren, sondern meine Erniedrigung.

Was aber Gott damit sagen wollte im Blick auf sein Volk, das wußte ich damals nicht. Es war für mich schwer vorstellbar, und doch mußte es so sein: Daß Gott für die Menschen, die ihm seit der Schöpfung rechtmäßig gehörten, noch ein zweites Mal bezahlen wollte, um sie als sein Eigentum zu erwerben. Sicher nicht mit Silber und Gold, sondern mit seiner eigenen Erniedrigung.

Noch wußte das Volk nichts von Gottes Plänen, die aus seiner Liebe geboren waren. Ich ahnte allenfalls andeutungsweise etwas davon. Noch waren sie verblendet, und das Ende brach über uns herein. Nach drei Jahren der Belagerung nahm das assyrische Heer Samaria ein. Alles wurde niedergebrannt und dem Erdboden gleichgemacht. Die Menschen, auch die restlichen aus dem ganzen Land, wurden deportiert. Andere Völker siedelten sich in dieser Landschaft an. Unsere Nation hatte aufgehört zu existieren.

Wer sein Volk liebt wie ich, dem ist dabei, als fiele er in einen dunklen Schacht, ins Endlose, ins Leere. Keine Hoffnung mehr, kein Besitz, kein Land, kein Frieden, keine Einheit, keine Zukunft, und bei alledem auch noch das Wissen: Es ist alles selbstverschuldet. Ich weiß nicht, wie die anderen die Verzweiflung durchstehen konnten. Ich konnte mich nur an das Wissen klammern, daß Gott voller Liebe ist, voll unendlicher, grundloser Liebe.

Und an die Hoffnung, daß die Menschen das endlich begreifen, und umkehren, daß sie diesen Gott der Liebe von ganzem Herzen wiederlieben. Ich bin sicher, dann erfüllt sich in überreichem Maß, was Gott durch meinen Mund ausrufen ließ: »Dann will ich ihren Schaden wieder heilen. Gerne will ich sie lieben, denn mein Zorn soll sich von ihnen wenden. Wer ist weise, daß er das versteht, und wer ist klug, daß er das beherzigt? Die Wege des Herrn sind richtig. Die Gerechten gehen darauf, aber die Gottlosen kommen darauf zu Fall.«

JONA

Mein Name ist Jona, der Sohn Amitthais. Ja, schmunzeln Sie nur. Jona – da denkt doch jeder gleich an einen Walfisch. Damit muß ich mich wohl abfinden, daß – solange es Menschen auf der Erde gibt – mein Name mit diesem großen Meeresbewohner in Verbindung gebracht wird. Daß mein ehrenwerter Name einmal auf den Rummelplätzen bestimmte Schaubuden ziert, in denen man einen künstlich präparierten Wal ausstellt, hätte ich mir wahrhaftig nicht träumen lassen.

Viel lieber wäre ich als vollmächtiger Prophet in die Geschichte eingegangen. Viel lieber hätte ich gehabt, daß die Nachwelt sozusagen innerlich den Hut zieht und vor Ehrfurcht erschauert, wenn sie meinen Namen hört.

Aber damit ist es ja nun nichts. Ich bin nun mal nicht als Held in die Geschichtsschreibung aufgenommen worden, der Ungeheuer bezwang, sondern als ein Feigling, der vom Ungeheuer verschlungen wurde. Der zudem noch ungehorsam war, der floh, anstatt...

Aber ich will nicht vorgreifen. Bilden Sie sich selbst ein Urteil, wenn Sie meine Geschichte gehört haben. Nur das wollte ich noch sagen: Es muß wohl so sein, daß man nicht beides kann: seine Bequemlichkeit pflegen, seiner Angst nachgeben, seine Wunschvorstellungen verwirklichen – und dann aber auch Großes leisten, ein Gotteskämpfer sein, der Geschichte macht, und von der Nachwelt geehrt werden. Ich hatte mich für das Erstere entschieden. Also wird wohl auch mein Name immer mit einem leichten Schmunzeln gehört werden. Jona wird immer der etwas verunglückte Gottesheld sein, die merkwürdige Figur, sozusagen eine komödiantische Gestalt inmitten der zwölf kleinen und drei großen und noch einer Menge unerwähnter Propheten.

Ich bin nicht traurig, daß das so ist. Wenn auf mich kein Glanz fällt, dann fällt er vielleicht um so mehr auf Gott. Und darüber wäre ich glücklich. Zu rühmen ist nicht der ungehorsame Feigling Jona, sondern sein Herr, der trotz des Versagens seines Propheten mit ihm und durch ihn zum Ziel kommt. Ja, mit ihm und durch ihn. Erst mußte er mich zurechtbringen, der heilige und liebende Gott, und dann durch mich die anderen.

Es war zur Zeit Jerobeams II. von Israel. Unser Land erlebte eine Blüte, wie wir sie lange nicht gekannt hatten. Der König fragte allerdings nicht nach Gott. Im Gegenteil, er führte das Volk immer weiter in die Sünde hinein. Meine Kollegen – wenn ich sie so nennen darf – Amos und Hosea predigten denn auch ausdrücklich gegen Götzendienst und Streben nach Reichtum und Macht. Das nahm man ihnen übel.

Ich hatte es da wesentlich besser. Mich beauftragte Gott nur, positive Dinge zu sagen. Ich kündigte an, daß Jerobeam das ganze Gebiet von der syrischen Landschaft Hamath bis ans Tote Meer zurückerobern würde. Das geschah auch. So was ist immer angenehm. Siegesnachrichten zu bringen, ist eine durchaus erfreuliche Art von Verkündigungsdienst, ein seliges Wandeln auf sonnigen Höhen sozusagen.

Um so härter traf es mich, als Gott mir eines Tag den Befehl gab, nach Ninive zu gehen. Ich dachte erst, ich hätte mich verhört. Nach Ninive? Ausgerechnet in die Hauptstadt der Assyrer, der mordgierigen Heiden? Das durfte doch nicht wahr sein!

Erst drei Jahre war es her, daß die Assyrer unser Land militärisch bedroht hatten, unter Ahab und unter Jehu. Es waren Feinde des Gottesvolkes. Da gab's nichts zu deuten und nichts zu beschönigen.

Ich hoffte, ich hätte mich verhört. Aber nein – der Befehl war klar und unmißverständlich: »Mache dich auf und gehe in die große Stadt Ninive und predige gegen sie; denn ihre Bosheit ist heraufgekommen vor mich.«

Ihre Bosheit! Natürlich waren die Niniviten boshafte Leute. Warum vernichtete Gott sie dann nicht gleich? Warum sollte ich ihnen das Gericht unnötigerweise vorher ankündigen? Das war doch überflüssig und zudem gefährlich.

Es gab nur zwei Möglichkeiten: Entweder sie taten Buße, was allerdings sehr unwahrscheinlich war, dann würde Gott sich am Ende erbarmen und sie verschonen. Stellen Sie sich das mal vor: dieses abgöttische, militaristische Volk vor dem gerechten Gericht verschonen, nur weil sie sich plötzlich anders besannen! Das durfte doch niemals sein! Oder aber sie änderten ihr Leben nicht, und das Gericht kam. Was aber nützte dann meine Predigt?

Nein, der Auftrag war völlig sinnlos und außerdem lebensgefährlich! So was konnte Gott mit mir nicht machen. Mit mir nicht! Sollte er sich dazu andere aussuchen! Was gingen mich überhaupt die Heiden an?

Wissen Sie, Gott ist sehr geduldig. Seine Mühlen mahlen langsam, aber trefflich fein, sagt eins Ihrer Sprichworte. Er schlug nicht gleich zornig dazwischen, als ich mich weigerte, aber er hielt beharrlich an seinem Ziel fest.

Mir wurde der Boden zu heiß. Ich konnte nicht ruhig in meinem Heimatort sitzenbleiben, an dem Gottes Auftrag mich erreicht hatte. Ich mußte hier weg, wo mich jeder Stein und jeder Baum an den unerfüllten Befehl erinnerte, an den Gott, der immer noch wartete. Ich hielt diese Spannung nicht aus. Ich mußte weg von hier in eine ganz andere Umgebung, wo man nicht immer von Gott redete, wo man mich auch nicht kannte, wo nicht jeder, der mir begegnete, vor dem bewährten Propheten ehrfürchtig den Hut zog und ihn damit nur beschämte. Weg, nur weg! Und möglichst nach Westen, entgegen der Richtung nach Ninive. Weit nach Westen! Fort von hier.

Ich verließ meinen Heimatort Gath-Hepher in der Nähe von Nazareth und ging hinunter ans Mittelmeer. In Japho hoffte ich ein Schiff zu finden, das mich nach Westen mitnehmen konnte. Möglichst bis nach Spanien. Tatsächlich, ich fand ein Schiff, das gerade ablegen wollte und das das ferne

Tharsis zum Ziel hatte. Ich bezahlte meine Überfahrt und ging erleichtert an Bord.

Aber ich hatte mich verrechnet. Als wenn Gott nicht auch auf dem Meer Herr wäre und in Tharsis und in Ninive und überall! Heute weiß ich das, nachdem ich ihn im Westen und im Osten erlebt habe, nachdem ich sein Wirken an Phöniziern wie an Assyrern gesehen habe. Damals aber war ich unwissend und eingebildet. Gott interessierte sich nur für Israel, dachte ich, und was außerhalb von dessen Grenzen geschieht, das entzöge sich mehr oder weniger seinem Einflußbereich. Wie dumm, so zu denken. Und was für eine Beleidigung des allmächtigen Gottes!

Ein gewaltiger Sturm kam auf. Ich aber merkte davon nichts. Ich war so erleichtert nach den Spannungen der letzten Wochen, daß ich mich in meine Koje gelegt hatte und eingeschlafen war.

Plötzlich weckte mich der Schiffseigentümer. Das Schiff drohe zu zerbrechen, schrie er, und jeder solle zu seinem Gott beten. Heiden sagten das! Ungläubige mußten mich zum Gebet auffordern, den Propheten des einzigen und allmächtigen Gottes!

Ich merkte sofort die Gefahr, als ich aus der Koje stieg. Das Schiff schlingerte und stampfte heftig. Die Balken und Planken ächzten. Ich stieg an Deck. Längst waren die Segel gerefft und alle überflüssigen Geräte über Bord geworfen, um das Schiff leichter zu machen. Überall hasteten aufgeregte Seeleute herum, andere beteten zu ihren Göttern. Die Wellen klatschten aufs Deck und untermalten mit ihrem Tösen das Heulen des Sturms und das Schreien der Menschen.

Als die Angst und Gefahr auf dem Höhepunkt war, wußten sie sich nicht mehr zu helfen. Sie beschlossen, das Los zu werfen, um auf diese Weise von ihren Göttern gezeigt zu bekommen, wer unter allen ein so großer Sünder sei, daß ihn dieses Gericht treffen sollte. Den wollten sie den Meeresgöttern opfern – im Klartext: über Bord werfen. Ich lächelte über diesen faulen Zauber, bis – ja, bis auf einmal alle von ihren Würfeln aufblickten und mich ansahen. Da erst fiel es mir wie Schuppen von den Augen: Gott hatte den Sturm geschickt! Mir galt das! Mehr noch: er hatte sich sogar der Heiden bedient, um durch ihr Los zu zeigen, daß ich der Übeltäter war.

Mir stockte der Atem. Blitzartig war die Erkenntnis da: Es war aus mit mir. Gott hatte mich eingeholt. Ich konnte ihm nicht entfliehen.

Es hatte gar keinen Zweck, die Seeleute um Erbarmen zu bitten. Ich wußte ja, daß Gott nicht loslassen würde, bis ich meine Schuld gesühnt hatte. Ja, ich war schuldig. Ich, der Mann Gottes, hatte dem Herrn ins Gesicht abgesagt, als er mir einen Befehl gab. Ich hatte den Gehorsam willentlich und wissentlich verweigert. Darauf konnte es nur eine Antwort geben: den Tod.

Die Seeleute waren gar nicht so blutrünstig, wie ich mir das gedacht hatte. Statt mich in ihrer Angst sogleich über die Reling zu stoßen, damit ja der Sturm schnell aufhören sollte, fragten sie mich aus – woher ich käme, welchem Volk und welcher Religion ich angehörte, was mein Beruf sei und was ich denn Übles getan hätte. Wirklich rührend, wie sie sich mühten, das Unvermeidliche zu vermeiden.

Ich gab bereitwillig Auskunft. Daß ich dem Gott diene, sagte ich, der Himmel und Erde und das Meer gemacht hat und daß ich vor ihm fliehe. Vor Scham wäre ich am liebsten in den Decksplanken verschwunden, als sie mich verständnislos ansahen. Wie kann man denn vor dem Gott übers Meer fliehen, von dem man weiß, daß er das Meer gemacht hat? Wie kann man sich vor dem Gott im fernen Westen verstecken wollen, von dem man glaubt, daß er der Herr über die Enden der Erde ist? Sie hatten ja recht. Wie konnte ich nur so denken!

Alle Anstrengungen der gutwilligen Leute halfen nichts – wir waren immer hilfloser gegen das Wüten der aufgebrachten See. »Werft mich ins Meer«, forderte ich sie auf. Warum sich noch länger scheuen vor dem Unvermeidlichen? Gott wollte es so, also gab es auch keinen anderen Weg.

Es war erschütternd, wie diese Leute vor dem Letzten zurückschreckten. Als es aber gar nicht mehr zu vermeiden war, schickten sie sich an, mich ins Meer zu werfen. Vorher aber riefen sie noch meinen Gott an, Jahwe, den Gott Israels, dessen Macht sie soeben kennengelernt hatten!

Und dann war es soweit.

Ein Stoßgebet zum Himmel, ein Gebet um Vergebung – und dann hatte ich mit dem Leben abgeschlossen. Im hohen Bogen flog ich vom Schiff herunter, klatschte heftig auf das wildbewegte Wasser und versank in den Fluten.

Was dann geschah, kann ich Ihnen gar nicht in Einzelheiten schildern. Genau weiß ich es selbst nicht. Mir schwanden die Sinne. Aber statt daß ich erstickte oder die Lungen voll Wasser sog, fühlte ich mich plötzlich von allen Seiten auf ganz merkwürdige Weise umschlossen. Ein dunkles, weiches Gefängnis war es, in dem ich mich plötzlich wiederfand. Es dauerte lange, bis ich begriff, daß ich nicht gestorben war. Ich lebte! Aber wie lange noch? Offenbar hatte ein riesiges Meerestier mich verschlungen. Ich fand mich nicht zurecht, wußte kaum, wo oben und unten war. Aber ich hatte Luft zum Atmen!

Ob Gott mich doch retten wollte? Ob dieses unheimliche Loch, in dem ich hier eingezwängt war, meine Rettung bedeuten sollte?

Es ist seltsam, wie bei einem Menschen, der gerade noch bereit war zu sterben, der sein Leben abgeschlossen hatte, nun, da sich ein schwacher Hoffnungsschimmer zeigte, sofort wieder neuer Lebenswille aufkeimte.

Mehr aus dem Urgrund meiner Seele als im vollen Bewußtsein schrie ich zu Gott. Nun, nachdem dieses Wunder geschehen war, wagte ich auf Gottes Gnade zu hoffen, daß er mich dem Leben wieder zurückgeben würde. Und zugleich hatte ich Angst. Die Angst, die ich beim Loswerfen, beim

Kampf gegen den Sturm, beim Sturz über Bord kaum gehabt hatte – jetzt brach sie um so heftiger auf, hier in diesem finsteren und glitschigen Gefängnis.

Wie lange ich in dem Leib dieses Meeresungeheuers war – zusammengekrümmt, bebend vor Angst, fast ohnmächtig durch Mangel an Atemluft – das erfuhr ich erst später. Da konnte ich dann zurückrechnen, daß ich am dritten Tag nach meinem Sturz ins Wasser wieder an Land kam. Während ich in dieser verzweifelten Lage war, kam es mir wie eine Ewigkeit vor, wie der Anfang einer Ewigkeit im Totenreich.

Später habe ich mich mit anderen über das alles unterhalten. Manche haben versucht, es zu erklären und haben mich nach vielen Einzelheiten gefragt. Aber mehr konnte und kann ich nicht sagen. Ob es wirklich so war, daß ich irgendwo in den Atemwegen des Tieres hängenblieb – denn eine Verdauung blieb mir erspart, und auch erstickt bin ich nicht – und daß mich das Ungeheuer schließlich ausgehustet hat, weil ich es arg störte – ob es wirklich so war, weiß ich nicht. Ich habe eine Erklärung, die viel einfacher ist: Gott hat dem Tier geboten, mich aufzufangen, mich in Landnähe zu transportieren und mich dort auszuspucken. So einfach ist das.

Als ich am Ufer recht unsanft wieder abgesetzt wurde und einigermaßen zu Kräften und Besinnung gekommen war, konnte ich nicht anders als Gott loben. Laut und anhaltend betete ich zu dem Allmächtigen, der sich mir in wunderbarer Weise offenbart hatte. Und allen, die es hören wollten, erzählte ich davon.

Ja, und dann kam, was ich befürchtet, aber andererseits doch auch freudig erwartet hatte: Gott sprach wieder zu mir. Und was sagte er? »Mache dich auf, gehe in die große Stadt Ninive und predige ihr, was ich dir sage!«

Also doch! Gott wollte mich nicht tot auf dem Grund des Meeres haben, sondern lebend in Ninive. Darum hatte sein Gericht mich eingeholt. Nicht, um mich zu strafen, sondern um mich zurückzubringen. Nun konnte ich ja wohl nicht anders. Nun mußte ich mich in Ninive all dem aussetzen, was ich befürchtete. Aber damit bekam ich auch die Chance, wiedergutzumachen, was ich verdorben hatte.

Ich machte mich also auf und zog nach Assyrien.

Gegen die Hafenstadt Japho ist mein Heimatdorf ein erbärmliches Nest. Gemessen an Jerusalem aber, das ich einige Male gesehen habe, ist Japho mindestens genauso erbärmlich. Noch erbärmlicher aber ist Jerusalem gegen Ninive. Eine ungeheure Metropole, vom Leben durchpulst. Handel, Künste und Militärwesen stehen in einer Blüte, die ich nie für möglich gehalten hätte. Wie ein Trottel aus der vergessenen Provinz kam ich mir vor, als ich die schier endlosen Stadtmauern sah, die mächtigen, mit glasierten Ziegeln bunt geschmückten Tore, die breiten Prachtstraßen mit unzähligen steinernen Figuren. Und dann vor allem die Menschen, die wie Ameisen durch die Straßen wimmelten. Ich hätte es in meiner Einfalt und nach meinen Erfahrungen aus dem galiläischen Bergland für unmöglich gehalten, daß so viele Menschen so eng beieinander wohnen.

Da stand ich nun in dieser Weltstadt, hilflos und verloren, unsicher und voller Minderwertigkeitskomplexe. Dann aber kam die Gewißheit von Gott, was ich zu sagen hatte. Alle Unsicherheit fiel von mir ab. Jetzt war ich nicht mehr der fremde Provinzler, der einer Weltstadt voller Kultur und politischer Macht gegenüberstand, jetzt war ich nur noch Bote Gottes. Und in seiner Vollmacht redete ich: »Es sind noch vierzig Tage, dann wird Ninive untergehen.« Überall auf Plätzen und Straßen stellte ich mich auf und schrie in die Masse hinein nichts anderes als diese Wahrheit: Gott nimmt eure Sünde nicht länger hin. Sein Gericht ist nah. Mehr sagte ich nicht.

Und nun geschah genau das, was ich eigentlich für unmöglich gehalten, insgeheim aber doch befürchtet hatte: Die Menschen taten Buße. Ich traute meinen Augen und Ohren kaum. Die Leute griffen meine Botschaft auf und sagten sie weiter. Sie verlachten mich nicht, sie warfen mich auch nicht wütend aus ihrer Stadt hinaus. Im Gegenteil, begierig hörten sie auf meine Botschaft, wurden davon tief bewegt, zogen Säcke an und fasteten, um zu zeigen, daß sie sich von ihrer Völlerei abkehren wollten, und trugen meine Gerichtsbotschaft weiter. Ich hätte Tage gebraucht, um überall hinzukommen, zumal ich ja mit ihrer Sprache ziemliche Schwierigkeiten hatte. Aber viel schneller, als ich gehen konnte, eilte die Nachricht von dieser Botschaft durch die Stadt. Es entstand eine richtige Bußbewegung.

Ich wurde selbst am meisten überrumpelt von den Folgen meiner Predigt. Nie hätte ich es für möglich gehalten, daß unter diesen Hunderttausenden von Gottlosen eine Art Erweckung ausbricht.

Natürlich kam es bald dem König zu Ohren, was unter seinem Volk geschah. Stellen Sie sich vor – sogar der große Herrscher Adadmirari III. warf sein kostbares Purpurgewand von sich, kleidete sich mit einem häßlichen Sack und fastete. Darüber hinaus gab er den Befehl, daß alle Bürger des Landes das gleiche tun sollten. Selbst das Vieh sollte nicht zur Weide und zur Tränke geführt werden.

Ich stand vor einem Rätsel – oder soll ich besser sagen: Ich stand vor einem Wunder – zum zweiten Mal.

Inzwischen lief die Bewegung auch ohne mich weiter und verbreitete sich wie ein Steppenbrand. Überall hörte ich in Predigten und Gebeten die Hoffnung ausgesprochen: Wer weiß, vielleicht entschließt Gott sich doch, unsere Stadt zu verschonen, wenn er sieht, wie ernsthaft wir Buße tun. Und ich? Ich fürchtete – ja, diesen Ausdruck gebrauche ich mit Bedacht – ich fürchtete, ihre Hoffnung könnte sich erfüllen.

Es kam der Tag heran, an dem das große Gericht über die Stadt hereinbrechen sollte. Ich ging vorher sicherheitshalber aus der Stadt hinaus. Irgendwo draußen im Osten der Metropole setzte ich mich auf einen öden Flecken nieder, von wo aus ich gut beobachten konnte.

Der Morgen des Tages kam heran, und nichts geschah. Ich saß da in der glühenden Sonne und wartete.

Ich ahnte schon, daß Gott sich nun wieder erbarmen würde. Und dann? Niemand mehr würde meine Prophezeiungen ernstnehmen. Zumal ich ja auf Gottes Geheiß nicht gesagt hatte: Wenn ihr nicht umkehrt, dann trifft euch das Gericht, sondern ich hatte klipp und klar gesagt: In vierzig Tagen wird Ninive untergehen. Wenn es nun nicht unterging, hatte ich unrecht. Niemand würde hinterher sagen, Gott habe seine Meinung geändert, sondern jeder würde denken, es habe von vornherein nie eine Gefahr bestanden. Was ist denn schon ein Gerichtsprophet wert, unter dessen Predigt sich alles in Wohlgefallen auflöst, statt sich in Staub aufzulösen?

Und dann: Was waren denn das für Leute, diese Niniviten? Heiden waren es, Leute, die von Gottes Gesetzen keine Ahnung und von seiner Geschichte mit Israel keinen blassen Schimmer hatten. Ja, man wußte nicht einmal, ob sie denselben Gott meinten, wenn sie von Gott sprachen; denn in ihrer Sprache hieß das Wort für Gott ganz anders. Und in ihrem Denken sahen sie Gott wahrscheinlich auch ganz anders. Wollte Gott etwa die Religiosität dieser Leute anerkennen, ohne daß das Gesetz Moses gehalten wurde, ohne daß nach dem Ritus des Tempels in Jerusalem Opfer gebracht wurden? Sollte sein Wohlgefallen etwa auf diesen mordgierigen Heiden ruhen, die doch Feinde des auserwählten Volkes Israel waren und außerdem von echtem Gottesdienst himmelweit entfernt waren? Sollte sein Wohlgefallen auf ihnen ruhen, nur weil sie für ein paar Tage ihre sowieso geraubten Kleider ablegten und sich in Säcke hüllten? Das konnte ich nie und nimmer gutheißen! Das widersprach total meinem Gerechtigkeitsgefühl!

Ich ärgerte mich maßlos und machte Gott Vorwürfe. »Ach Herr, das ist es, weshalb ich nach Tharsis wollte, weshalb ich mich weigerte, in Ninive zu predigen. Ich weiß ja, daß du gnädig und barmherzig bist, langmütig und von großer Güte. Alles Eigenschaften, die ich schätze, wenn sie uns zugute kommen, die aber einfach unangebracht sind, wenn sie diesen gottlosen Leuten aus Ninive gelten.«

So und ähnlich sagte ich zu Gott. Ich war sauer. Ich wollte einfach nicht, daß diese Kerle verschont wurden und bei Gott Gnade fanden, und ich konnte nicht verstehen, daß Gott es wollte.

Von dem Ärger wurde es mir noch heißer, als es sowieso schon war. Die Sonne brannte erbarmungslos vom Himmel. Sie quälte mich äußerlich, und die Wut quälte mich innerlich. Ich wäre am liebsten gestorben. Was hatte die Quälerei noch für einen Sinn? Was hatte ein Leben für einen Sinn, das einer Aufgabe diente, die ich selbst nicht wollte und auch gar nicht verstand?

Glücklicherweise wuchs eine Rizinusstaude gerade neben mir. Diese schnell wachsende Pflanze hat ja große Blätter und wirft gute Schatten. Für mich war das der einzige Schatten in dem weiten Ödland, und ich setzte mich darunter.

Stundenlang wartete ich so. Immer wieder blickte ich hinüber zur Stadt, deren Bild in der heißen Luft flimmerte. Wenn doch die Stadt selbst durch ein Erdbeben so durcheinandergeschüttelt würde, wie das Bild flimmert. Oder wenn ein Brand ausbräche! Bei dieser Trockenheit brauchte es ja gar kein Feuer vom Himmel. Ein bißchen Feuer aus einem unbeobachteten Herd würde schon genügen, um die Stadt in Schutt und Asche zu legen!

Über diesen trüben und haßerfüllten Gedanken kam der Abend, die Nacht – und nichts war geschehen. Kein Erdbeben, kein Feuer, keine Seuche, keine fremden Heere – nichts. Einfach gar nichts. Im roten Abendlicht lag die Riesenstadt friedvoll wie eh und je.

Ich konnte den Anblick nicht mehr ertragen. In der Hoffnung, daß vielleicht morgen noch etwas geschehen könnte, legte ich mich zum Schlafen nieder.

Dann brach der Morgen an. Mein erster Blick galt Ninive. Es lag immer noch unversehrt da. Und noch einen Ärger hatte ich: Die Rizinusstaude, die mir gestern Schatten gespendet hatte, war von einem Wurm angenagt worden und verdorrte zusehends.

Auch das noch! Als ob das Maß des Unglücks damit noch nicht voll wäre, kam ein heißer Wüstenwind auf, der mir alle Kraft aus den Gliedern laugte. Die Sonne stieg höher und höher und brannte erbarmungslos auf mich hernieder. Aufzustehen und fortzugehen, hatte ich einfach keine Energie. Ich legte mich hin, ausgebrannt von körperlicher Schwäche, geistiger Leere und seelischer Verzweiflung, und hoffte nur zu sterben.

Auf einmal war Gottes Stimme da, genauso, wie ich sie schon oft gehört hatte: »Meinst du, daß du recht hast, wenn du dich über den Rizinus ärgerst?« Ich registrierte noch gar nicht richtig, was hier vorging, und stieß in meiner Wut nur heraus: »Natürlich ärgere ich mich zu recht!« Erst allmählich kam ich zu mir. Und die Worte, die Gott dann zu mir sprach, tropften wie heißes Blei in mein Bewußtsein: »Dir tut es um den Rizinus leid, obwohl du ihn nicht gepflanzt und gehegt hast, nur weil er in einer Nacht verdarb. Da sollten mir nicht die Menschen in dieser großen Stadt Ninive leid tun, besonders die über 120000 Kinder und Unmündigen, dazu die vielen Tiere?«

Ninive blieb stehen. Die Menschen hatten Buße getan. So erbarmte sich Gott.

Nun aber war ich an der Reihe, Buße zu tun: der selbstgerechte, hochnäsige, lieblose und eingebildete Fromme aus dem fernen Israel. Sie werden es schon vermuten: Gott war auch mir gnädig. Er hat mit mir schon seine Mühe gehabt. Aber er hat mich durch seine harte Schule wenigstens soweit gebracht, daß ich mich selbst erkannte. Und ihn.

Wie ich über mich denke, mögen Sie daran sehen, daß ich Ihnen meine Geschichte freimütig erzählt habe. Es ist die Geschichte eines Versagers. Und wie ich über Gott denke? Ja, ich lerne zu staunen über ihn. Was für eine Macht, Wunder zu tun! Welche Zielstrebigkeit, bis er mich endlich da hatte, wo er mich haben wollte! Welche exakte Führung, die auch durch meine Fehler nicht durcheinanderzubringen war! Vor allem aber: welche Liebe! Was für ein Erbarmen!

Er ist ein Gott der Gnade. Denn das habe ich auch gelernt: Wenn ich seine Barmherzigkeit in Anspruch nehme, kann ich andere davon nicht aussperren wollen. Ob Jude oder Heide, ob fromm oder nicht, ob wir das bejahen oder ablehnen: Wir leben doch alle von Gottes Barmherzigkeit.

HISKIA

Mein Name ist Hiskia, König von Juda. Regierungszeit nach ihrer Zeitrechnung 716–687 v. Chr. In der Heiligen Schrift unseres Volkes können Sie von mir lesen, und zwar in verschiedenen Büchern. Oder auch in den Unterlagen des assyrischen Staatsarchives; denn der Assyrerkönig Sanherib hat gegen mich Krieg geführt. Wie überhaupt meine Außenpolitik ein beachtlicher Teil des weltpolitischen Geschehens jener Zeit war.

Aber Sie brauchen nicht vor Ehrfurcht zu erschauern, meine Leser. Ich weiß, viele würden gern so in die Geschichte eingehen, daß noch spätere Generationen davon reden. Viele möchten die Würde haben und Ehrerbietung genießen, die man einem König entgegenbringt. Viele möchten reich sein, wie ich es war. Aber beneiden Sie mich nicht wegen all dieser Dinge! Sie sind es nicht wert!

Wieviel Macht und diplomatisches Geschick wert sind, erkannte ich erst, als das unübersehbare Heer Sanheribs vor den Mauern Jerusalems lag – nämlich herzlich wenig. Wieviel Größe und Lebensglück bedeuten, merkte ich erst richtig, als ich vom Fieber geschüttelt auf meinem Bett lag und mit dem Tode rang – nämlich ebenfalls sehr wenig. Wieviel Reichtum bedeutet, ging mir erst auf, als ich alle Schätze, die ich angehäuft hatte, wieder abgeben, allen Schmuck in Tempel und Palast, den ich selbst angebracht hatte, wieder abreißen mußte, um den Tribut aufzubringen. Wie wenig ist das alles angesichts des ewigen Wertes von Gottes Wort.

Da muß ich nun allerdings sagen, daß ich nicht immer so gedacht habe. Es gab Zeiten, in denen ich stolz und selbstsicher war. Bei aller Frömmigkeit kann man ja sehr ichbezogen sein. Aber Gott hat mich in seine Schule genommen. Mit Worten – zumeist durch Jesaja, den Propheten –, aber viel mehr noch mit Ereignissen hat er mich die Lektion gelehrt, die ich zu lernen hatte. So kann man sagen, daß mein ganzes Leben, so wie ich es heute rückblickend sehe, eine Schule Gottes war.

Ich kann mir kaum denken, daß Gott so tragische Ereignisse wie einen blutigen Krieg nur deshalb über sein Volk kommen läßt, weil er den König etwas lehren will. Sicher hat auch das Volk mit mir zu lernen, sich auf Gott zu verlassen und ihn über alles zu stellen. Vielleicht sollten daraus auch zukünftige Generationen ihre Lehren ziehen? Also auch Sie?

Sie nehmen mir sicher ab, daß ich das nicht schulmeisterlich meine. Nein, ich weiß, daß ich am wenigsten Grund habe, mich als Lehrmeister aufzuspielen. Der Herr selbst muß Lehrer und Meister sein.

Nicht immer habe ich das so gesehen. Im Gegenteil – ich bin unter ganz anderen Vorzeichen angetreten.

Als mein Vater Ahas starb, lag der Gottesglaube im argen. Mein Vater hatte Götzendienst in allen möglichen Spielarten zugelassen und den Tempeldienst vernachlässigt. Das Land befand sich in religiöser Hinsicht in einem erbarmungswürdigen Zustand.

Für mich war es selbstverständlich, als erste große Regierungshandlung diese Mißstände gründlich zu beseitigen, nachdem ich mit 25 Jahren die Staatsgeschäfte übernahm. Ich entwickelte einen Dreistufenplan. Als erstes mußte die Priesterschaft gewonnen und der Tempeldienst wieder eingerichtet werden. Dann mußte ich versuchen, die Frömmigkeit im Volk zu fördern, u. a., indem die religiösen Feste wieder gefeiert wurden. Und als dritten Schritt schließlich sollte überall im Land der Götzendienst bekämpft und die fremden Altäre eingerissen werden. Bei jeder anderen Reihenfolge dieser Aufgaben mußte ich mit dem zähen Widerstand des Volkes rechnen.

Ich begann damit, daß ich bereits im ersten Regierungsmonat alle Priester und die Leviten, die mit dem Tempeldienst zu tun hatten, auf dem freien Platz östlich des Tempels versammelte. Eindringlich schilderte ich ihnen die Sünden unserer Vorfahren, die Gottes Gebot so wenig beachtet hatten. Auch teilte ich ihnen meine feste Überzeugung mit, daß all das Unglück, das unser Volk getroffen hatte, in dieser Gottlosigkeit begründet war.

Ich freute mich über das Echo, das meine Rede fand. Die Priester reinigten sich nach den Vorschriften und gingen anschließend daran, auch den Tempel zu reinigen. Man sollte es kaum glauben, was sich da an Götzenbildern angesammelt hatte. Das Schrecklichste schien mir, daß sogar die bronzene Schlange angebetet wurde, die Mose damals in der Wüste gemacht hatte. Statt sie als Sinnbild für Gottes Eingreifen anzusehen, hatte man sie selbst zum Gott erklärt, ihr den Namen Nehustan gegeben und ihr Opfer gebracht. Auf welche Irrwege doch der Mensch mit seiner Religiosität geraten kann, wenn er sich nicht an den lebendigen Gott hält! Die Schlange wurde zerstört und gründlich zermahlen, daß niemand mehr auch nur mit den Resten Götzendienst treiben konnte.

Als das Werk der Tempelreinigung getan war, weihten wir das Haus des Herrn erneut in einer feierlichen Opferhandlung. Musik spielte wieder, wie es damals unter David gewesen war, und die Begeisterung steckte die Bürger Jerusalems an, so daß sie kamen und freiwillig ihre Opfer brachten. Es war ein großes Fest. Alle freuten sich mit und erkannten, unter welchem Vorzeichen meine Regierungszeit stehen sollte.

Nun war der Weg frei für einen zweiten Schritt. Das Passahfest sollte wieder gefeiert werden, und zwar vom ganzen Volk. Leider war die Zeit zu knapp, um noch alle Vorbereitungen zu treffen und die Menschen aus allen Teilen des Landes einzuladen. Bis zum nächten Jahr wollte ich aber nicht warten. Wir machten deshalb von der Möglichkeit Gebrauch, die Mose ausdrücklich für besondere Fälle eingeräumt hatte, das Passah im zweiten Monat nachzufeiern.

Eilig sandte ich Boten ins Land hinaus, und zwar nicht nur

in das Land Juda, das ich regierte, sondern auch nach Norden. Die Israeliten aus dem Zehn-Stämme-Reich sollten auch eingeladen sein. Allerdings ernteten die Boten zumeist Gespött. Nur einige Menschen aus Sebulon am Meer und aus dem Gebiet am Jordan kamen. Der Stamm Juda aber, meine Untertanen, ließ sich gern einladen. Viele, viele Menschen kamen herauf, um zusammen mit ihrem König einen neuen Anfang zu wagen.

Das Passahfest verlief so, wie ich es mir wünschte. Es war eine Art Erweckung, die das Volk ergriff. Die Götzenaltäre an allen Straßenecken Jerusalems wurden abgerissen. Es wurde viel gesungen und fröhlich gefeiert. Solch ein begeistertes Fest hatte es seit den Tagen Davids und Salomos nicht gegeben.

Als die schönen Tage vorbei waren, das Volk mich als König bestätigt und meinen neuen Kurs gutgeheißen hatte, konnte ich den dritten Schritt tun. Gruppen von treuen Israeliten zogen durchs Land, um nun überall zu vollziehen, was in Jerusalem angefangen hatte. Die Götzenbilder wurden umgestoßen und verbrannt, die heidnischen Kultstätten zerstört. Teilweise geschah es noch unter dem Zähneknirschen der Leute, die jahrzehntelang dort ihren Götzen gehuldigt hatten. Niemand aber wagte, sich zur Wehr zu setzen. Und mit der Einführung der von Mose eingesetzten Ordnung mit Opfern, Zehntengeben und religiösen Festen hoffte ich, bald das ganze Volk für den Glauben an Jahwe zu gewinnen.

Aber das war ein Irrtum, jedenfalls erfüllte es sich nicht so, wie ich mir das vorgestellt hatte. Die ersten Jahre meiner Regierungszeit waren erfolgreich. Ich hatte guten Grund, anzunehmen, daß das so weitergehen würde. Was ich nicht ahnte, war, daß meine Probleme nicht bei der Innen-, sondern bei der Außenpolitik ansetzen sollten.

Dem Bereich der Außenpolitik mußte ich mich nun verstärkt widmen, nachdem die inneren Reformen in Gang gekommen waren, die mir so am Herzen lagen. In den Völkern um uns her herrschte alles andere als eine friedliche Idylle. Das Nordreich Israel bestand nicht mehr. Der Assyrerkönig Salmanasser hatte Israel und Syrien besetzt gehalten. Als Israel aber die Tributzahlungen einstellte und sich der Hilfe Ägyptens versichern wollte, um von Assyrien abzufallen, überzog Salmanasser das Land mit seinem riesigen Heer. Er belagerte die Hauptstadt Samaria, starb aber, ehe er sie einnehmen konnte. Sein Nachfolger Sargon eroberte die Stadt nach dreijähriger Belagerung und führte fast die gesamte Bevölkerung ins Exil.

Ebenso wie unser Brudervolk hatten auch alle anderen umliegenden Länder unter der schrecklichen Herrschaft der Assyrer gelitten. Das war ein kriegerisches Volk, das sich gar keine Mühe gab, eigene Landwirtschaft und eigenen Handel über ein bescheidenes Maß hinaus zu verbessern. Sie investierten alle Kräfte nur in ihre Militärmaschinerie, denn vom Krieg lebten sie.

Verständlich, daß man überall vom Aufstand gegen die Unterdrücker murmelte. Niemand aber wagte, sich laut zu äußern. Wer konnte wissen, wo die Assyrer ihre Beobachter hatten! Ich sah mich von den Nachbarn in eine Führerrolle in der Schar der Aufrührer gedrängt. Besonders die Philister, in früheren Generationen unsere Feinde, wollten an unserer Seite gegen Assyrien aufstehen. Als einer ihrer Könige sich nicht beteiligen wollte, sandten sie ihn gefangen zu mir.

Jesaja, der Prophet, warnte vor einem Abfall von Assyrien und einer Annäherung an Ägypten. Eigentlich hatte früher immer nur zur Wahl gestanden, ob wir mit Äygpten gegen die Staaten aus Mesopotamien kämpfen sollten oder mit denen gegen Ägypten. Mir aber schwebte etwas anderes vor. Ich wollte mich nicht allzusehr auf das Land am Nil verlassen, das bekanntermaßen kein zuverlässiger Partner war. Dafür wollte ich alle anderen Länder um mich scharen. So glaubte ich, Jesajas Warnung zurückweisen zu können, zumal ich nicht wußte, ob Gott durch ihn sprach, oder er nur selbst seine ängstliche Meinung äußerte. Später stellte sich heraus, daß ich damit falsch gehandelt hatte.

Bald überschlugen sich die Ereignisse. Binnen weniger Monate hatte ich mehrere Krisen zu überstehen.

Die erste war meine schwere Krankheit. Ich mußte das Bett hüten und hoffte, bald wieder aufstehen zu können; denn wichtige Regierungsgeschäfte standen an. Der ganze Orient war ein Pulverfaß. Aber es wurde schlimmer, bis ich mich in heißem Fieber umherwälzte.

Da trat der Prophet Jesaja ein und sagte hart und klar: »So spricht der Herr: Bestelle dein Haus, denn du wirst sterben!« Es traf mich wie ein Faustschlag. Sterben sollte ich? Jetzt, im besten Mannesalter? Gerade, wo so wichtige Aufgaben auf mich warteten? Und warum? Hatte ich nicht alles getan, um den Namen Gottes im Volk wieder groß zu machen? Also konnte Gott mich doch nicht strafen wollen für böses Verhalten!

Ich drehte mich zur Wand, achtete auf niemanden von der Dienerschaft und den Ärzten und betete. Die Tränen rannen in das Kissen. Inbrünstig, wie ich nie zuvor gebetet hatte, flehte ich Gott an, seinen Entschluß zu ändern und mich noch einige Jahre leben zu lassen.

Glauben Sie, verehrte Leser, daß Gott Gebete erhört? Wenn ich es damals noch nicht geglaubt hätte – was nun geschah, war so wunderbar, daß ich nur staunen kann. Es dauerte eine kurze Zeit, da kam Jesaja wieder zurück. »So spricht der Herr«, sagte er, »ich habe dein Gebet gehört und deine Tränen gesehen. Ich will dich gesund machen. Nach drei Tagen wirst du bereits in den Tempel gehen. 15 weitere Jahre will ich dich leben lassen.« So konkret antwortet Gott zuweilen auf unser Gebet. Das habe ich für alle Zeit gelernt. Aber etwas anderes mußte ich auch lernen. Nicht um meiner guten Taten willen wollte Gott mich retten. Er sagte es ausdrücklich: »Um meinetwillen und um meines Knechtes David willen.«

Ganz sicher war ich noch nicht, ob Jesaja mich nicht nur ein bißchen trösten wollte. Schließlich kriegen Sterbende ja oft zu hören, daß sicher noch alles gut wird. Ich bat um ein Zeichen.

Jesaja blickte zum Palastfenster hinaus und sah die Sonnenuhr, ein Geschenk ausländischer Diplomaten an meinen Vater Ahas, das bei uns viel bewundert wurde. Der Schatten des Stabes stieg am Morgen die abgebildeten Stufen hinauf bis zum höchsten Punkt und am Nachmittag auf der anderen Seite wieder hinunter. »Soll der Schatten zehn Stufen hinauf oder hinuntergehen?« fragte Jesaja. Ich war verblüfft über die Sicherheit, mit der er das fragte. Ja, wenn schon, dachte ich, dann soll das Zeichen auch ganz offensichtlich sein. Dann sollte jetzt, am Nachmittag, der Schatten zurücksteigen, entgegen der natürlichen Bewegung. Als ich Jesaja das sagte, betete er. Gebannt schaute ich aus dem Fenster und traute meinen Augen nicht: Ganz offensichtlich wanderte der schwarze Strich den Weg zurück, den er im Lauf der Stunden genommen hatte. Ich war tief bewegt. Wenn Gott ein solches Wunder geschehen ließ, nur um meinen Glauben an sein Wort zu stärken, wieviel mehr konnte er seine Macht einsetzen, wenn es galt, mich gesund zu machen; ja, mehr noch, unser Land und die heilige Stadt in den bevorstehenden Wirren zu behüten. Das Ende mußte zwar kommen. Aber so wie Gott die bereits abgelaufenen Stunden auf der Sonnenuhr noch einmal zurückkommen ließ, so wollte er meine letzte Stunde hinausschieben, so wollte er auch unserem Volk, das das Gericht wahrlich verdient hatte, die letzte Frist noch einmal verlängern.

Sie wissen ja sicher, wie das so ist, verehrte Leser: In der Not schreit man zu Gott. Und wenn er einem heraushilft, dankt man ihm. Wenn es einem dann aber eine Zeitlang gut gegangen ist, vergißt man, was da Großartiges geschehen war und wird selbstsicher.

Kaum genesen, stürzte ich wieder in die drängenden außenpolitischen Aufgaben. Die Dinge spitzten sich zu. Immer mehr litten die kleinen Völker um uns her unter den unverschämten Tributforderungen der Assyrer, und auch bei uns wuchs die Bereitschaft zum Aufstand. Lieber Krieg mit all seinen Schrecken, als langsam auszubluten und sich nachher erst recht nicht mehr wehren zu können.

Eines Tages traf eine Delegation aus Babel ein. Der dortige König Merodach-Baladan hatte von meiner wunderbaren Genesung gehört und sandte Geschenke und eine Grußadresse. So wenigstens hieß es dort und bei uns in den amtlichen Verlautbarungen. Dahinter steckte freilich etwas anderes. Merodach-Baladan schmiedete schon seit langem Pläne, sich vom Assyrerjoch zu befreien, hatte auch schon einige Scharmützel gewagt. Noch aber herrschte der König von Ninive mit eiserner Faust auch über Babel. Nun wollte man sich heimlich – die Assyrer durften nichts merken – nach den Chancen erkundigen, bei uns in Palästina für den Aufstand Unterstützung zu bekommen.

Mir kam das natürlich sehr gelegen. Mit so einem starken Verbündeten mußten sich unsere Chancen wesentlich erhöhen. Ich mußte die Babylonier darum sehr ermuntern. Auch schmeichelte es mir, daß sie offenbar große Stücke von unserer militärischen Kraft hielten. So zeigte ich ihnen nicht nur unsere Verteidigungsanlagen, sondern auch die Schätze an Gold und Silber, edlen Hölzern und Gewürzen, Gewebe und Schmuck, die ich im Lauf der Zeit angesammelt hatte und die mich instandsetzten, weitere Hilfstruppen in den arabischen Gebieten anzuwerben. Die Gesandten aus Mesopotamien schienen sichtlich beeindruckt.

Als sie wieder abgereist waren, kam Jesaja zu mir und fragte, was das für Leute gewesen wären und was sie bei mir gesehen hätten. Bereitwillig gab ich ihm Auskunft. Jesaja genoß als Mann Gottes auch bei Hof ein großes Ansehen. Statt mir aber zuzustimmen, gab mir der Prophet ein Gerichtswort Gottes weiter: Weil ich selbstsicher und hochmütig geworden war, sollten alle diese Schätze, die ich den Babyloniern gezeigt hatte, von den Babyloniern eines Tages geraubt werden. Meine Nachkommen sollten in Babel dienen müssen.

Erst jetzt erkannte ich, wie sehr ich mich versündigt hatte. Statt alle Hilfe von Gott zu erwarten, hatte ich vor den Fremden angegeben, um sie zu Freunden zu gewinnen und mich auf sie zu verlassen. Statt Gottes Macht zu bekennen, die ich doch gerade so wunderbar erlebt hatte, hatte ich mich mit Gold- und Silberschätzen gebrüstet. Statt nach des Herrn Hilfe demütig zu sein, war ich hochmütig geworden.

Tief beschämt beugte ich mich vor Gott. Wie hatte ich nur so versagen können! Ich merkte in der folgenden Zeit wohl, daß Gott mir wieder gnädig war, aber es blieb das Bewußtsein, vor ihm schuldig zu sein. Ein Bewußtsein, das ich vorher gar nicht so gekannt hatte und das mich nun in der Demut hielt.

Die nächsten Wochen erlebte ich in einem inneren Zwiespalt. Einerseits hatte ich eigenwillig die gespannte politische Situation selbst heraufbeschworen und bereute das, andererseits mußte sie nun auch durchgestanden werden. Einmal in das Mühlwerk der großen Weltpolitik hineingeraten, mußte ich nun daraus das Beste machen und dafür Gottes Hilfe erbitten. Denn daß Sanherib, der König von Assyrien, zum Kriegszug rüstete, war nicht mehr zu übersehen. Es mußte ja so kommen, und es hätte der Geheimdienstberichte gar nicht bedurft, um uns zu erhöhter Verteidigungsbereitschaft aufzurufen.

Eins war klar: Wenn Sanherib kam, konnte ich ihm nicht in offener Feldschlacht begegnen. Dazu war sein Heer zu groß und mit den vielen Kampfwagen und der unzähligen Kavallerie zu gut ausgerüstet. Die fernen Babylonier konnten uns hier nicht helfen, sondern den Assyrern höchstens in den Rücken fallen, indem sie ihr Land während der Abwesenheit des Heeres angriffen. Meine arabischen Hilfstruppen waren ein Unsicherheitsfaktor, und die Kräfte der Philister fielen nicht sehr ins Gewicht. Nein, unsere einzige Chance bestand darin, die Landbevölkerung in den befestigten Städten zusammenzuziehen und uns zu verschanzen. Dann mußten wir darauf hoffen, daß ihnen bei der Belagerung bald der Proviant ausging – alle Ernteerträge wurden natürlich in die Städte gebracht – und sie unverrichteterdinge wieder davonzogen.

Das war mein strategisches Konzept, und danach traf ich meine Vorbereitungen.

Zunächst holte ich einen Plan hervor, den ich schon früher mit einigen Fachleuten besprochen hatte. Die Schwachstelle Jerusalems war die Wasserversorgung. Wir mußten daher einen Weg finden, an die außerhalb der Stadtmauern liegende Gihonquelle heranzukommen und die Feinde davon abzuschneiden. Mit einem Großeinsatz der Bevölkerung schafften wir das. Die offenen Wasserwege wurden zugedeckt, so daß man nicht mehr erkennen konnte, wo sie verlaufen waren. Das Wasser aber leiteten wir in die Stadt. Zu dem Zweck schlugen wir einen über 500 Schritt langen Tunnel in den Fels unter der Stadt. Von zwei Seiten wurde begonnen, oben im Kidrontal und unten am geplanten Austritt des Kanals, an der Westseite der Davidsstadt. Es war eine Meisterleistung der Ingenieurskunst. Als die Bautrupps in der Mitte zusammentrafen, wich ihre Linie nur unwesentlich voneinander ab. Wir brachten eine Inschrift in dem Kanal an, 100 Ellen unter den Häusern. Nun strömte das Wasser in den neuen Siloah-Teich. Wir waren mit Wasser versorgt, sicherer als eventuelle Belagerer.

Auch in mancher anderer Hinsicht bereiteten wir uns vor. Brüchige Stellen in der Stadtmauer wurden ausgebessert. Einige Verteidigungsanlagen wurden noch verstärkt. Die Schmiede hatte reichlich zu tun, Waffen herzustellen für die vielen Männer, die im Kriegsfall zusätzlich in der Stadt sein würden.

Nun waren wir gut gerüstet. Mochte der Feind nur kommen! Ich spreche so, wie ich damals dachte. Aber Sie wissen ja, hinterher ist man immer schlauer. Das geht wohl allen Heerführern so, daß sie angesichts der eigenen Stärke glauben, jedem Feind trotzen zu können. Dummerweise glaubt der andere das auch, und wer recht hat, entscheidet sich immer erst im Ernstfall.

Trotz aller geheimen Informationsquellen hatte ich mir – ich muß es gestehen – ein völlig falsches Bild von den Assyrern gemacht. Wenn man solch ein riesiges Heer nicht selbst gesehen hat, kann man es sich kaum vorstellen. Halten Sie mir bei dieser Fehleinschätzung meine Unerfahrenheit zugute. Eine Entschuldigung habe ich damit freilich nicht.

Als die gewaltige Militärmaschinerie der Assyrer sich durch Palästina wälzte, mordend und brennend, alles einreißend, was sich ihr in den Weg stellte, da sank uns allen der Mut. Was uns von den Flüchtenden erzählt wurde, die in Jerusalem Zuflucht suchten, übertraf all unsere Vorstellungen. Allein die Reiterei war so unübersehbar, daß niemand auch nur annähernd genaue Zahlenangaben machen konnte. Und die Treffsicherheit, mit der diese reitenden Bogenschützen ihre Geschosse ins Ziel brachten, war beeindruckend. Besonders imposant waren die gewaltigen Belagerungsmaschinen: Katapulte, mit denen sie schwere Felsbrocken in die Städte schleuderten, wobei die Demoralisierung der Verteidiger noch eine viel schlimmere Wirkung war als die Zerstörung der Dächer. Schwere Rammböcke, die sie dauernd gegen die Mauern und Tore krachen ließen und denen auf die Dauer nichts standhielt. Fahrbare Türme, die mit Bogenschützen besetzt an die Mauern herangebracht wurden und die Verteidiger in Deckung zwangen, so daß man angreifen konnte. Dazu ein Wald von Sturmleitern und ein Heer von Hilfstruppen, die mit Hacke und Spaten kämpften: Sie schütteten Dämme auf und trieben sie immer näher an die Städte heran, Dämme, die die Verteidiger nicht zerstören oder in Brand schießen konnten.

Eine schwere Beklemmung legte sich auf uns bei all diesen Schilderungen. Es war nur eine Frage der Zeit, bis wir die Beute der Assyrer würden.

Die kleinen Städte konnten dem feindlichen Heer kaum Widerstand leisten. Die Taktik der Assyrer war klar: Sie arbeiteten sich immer weiter vor, und ihre schwierigste Aufgabe, Jerusalem, sollte zuletzt drankommen. Schnell hatten sie alle Festungen erobert bis auf die stärksten, Lachis und Libna.

Es war abzusehen, wie das enden mußte. So blieb mir kein anderer Weg, als einen Frieden auszuhandeln, möglichst ohne vollständige Kapitulation. Als Sanherib vor Lachis lag, das der Belagerung heldenhaft standhielt, sandte ich Boten zu ihm. Ich bekannte mich in meinem Brief zu dem Vergehen, abgefallen zu sein, bat unterwürfig um Verzeihung und bot ihm Lösegeld an, dessen Höhe er selbst bestimmen sollte.

Es zeigte sich, daß er unsere Verhältnisse ziemlich genau kannte. Die Summe, die er nannte, war nämlich genau das, was wir aufbringen konnten, wenn wir alles, aber auch wirklich alles bis zum letzten Goldknopf, zusammentrugen: 300 Zentner Silber und 30 Zentner Gold.

Es fiel uns schwer, selbst den Tempelschmuck herzugeben. Aber was sollten wir sonst tun? Auch war der Erfolg dieser Maßnahme sehr zweifelhaft. Aber wir mußten wenigstens den Versuch machen, Sanherib zum Rückzug zu bewegen.

Wie fast zu erwarten war, gab sich der Assyrer damit nicht zufrieden. Wir sollten unsere Tore öffnen. Das aber bedeutete unser sicheres Ende als Staat. Wir würden wie das Zehn-Stämme-Reich Israel weggeführt werden und als Volk aufhören zu existieren. Das durfte nicht sein!

Während Sanherib noch Lachis belagerte, sandte er seine höchsten Offiziere mit einer gewaltigen Streitmacht zu uns herauf. Beängstigend war der Anblick von unseren Mauern und Türmen aus. Als sei auf den gegenüberliegenden Hängen über Nacht ein Wald gewachsen, so wirkte die Menge der Speere.

Der Feldmarschall der Assyrer trat hervor und rief nach mir, dem König. Wir hielten es für diplomatisch richtiger, daß ich nicht persönlich erschien, sondern auch nur einige hohe Offiziere schickte, wenn deren König ebenfalls nicht selbst da war.

Nun begann der Assyrer eine lange Rede. Dabei benutzte er unsere Sprache. Es waren für uns sehr deprimierende Worte. Worauf wir uns denn mit unserem Trotz verlassen wollten, fragte er. »Auf Ägypten etwa, diesen unsicheren Verbündeten? Lächerlich, die Ägypter rühren keinen Finger für euch. Auf eure militärische Stärke? Kommt, wir schließen eine Wette ab: Ich gebe euch 2000 Pferde, die ich von meiner Reiterei übrig habe, und ihr versucht, dafür Reiter zusammenzukriegen. Oder verlaßt ihr euch etwa auf euren Gott? Seid doch mal nüchtern! Alle Länder und Stämme, von Assyrien bis hierher, haben sich auf ihren Gott verlassen. Und keiner ihrer Götter hat seinem Volk geholfen! Wollt ihr etwa sagen: Unser Gott ist ein besonderer Gott – nun, er ist immerhin derselbe wie der von Israel. Das aber haben wir auch erobert.«

Es stimmte alles, was er sagte. Das war ja das Furchtbare, heimlich hatte ich all diese Gedanken auch schon bewegt, und meine Beamten und Offiziere wahrscheinlich ebenso. Nur hatte niemand gewagt, sie auszusprechen, um das Volk und auch uns selbst nicht zu demoralisieren. Nun aber sprach der fremde Feldherr genau das aus und traf damit unsere wunde Stelle empfindlich.

Meine Beamten baten den Assyrer, doch in aramäisch, der weitverbreiteten Handelssprache, zu reden, damit das Volk auf der Mauer es nicht verstehen konnte. Das war natürlich eine törichte Bitte. Denn genau darauf hatten die Feinde es ja abgesehen. Und so wandten sie sich jetzt erst recht an die Leute auf der Mauer und beredeten sie in hebräisch, aufzugeben, sich lieber gefangen in ein fremdes Land führen zu lassen, wo sich's aber auch gut leben ließ, als hier dem Schwert zum Opfer zu fallen oder bestenfalls während einer langen Belagerung allmählich zu verhungern.

Wie ich es befohlen hatte, gaben die Männer auf der Mauer keine Antwort. Aber ihr Schweigen sagte nichts über ihre Gedanken. Wieweit die Worte ihre Verteidigungsbereitschaft unterhöhlten, wußte niemand zu sagen.

Als meine Offiziere mir von den Vorgängen berichteten, zerriß ich mein Gewand zum Zeichen von Trauer und Entsetzen und ging in den Tempel. Das ist immer das beste, mit allen Zweifeln und allen Sorgen direkt zu Gott zu gehen. Die Beamten schickte ich zu Jesaja, um ihn zu fragen, ob er in dieser Situation ein Wort des Herrn hätte.

Er hatte es. Jesaja ließ mir ausrichten, ich sollte mich nicht fürchten. Sanherib würde abziehen und daheim durchs Schwert umkommen. Wirklich? Eine Freudenbotschaft! Aber ob man ihr trauen konnte?

Die leise aufkeimende Hoffnung wurde verstärkt, als das assyrische Heer wieder abzog. Sachlich brachte uns das nicht viel; denn wir konnten im umliegenden Land doch nichts arbeiten. Alle Ernte war bereits in der Stadt.

Aus der Hoffnung stürzte ich aber in neue Verzweiflung, als Boten einen Brief Sanheribs brachten. Der Assyrer hatte die Belagerung von Lachis aufgegeben und lag jetzt vor Libna, wo er sich wohl einen schnelleren Erfolg versprach. Überhaupt ging es ihm um schnellen Erfolg, was ich nur noch nicht wußte. Ein Gerücht war ihm zu Ohren gekommen, daß die Ägypter und andere Völker aus dem Süden heraufzögen. Mit allen zugleich wollte er es nicht aufnehmen. Deshalb drängte er auf Kapitulation. Das war auch der Grund für den Brief, der im wesentlichen den gleichen Inhalt hatte wie die Rede seines Feldmarschalls, nur noch schärfer. Aber wie gesagt, die Hintergründe kannte ich nicht. So trafen die Worte Sanheribs mich wieder sehr.

Was konnte ich tun, um nicht nur die Feinde, sondern zunächst einmal die Angst im eigenen Herzen zu besiegen? Ich ging mit dem Pergament in den Tempel Gottes, breitete es vor dem Herrn aus und betete. Ja, es stimmte alles, was Sanherib schrieb. Aber die Götter der Heiden, die er besiegt hatte, waren eben Götzen gewesen. Wir dagegen vertrauten dem lebendigen Gott.

Erneut stärkte mich Gott auch durch Worte des Propheten Jesaja. Und es blieb nicht nur bei Worten. Gott strafte das Heer Sanheribs, während es noch Libna belagerte, mit einer verheerenden Seuche. Über 185000 Mann starben in einer Nacht.

Sie können sich denken, eine Seuche ist in einem dichten Heerlager mit seinen mangelnden hygienischen Möglichkeiten gar nicht anders zu besiegen als durch schnellste Auflösung. Hals über Kopf zog Sanherib ab. Gott hatte seinen Engel gesandt und uns geholfen.

Auch die letzte Prophezeiung erfüllte sich noch: Im eigenen Land wurde Sanherib von seinen Söhnen erschlagen.

Wie groß ist unser Gott! Er ist wahrlich anders als die Götter der Heiden. Er kann Wunder tun, er hört Gebet, ja, er ist überhaupt der einzige lebendige Gott.

Die Lebensjahre, die mir Gott zugesagt hatte, blieben mir noch. Ich nutzte sie, um den Glauben an den Herrn im Volk zu stärken. Unter anderem ließ ich die Sprüche Salomos sammeln und aufschreiben. Viel blieb mir aber nicht mehr zu tun. Ich hatte Wichtiges im Volk verändert. Vor allem aber: Gott selbst hatte bei mir Wichtiges verändert. Entscheidend ist nicht, wie die Geschichte über Hiskia, den König von Juda, urteilt, wie meine Nachkommen mich sehen, mein Volk, oder auch Sie, verehrte Leser, sondern entscheidend ist, wie Gott über mich denkt. Deshalb brauchte mein Lebensbericht auch keine Verteidigungsrede zu sein mit einer Rechtfertigung all meiner Handlungen. Ich hoffe, er ist geworden, was er sein sollte: ein Lob des lebendigen Gottes.

JEREMIA

Mein Name ist Jeremia. Sie wissen doch: Jesaja, Jeremia, Hesekiel, Daniel... Es gibt wohl auch keinen anderen bekannten Mann gleichen Namens im Alten Testament. Ja, ich bin unverwechselbar. Ich wünschte, es wäre nicht so. Mir wäre viel lieber gewesen, ich wäre der unscheinbare Priester aus Anathoth geblieben, irgendeiner in der langen Reihe der Priester in meiner Familie. Ich wäre regelmäßig zu den festgesetzten Zeiten die sieben Kilometer nach Jerusalem marschiert, hätte in aller Treue und in aller Stille meinen Dienst verrichtet und mich im übrigen um meine privaten Angelegenheiten gekümmert.

So ein Leben habe ich mir immer gewünscht. Aber es kam alles ganz anders. Gott hatte es anders mit mir vor. 23 Jahre war ich alt, als mich der Ruf Gottes traf, sein Prophet zu werden. Ich muß gestehen, daß ich mich mit Macht dagegen gewehrt habe. Ich war so jung. Ich hatte das Leben noch vor mir. Was das Leben eines Propheten bringen würde, war nicht schwer zu erraten, nachdem mir Gott schon gleich bei meiner Berufung klargemacht hatte, daß ich Gericht predigen müsse. Gericht und immer wieder Gericht. Und was man mit solchen Propheten macht, die den Leuten unangenehme Dinge zu sagen haben, dafür gibt es in unserem Volk ja genug Beispiele. Ich konnte mir an den fünf Fingern abzählen, daß man mich nicht gerade auf Händen tragen würde. Ich hatte Angst vor den Anfeindungen, dem Gespött, der Verfolgung. So ist es dann ja auch gekommen.

Also – ich wehrte mich mit Händen und Füßen, wie man so sagt, gegen diesen Auftrag. Ich wollte mein Leben nicht hingeben an eine Sache, die sowieso keine Aussicht auf Erfolg hatte.

Aber Gott ließ nicht mit sich handeln. Er hatte mich dazu bestimmt, der unliebsame Warner zu werden. Wer aber kann sich auf die Dauer gegen Gott stellen? Ich konnte es nicht. Und so wurde ich Prophet.

Ich weiß nicht, was Sie sich darunter vorstellen. Vielleicht scheint Ihnen dieses Amt begehrenswert. Ist es begehrenswert, von allen als Außenseiter verschrien und von fast allen Freunden verlassen zu werden? Ist es begehrenswert, gefangen zu sein, Hunger zu leiden, dem Tod immer wieder ins Auge zu sehen? Ist es begehrenswert, seine öffentlichen Auftritte mit grölendem Hohngelächter quittiert zu bekommen, unter verleumderischer Anklage vor Gericht zu stehen, überall den Haß der Menschen, die man warnen will, entgegenbranden zu spüren? Nein, werden Sie sagen. So wie ich es auch sagte. Nein. Und nochmals nein.

Aber ich will noch eine andere Frage anfügen: Ist es begehrenswert, ganz für Gott da zu sein, von ihm gebraucht zu werden? Ja. Und dieses Ja wiegt schwerer als das verzweifelte und angstvolle Nein zu all den Schmerzen, die mit dem Auftrag Gottes verbunden sind. Es wiegt so schwer, daß ich heute, noch einmal vor die Wahl gestellt, wieder ja sagen würde. Nicht gezwungenermaßen, sondern aus mühevoll errungener Überzeugung. Es wäre ein Ja mit Zittern, ein Ja unter Tränen. Aber es wäre ein Ja.

Gott war gnädig und hat mir den Anfang etwas leichter gemacht. Ich begann meinen Dienst in der Zeit Josias. Er war ein frommer König und hat selbst viel gelitten unter den furchtbaren Zuständen, die sein Vater Manasse im Volk eingeführt hatte. Wir arbeiteten also gewissermaßen zusammen, wenn Sie mir diesen Ausdruck bitte nicht als Angeberei auslegen wollen. Josia richtete den Tempeldienst wieder ein, verbot alle Götzendienerei und schuf die äußeren Voraussetzungen für eine geistliche Erneuerung. Als flankierende Maßnahme sozusagen predigte ich. Als dann das Gesetzbuch im Tempel gefunden wurde, war das für den König ein Fingerzeig Gottes, die Reform noch voranzutreiben. Ich freute mich verständlicherweise. Wenn meine Worte auch nicht, wie ich es gewünscht hatte, auf fruchtbaren Boden fielen, so waren doch die Umstände für meinen Dienst günstig.

Das änderte sich schlagartig, als Josia fiel.

Pharao Necho war in Ägypten gelandet und wollte gegen die Assyrer ziehen. Offenbar hatte er vor, das Auseinanderfallen des Assyrerreiches zu nutzen, um sich einigen Einfluß in Syrien zu sichern. Josia zog ihm entgegen und stellte das ägyptische Heer bei Megiddo. Necho bat ihn, abzuziehen, und versprach, unser Land in Ruhe zu lassen. Aber Josia traute ihm nicht.

Die Schlacht endete mit einem Sieg der Ägypter, und, was viel schlimmer war: Josia wurde von mehreren Pfeilen getroffen und schwer verwundet. Seine Leute führten ihn sofort aus der Schlacht und brachten ihn eilig nach Jerusalem. Dort starb er.

Es begann eine böse Zeit. Ja, eigentlich fing damit das dramatische Ende an. Die Bemühungen Josias waren eine letzte Chance für unser Volk gewesen, umzukehren und Gott gehorsam zu werden. Nun war sie vertan, und es ging unaufhaltsam bergab.

Pharao Necho setzte den Sohn Josias, Joahas, nach nur drei Monaten Regierungszeit ab und warf ihn ins Gefängnis. Dafür setzte er dessen Bruder Jojakim ein, von dem er wohl glaubte, er sei ein treuer Vasall. Äußerlich war er das zunächst auch, aber er gefiel sich in seiner Machtstellung. Jojakim trieb ungeheure Abgaben vom Volk ein, da er nicht nur Tribut nach Ägypten zahlen mußte, sondern auch noch prächtige Bauten errichten wollte.

Damit war auch für mich die einigermaßen friedliche Zeit zu Ende. Der Befehl Gottes schickte mich an die Front. Genauer: an mehrere Fronten, die sich überall aufbauten. Jojakim mußte ich tadeln wegen seines Palastes, den er sich auf Kosten der armen Bevölkerung bauen und aufs feinste mit Zedernholz täfeln ließ; und gegen das Volk mußte ich predigen, das sich sofort nach Josias Tod wieder den alten Götzen zuwandte. Sogar die Priesterschaft und die Frommen des Volkes machte ich mir zu Feinden. Durch Josias Reformen hatte ihr Tempeldienst Auftrieb bekommen. Aber sie waren nicht mit dem Herzen dabei. Das Opfer sahen sie als eine Art Sicherung dafür an, daß sie im übrigen tun und lassen konnten, was sie wollten.

Es gab eine große Kampagne gegen mich. Eines Tages wurde sogar eine öffentliche Gerichtsverhandlung abgehalten. Es hätte nicht viel gefehlt, und sie hätten mich zum Tode verurteilt. Nur weil einige Alte sich noch daran erinnerten, daß es das Volk immer teuer zu stehen kam, wenn es Gottes Propheten tötete, kam ich mit knapper Not davon.

Aber das Leben, das mir noch einmal geschenkt war, wurde zur Qual. Alle waren gegen mich. Ich wurde gemieden wie ein Aussätziger. Was hatte ich denn getan? Ich hatte nur die Wahrheit gesagt. Es war doch wirklich Unrecht, was der König tat! Und daß die Opfer kein Ersatz sind für das Halten der Gebote, das ist auch die Wahrheit. Aber das wollten sie nicht hören. So sind die Menschen, daß sie lieber die bequemen Lügen glauben, als der unbequemen Wahrheit zu gehorchen.

Ich hätte ja auch lieber geschwiegen, das muß ich zugeben. Im Grunde bin ich nicht besser. Am liebsten hätte ich es ihnen gleichgetan und die unliebsamen Dinge verdrängt. Aber Gott ließ es nicht zu. Ich mußte reden. Ich mußte warnen.

Als ich schließlich im Auftrag Gottes vom bevorstehenden Untergang sprach, war es ganz aus mit der Sympathie. Nun machte ich mir auch die Politiker und Militärs zu Feinden, die sich von dem Untergang Assyriens neue Freiheit und nationale Größe versprachen. Ich hatte mich zwischen alle Stühle gesetzt.

Hatte ich es nicht geahnt, als ich den göttlichen Auftrag nicht annehmen wollte! Hatte ich nicht gewußt, daß so etwas nur Feindschaft und Schwierigkeiten einbringt! Genauso war es gekommen. Ich war zum Gespött der Leute geworden, wehrlos ihren Zugriffen ausgesetzt und meines Lebens nicht mehr sicher.

Da war zum Beispiel die Geschichte mit Paschhur. Ich hatte mir, wie mich der Herr geheißen hatte, einen Krug gekauft und die Prominenz von Jerusalem in das Hinnom-Tal eingeladen, wo sie ihren schauerlichen Götzendienst und sogar Kinderopfer verrichtet haben. Ich weissagte ihnen wegen dieser ungeheuren Schuld den Untergang der Stadt. Zum Zeichen dafür zerbrach ich den tönernen Krug. Einige der Leute waren davon beeindruckt. Als ich dann aber zum Tempel hinaufstieg, um die Gelegenheit zu nutzen und meine Gerichtsweissagung zu wiederholen, nahm mich Paschhur, der Oberste der Tempelwache, einfach gefangen und legte mich bis zum nächsten Tag in den Stock.

Dieser Mann bildete sich ein, selbst ein Prophet zu sein, oder er tat wenigstens so. Damit meinte er, für solch einen Willkürakt legitimiert zu sein. Als ich am nächsten Morgen wieder freigelassen wurde, prophezeite ich Paschur den Untergang – Gott hatte es mir gesagt. So ist es später auch gekommen. Nur – im Augenblick half mir das nichts. Ich mußte mir alles gefallen lassen.

Auf Schritt und Tritt belauerten sie mich. Jedes Wort, das ich sagte, legten sie auf die Goldwaage, um mir daraus einen Strick zu drehen. Ich fühlte mich überall verfolgt. Sogar in meiner eigenen Heimatstadt Anathoth heckten sie einen Plan gegen mich aus. Ich war nirgends mehr sicher, nirgends beheimatet. Überall stieß ich auf Ablehnung, auf Haß, zumindest auf Unverständnis. Und das schlimmste war: Ich tat das alles ja nicht für mich. Ich tat das, um sie zu warnen, zur Umkehr zu rufen. Können Sie sich vorstellen, wie einem zumute ist, wenn man in erschreckender Klarheit das Unglück kommen sieht, und die, die es treffen wird, schlagen alle Warnungen in den Wind?

Ich sah sie im Geist heranrücken, die grausamen babylonischen Krieger, ich sah unsre Stadt brennen, sah die Straßen voller Toter – das alles war so plastisch für mich, daß ich meinte, es mit Händen greifen zu können – und der König ließ es sich wohlsein, das Volk träumte von nationaler Größe und die Priester vom Segen Gottes. Ich hätte sie packen und wachrütteln mögen. Aber sie ließen sich nicht warnen. Sie wollten nicht hören, was Gott ihnen durch mich zu sagen hatte. Je drastischer und eindringlicher ich ihnen das kommende Gericht und die Notwendigkeit aufrichtiger Buße vor Augen stellte, desto härter wurde ihr Widerstand, desto mehr feindeten sie mich an.

Wie furchtbar, diese völlige Sinnlosigkeit meines Dienstes zu erkennen! Ich sprach wie vor eine Wand. Ich redete vergeblich. Ich vollzog die symbolischen Handlungen, die meine Worte unterstreichen sollten, vergeblich. Ja, ich litt sogar vergeblich. Ich mußte weinen über die vielen Tausenden aus meinem Volk, die bald erschlagen werden sollten. Aber das Volk lachte und wiegte sich in trügerischer Sicherheit.

Am liebsten wäre ich diesen Auftrag wieder losgeworden, Prophet Gottes zu sein. Hätte ich doch nichts gewußt von dem, was da auf mich zukam. Am liebsten wäre es mir gewesen, ich wäre nie geboren worden. Aber nun war ich geboren und beauftragt worden. Ich konnte nicht zurück. Ich konnte nicht in die Wüste fliehen. Die Last lag auf mir. Ich mußte sie tragen.

Daran änderte sich auch nichts, als sich abzeichnete, daß ich tatsächlich recht gehabt hatte. Nach dem Sieg von Nebukadnezar, dem babylonischen Kronprinzen, über die Ägypter bei Karkemisch war klar, wer die angekündigte Macht aus dem Norden war. Das neu aufblühende Reich von Babel sicherte sich überall seinen Einfluß. Es war nur eine Frage der Zeit, wann Nebukadnezar seine Hand auch nach uns ausstrecken würde. Aber so sehr der Gang der Ereignisse meine Prophezeiungen unterstrich, so sehr verhärteten sich die Menschen meines Volkes gegen die Stimme Gottes. Die Bestätigung meiner Worte befriedigte mich nicht, denn sie machte die Bösartigkeit der Menschen nur noch erschreckender.

Was konnte ich tun? Ich konnte mich in der Öffentlichkeit fast nicht mehr sehen lassen. Aber dennoch durfte ich nicht schweigen. Ich wollte es wohl, aber ich durfte nicht aufhören, erfolglos zu predigen, vergeblich zu warnen, gegen die verhärteten Herzen anzurennen. Gott gab mir eine Idee. Mein lieber Freund und Schüler Baruch sollte mir dabei helfen. Er war der einzige, der noch zu mir hielt. Wie manches Mal hatte er mir den Rücken gestärkt! Wenn ich ihn nicht gehabt hätte... nach menschlichem Ermessen hätte ich längst aufgegeben.

Ich diktierte Baruch alle Weissagungen, die ich hatte aussprechen müssen, vom Beginn meiner Wirksamkeit an. Es wurde eine lange Buchrolle.

Als im fünften Regierungsjahr Jojakims auf dem Tempelplatz ein großes Fest gefeiert wurde, stellte sich Baruch im Vorhof unter einen der Bogen und las aus dem Buch vor. Die Wirkung war überraschend. Viele hörten zu und waren getroffen von den ernsten Worten, die Gott ihnen zu sagen hatte.

Michaja, ein Mann aus einer einflußreichen Familie, war auch tief bewegt von dem, was Baruch las. Er hatte Zugang zur Kabinettsbesprechung der einflußreichen Leute des Landes und arrangierte es, daß Baruch in diesem erlauchten Kreis vorlesen durfte. Auch auf diese Herren verfehlte das Wort Gottes seine Wirkung nicht. Sie waren einhellig der Meinung, daß das ebenso der König hören müsse. Doch befürchteten sie, daß Jojakim ganz anders reagieren könnte, als sie es erhofften. Sie ließen Baruch und mir sagen, wir sollten uns verborgen halten, um für alles gerüstet zu sein. Dann nahmen sie die Rolle und lasen sie dem König vor.

Und der? Er hörte es sich stillschweigend an, nahm dem Schreiber jedes Blatt, das er gelesen hatte, aus der Hand, zerschnitt es und warf die Fetzen ins Kaminfeuer.

Erschreckt sahen die Hofbeamten zu. Einige wagten ihn zu bitten, er möge das Buch erhalten. Jojakim sagte kein Wort und verbrannte die ganze Schrift bis zum letzten Blatt. Als er sein Zerstörungswerk vollendet hatte, befahl er, meinen Freund und mich zu suchen und gefangenzunehmen. Aber Gott half, daß sie uns nicht finden konnten.

Nach solch einer dreisten Mißachtung des Wortes Gottes konnte es nicht mehr lange gutgehen. Das Ende von Jojakims gotteslästerlicher und despotischer Herrschaft kam. Sollte ich darüber triumphieren und mich stolz in die Brust werfen, weil ich recht gehabt hatte? Ich konnte es nicht. Ich konnte nur weinen, zumal das Gericht ja das ganze Volk traf.

Nebukadnezar, dem Jojakim in geradezu irrsinniger Selbstüberschätzung den Tribut verweigerte, schickte ein Heer aus Kontingenten seiner Vasallenstaaten. Das verwüstete das Land und belagerte Jerusalem. Jojakim starb. Sein Sohn Jojachin öffnete die Tore und ergab sich. Er wurde mit seiner Familie und mit allen Hofbeamten gefangengenommen und nach Babel weggeführt. Von allem übrigen Volk ließ Nebukadnezar die tüchtigen Beamten und Handwerker deportieren, um es unserem Volk unmöglich zu machen, sich noch einmal zu bewaffnen und zu erheben.

So tragisch das alles war, ich hatte Schlimmeres erwartet. Nebukadnezar hatte uns noch recht mild behandelt, wenn er auch die Existenz unseres Volkes ins Mark traf und alle Schätze aus dem Tempel raubte. Ich wußte zu dem Zeitpunkt noch nicht, daß dies nur ein Anfang war und daß das furchtbare, blutige Gericht, das mir Gott gezeigt hatte, erst noch kommen sollte.

Unter Zedekia, einem Onkel Jojakims, den Nebukadnezar eingesetzt hatte, steuerten die Dinge unaufhaltsam auf die letzte große Katastrophe zu.

Als Gott zum ersten Mal nach der Eroberung wieder zu mir sprach, hatte er erneut einen Auftrag für mich, der deprimierend war. Doch war es das erste Mal, daß ein Hoffnungsschimmer in den Worten des Herrn aufleuchtete. Ich mußte an die nach Babel Verbannten einen Brief schreiben. Sie sollten alle falschen Hoffnungen auf eine baldige Rückkehr aufgeben, schrieb ich. Sie sollten heiraten und sich ausbilden. Siebzig Jahre würde es dauern, bis sie heimkehren könnten.

70 Jahre! Eine entsetzlich lange Zeit für alle, die immer so optimistisch waren. Mehr als ein Menschenalter. Kaum jemand von denen, der hier geboren wurde, würde dann noch leben. Aber die Zeit war wenigstens begrenzt! Nicht für immer sollte das Gericht dauern. Ob die Weggeführten begriffen, daß das alles, was sie erleiden mußten, ein Gericht Gottes war? Die Zurückgebliebenen begriffen es nicht.

Dabei war es doch ganz offensichtlich, daß Nebukadnezar ein Werkzeug in Gottes Hand war! Hatte nicht Gott durch mich und durch andere Propheten immer wieder gesagt, daß das Gericht wegen der Sünde des Volkes und seiner Herrscher so kommen müsse? Nun war es gekommen! Mußte man sich da nicht beugen? Mußte man nicht seine Schuld anerkennen und seine Strafe tragen?

Aber die Menschen waren hartherzig wie eh und je. Sie hatten nichts gelernt. Sie wollten nicht hören. Und schon regten sich Kräfte, die das Joch Babels abschütteln wollten.

Kann man das verstehen? Ist solch eine Verblendung noch menschlich? Sie war nicht nur politischer Irrsinn, sie war – was viel tragischer ist – eine geistliche Verstockung.

Die »Falken« unter den Beratern des Königs setzten auf ein Bündnis mit Ägypten. Als wenn das angeschlagene Reich von Pharao Hophra noch etwas gegen das babylonische Imperium hätte ausrichten können! Und hatte nicht schon Jesaja seinerzeit vor solch einem Bündnis gewarnt? Aber wer von Gott nichts annehmen will, lernt meistens auch nichts aus der Geschichte.

Das Verhängnis zeichnete sich immer deutlicher ab. Gesandtschaften aus den umliegenden Völkern, den Edomitern, den Moabitern, den Ammonitern, von Sidon und Tyrus, drückten sich bei Zedekia die Türklinke in die Hand. Das konnte nur auf einen bevorstehenden gemeinsamen Abfall hindeuten. Dazu redete die Priesterschaft wieder große Töne: Gott werde nie zulassen, daß das Joch Nebukadnezars lange auf unserem Hals bliebe, berichteten sie. Man war sich Gottes offenbar sehr sicher. Und wie es in solchen Fällen immer war: Es fanden sich natürlich scharenweise Propheten, die diese Hoffnung schürten: Baalspropheten und allerlei Sterngucker bei den anderen und von den Priestern angeheuerte angebliche Gottespropheten bei uns – und das alles in schönster Harmonie und genauer Übereinstimmung.

Ich konnte nicht anders, ich mußte wieder dagegen aufstehen. Wissen Sie, irgendwann kommt einmal der Zeitpunkt, da möchte man einfach nicht mehr. Man kann doch nicht immer und immer wieder gegen den Trend der Zeit angehen. Nun hatte ich mein Leben lang nur Gericht angekündigt, unter persönlichem Einsatz und Martyrium. Es war auch so eingetreten, wie ich gesagt hatte. Was hätte ich darum gegeben, wenn ich auch einmal eine frohe Botschaft hätte bringen dürfen! Ich mußte doch als der ewige Miesmacher erscheinen. Darum achtete man auch gar nicht mehr auf mich. Man war es einfach schon zu sehr gewöhnt, daß dieser Jeremia immer was zu meckern hat. Aber es ging nicht anders. Gott ließ mir keine Wahl. Das Gericht hatte noch keine Umkehr bewirkt. Also konnte ich auch noch keine freudige Prophezeiung bringen. Ich mußte der Bote des Zornes Gottes bleiben bis zum bitteren Ende.

Ich legte mir ein hölzernes Joch auf den Hals und lief damit durch die Straßen von Jerusalem, wo mich jeder kannte und über mich lachte, wo die Kinder mit Fingern auf mich zeigten. Überall rief ich in die Menge, ob man es hören wollte oder nicht: »Gott hat euch das Joch Nebukadnezars aufgelegt, bleibt darunter! Tragt es als ein Gericht des Herrn! Hört nicht auf die, die sagen, das Joch müßte zerbrochen werden.«

Als ich im Tempel ankam, gab es einen großen Volksauflauf. Da trat ein Mann namens Hananja auf, der sich als Prophet ausgab. Innerhalb von zwei Jahren solle das Joch Babels zerbrochen sein, behauptete er von Gott zu wissen. Schön wär's, habe ich ihm geantwortet. Aber der Herr hat es anders beschlossen. Er riß vor aller Augen das Joch von meinem Hals und zerbrach es. Ich ging. Was sollte ich da noch streiten? Es war alles gesagt, was gesagt werden mußte.

Nein, noch nicht alles. Als ich allein war, gab mir Gott den Auftrag, noch einmal zu Hananja zu gehen und ihm als Strafe für seine verführerische Lügenprophetie seinen Tod innerhalb eines Jahres anzukündigen. Ich tat es. Zwei Monate später war Hananja tot.

Sein Auftreten war typisch für das Denken der Leute gewesen: Man hielt es einfach für unmöglich, daß Gott so lange zulassen könne, daß sein heiliges Volk bedrückt und sein heiliger Tempel geschändet wurde. Sie übersahen geflissentlich, daß Gott längst keinen Wert mehr auf den heuchlerischen Gottesdienst legte und daß an dem Volk schon gar nichts Heiliges mehr war. Der Tod Hananjas änderte daran nichts, und meine Worte änderten auch nichts. Mir war zumute, als müßte ich mich einem schweren Stein entgegenstemmen, der in die Tiefe rollt. Ich war unfähig, seinen Fall aufzuhalten. Ich sah das Volk begeistert in sein Verderben rennen, und konnte nichts dagegen tun.

Ab und zu hörte Zedekia auf mich. Aber das bedeutete nicht viel. Er war ein willensschwacher und wankelmütiger Mensch. Und da die gottlosen Priester und verblendeten Berater und die eingebildeten Militärs mehr Einfluß hatten, nahm das Verhängnis seinen Lauf.

Es kam, was ich schon lange geahnt und befürchtet hatte: Der schwache Zedekia mit seinem ausgebluteten Land sagte sich los von dem Riesenreich Babel. Er forderte die Supermacht zum ungleichen Kampf heraus in der trügerischen Hoffnung auf den Beistand des ebenfalls schwachen Ägypten. Der Wahnsinn dieser Tat war mit Händen zu greifen.

Aber – wie sagte doch Salomo, ein wahrlich besserer König als dieser Zedekia: »Wer zugrunde gehen soll, der wird zuvor stolz, und Hochmut kommt vor dem Fall.«

Nebukadnezar kam, um mit dem aufrührerischen Juda ein für allemal ein Ende zu machen. Sein Heer überzog das ganze Land und schloß einen Belagerungsring um Jerusalem. Unsere vornehmen Herren waren immer noch wohlauf, wenn auch ihre stolzen Worte etwas leiser klangen. Sie hofften auf Pharao Hophra. Tatsächlich kam der eines Tages mit einem Entsatzheer angerückt. Nebukadnezar zog die Belagerer ab, stellte sich ihm entgegen und besiegte ihn.

Nun war alle Hoffnung dahin. Die Babylonier würden wiederkommen. Die Zeit hatte nicht einmal ausgereicht, neuen Proviant in größerer Menge in die Stadt zu holen. Und seltsam – gerade in dieser ausweglosen Lage, wo alle menschlichen Möglichkeiten am Ende waren, wo der völlig unbegründete Optimismus der letzten Jahre einer realistischen Hoffnungslosigkeit Platz machte, da gebot mir Gott, ein Zeichen der Hoffnung zu setzen. Ich wollte hinaus nach Anathoth gehen, um eine Erbschaftsangelegenheit zu regeln. Später habe ich dann sogar einen Acker gekauft. Gott wollte deutlich machen, daß sein Gericht nicht ewig dauern wird. Es sollte eine Zeit kommen, in der wieder auf den Äckern gearbeitet werden würde.

Das war den Beamten allerdings unverständlich, daß der ewige Gerichtsprediger Jeremia nun ein Zeichen der Hoffnung setzte. Das wollte ihnen nicht in den Kopf. Sie glaubten mir nicht, als sie mich am Stadttor abfingen und mich nach meiner Absicht fragten. Sie behaupteten, ich wolle zu den Babyloniern überlaufen. Den Führern des Volkes, die mich schon lange los sein wollten, kam das sehr gelegen. Sie schlugen mich und warfen mich in ein finsteres Loch, wo ich fast zugrunde ging.

Ich war so ziemlich auf dem Tiefpunkt meiner Prophetenlaufbahn angekommen. Das feindliche Heer schloß nun die

Stadt wieder ein. Das Verhängnis bahnte sich an. Es hatte sich erwiesen, daß alle meine Prophezeiungen sich erfüllten. Zum Dank dafür wollte man mich umbringen. Ja, darauf war mein ganzes Leben hingesteuert, daraus hatte es bestanden: Gottes Worte offenbaren und selbst leiden. Ob das immer so zusammengehört?

Ich war in dem Kerker fast verhungert. An mir konnten sie ja am bequemsten Nahrungsmittel sparen. Da kamen Soldaten, die mich heimlich zum König holten. Verschmutzt, abgemagert, entkräftet wie ich war, brachten sie mich in den Palast. Ob ich noch ein Wort vom Herrn für ihn hätte, wollte er wissen.

Aha, dachte ich, auf einmal! Jetzt weiß er offenbar nicht mehr weiter. Aber ich konnte ihm nichts anderes sagen, als was ich immer gesagt hatte. »Du, König, wirst Nebukadnezar in die Hände fallen.« Er hörte mir mit steinernem Gesicht zu. Dann aber nutzte ich die Gelegenheit und bat um Hafterleichterung. Er wollte wohl sein schlechtes Gewissen beruhigen oder einen Teil des Schadens, den er angerichtet hatte, wiedergutmachen. Jedenfalls ordnete er an, daß ich aus dem Loch herauskommen und mich im Vorraum des Gefängnisses bewegen durfte. Außerdem sollte ich eine tägliche Brotration erhalten. Dabei blieb es dann auch, solange es Brot in der Stadt gab.

Die Wochen und Monate der Belagerung schleppten sich quälend dahin. Nahrungsmittel wurden immer seltener. Ein Stück Brot kostete ein Vermögen. Dazu grassierten furchtbare Seuchen in der überfüllten Stadt. Die Hoffnung auf ein gutes Ende sank auf den Nullpunkt. Jedermann konnte sehen, daß es der Wahrheit entsprach, was ich nun jedem zurief, der am Gefängnis vorbeikam. »Wer in der Stadt bleibt, wird umkommen. Wer sein nacktes Leben retten will, soll zu den Babyloniern überlaufen!«

Ich kann verstehen, daß sich die Militärs darüber ärgerten. Das war schließlich Wehrkraftzersetzung höchsten Grades.

Sie ließen sich das nicht mehr gefallen, holten beim König die Erlaubnis, die ihnen der schwache Zedekia nicht verweigern konnte, und warfen mich in eine Zisterne, in der ich fast im Schlamm versank. Ich bekam nichts zu essen. Die stickige Luft nahm mir fast den Atem. Lange würde ich es hier nicht aushalten können.

Als ich mich – ich weiß nicht, zum wievielten Mal – damit abgefunden hatte, daß ich nun wohl sterben mußte, erschienen in dem Loch über mir Gesichter, darunter ein schwarzes. Es war Ebed-Melech, ein Mann aus Afrika, ein Hofbeamter. Er hatte den König gebeten, mich retten zu dürfen. Der hatte sich abermals umstimmen lassen und es erlaubt.

Ebed-Melech ließ einen Strick herunter, dazu noch Lappen, mit denen ich die Stellen, wo mich das Seil hielt, etwas polstern konnte, und zog mich heraus. Wieder einmal war ich mit dem Leben davongekommen. Und, was mir fast noch mehr wert war – so seltsam es klingen mag: Ich hatte erlebt, daß es in Jerusalem noch Menschen gab, die nicht voller Haß auf mich waren, ja, die mich liebten und ehrten. Das tat mir wohl.

Eines Tages wurde ich noch einmal – das letzte Mal – zu einem Gespräch mit Zedekia geführt. Es war nachts. Wir trafen uns im Tempel. Niemand sollte von unserer Unterredung erfahren. Die Angst zitterte in seiner Stimme mit, als er mich drängte, die Wahrheit über die Zukunft zu sagen. Nachdem er mir versprochen hatte, mich nicht zu bestrafen, was ich auch sagte, riet ich ihm wie seinem Vorgänger Jojachin, hinauszugehen und sich zu ergeben. Nur so konnte das Schlimmste noch verhütet werden. Wie ein Häufchen Elend, wie die personifizierte Angst lehnte der König vor mir an der Säule. Wie klein doch die sogenannten Großen werden können, wenn sie keinen ewigen Halt haben!

Sollten Sie meinen, der König hätte nun auf mich gehört, dann irren Sie sich. Er sorgte sich, was denn seine Leute sagen würden, wenn er schwach werden und sich ergeben sollte. Er fürchtete sich auch vor dem Gespött der Juden, die mit den Babyloniern kollaboriert hatten. Um sein Image zu retten, setzte er das Leben von Tausenden aufs Spiel. Welch ein niederträchtiges Denken bei einem, der sich groß genug vorgekommen war, Nebukadnezar herauszufordern.

Ich mußte mich zum Schweigen über unser Gespräch verpflichten und hielt das Versprechen auch. Ich wurde bis zum Fall Jerusalems im Gefängnis eingesperrt.

Eineinhalb Jahre dauerte die Belagerung. Als Hunger und Seuchen und Angst kaum mehr auszuhalten waren, kam schließlich das Ende. Nebukadnezar hatte mit seinen riesigen Mauerbrechern eine Bresche in die nördliche Mauer geschlagen. Wie eine Flut strömten die babylonischen Krieger herein und fielen wütend über die entkräfteten Verteidiger her. Todesschreie und Triumphgebrülle erfüllten die Luft. Die Straßen färbten sich rot vom Blut. Die ziellos umherirrenden und einen Fluchtweg suchenden Menschen stolperten über die Toten oder trampelten sich gegenseitig nieder. Die Stadt ging in allen Ecken in Flammen auf. Das war das Ende. Das war es, was Gott ihnen angedroht hatte und was sie nicht hatten glauben wollen. Nebukadnezar hatte gezeigt, wer der Stärkste war.

Nebukadnezar? Nein, Gott. Gott hatte sich bei seinem ungehorsamen Volk Gehör verschafft. Gott läßt sich nicht spotten. Wie lange hatte er Geduld gehabt! Wie oft hatte er ihnen eine Chance zur Umkehr geboten! Nun war es zu spät. Sie hatten es nicht anders gewollt.

Zedekia machte noch einen Versuch zu fliehen. Während die Hauptmacht im Norden einbrach, flüchtete er im Süden durch ein Ausfalltor und kam auch durch den Belagerungsring. In Jericho holen sie ihn ein. Er wurde nach Ribla gebracht, wo Nebukadnezar ihn aufs grausamste bestrafte. Vor seinen Augen wurden Zedekias Kinder umgebracht. Anschließend wurde er geblendet. Der gebrochene, blinde Mann ist bald darauf in der Gefangenschaft gestorben.

Das alles erfuhr ich erst später. Ich fand mich nach all den Wirren mit Ketten gefesselt im Zug der Gefangenen, die nach Babel abgeführt werden sollten. Als der traurige Haufen der Am-Leben-Gebliebenen in Rama angekommen war, wurde ich plötzlich herausgeholt, von den Ketten befreit und zu Nebusaradan, dem Feldmarschall Nebukadnezars, geführt. Er hatte sich inzwischen informieren lassen, daß ich der Prophet sei, der den Sieg der Babylonier vorausgesagt hatte. Er meinte wohl, daß ich dann nicht sein Feind sein konnte. Auch hatte er offenbar Respekt vor dem Mann, der das Geschehen wahrheitsgetreu vorausgesagt hatte. Nun stellte er mir zur Wahl, ob ich als freier Mann mit nach Babel gehen oder hier im Land bleiben wollte. Ich entschied mich für das letztere.

Das war das vorläufige Ende unserer Nation. Im Land blieben nur einige Bauern, weil Nebukadnezar nicht wollte, daß das Land verwildere. Ein gewisser Gedalja wurde als Statthalter eingesetzt. Aber immer noch nicht kam das Land zur Ruhe. Man kann wirklich nicht sagen, daß das, was nun geschah, Strafe Gottes war. Es war eigene Schuld der Betroffenen. Aber war das im Grunde nicht auch vorher so gewesen?

Gedalja wurde von einem Verrückten umgebracht, der mit dem Königshaus verwandt und offenbar beleidigt war, daß nicht er Statthalter wurde. Aus Angst vor der Strafe Nebukadnezars rüstete sich das restliche Volk, nach Ägypten zu ziehen. Vorher aber fragten sie bei mir nach, ob das auch Gottes Wille sei.

Nach zehn Tagen konnte ich ihnen Antwort geben. »Wenn ihr hier bleibt, wird euch nichts geschehen. Wenn ihr aber nach Ägypten flieht, wird euch das Schicksal, das ihr befürchtet, dort ereilen. Denn Nebukadnezar wird auch Ägypten erobern.«

Was denken Sie wohl, meine Leser, was sie daraufhin taten? Wer an das Gute im Menschen oder auch nur an den Sieg der Vernunft glaubt, der muß doch annehmen, daß sie nun endlich auf Gottes Wort hören würden. Aber er irrt. Wer die Menschen in ihrer Bosheit kennt, der ahnt schon, was nun kam. Sie taten prompt das Gegenteil von Gottes Willen. Sie zogen nach Ägypten. Baruch und mich zwangen sie mitzukommen. Nun war unser Land, das Gott unseren Vätern verheißen und geschenkt hatte, in dem Milch und Honig flossen, von allen Nachkommen Jakobs endgültig entvölkert. Nun hatten Bosheit und Gottlosigkeit ihre letzten Früchte gebracht. Ich konnte fast nicht mehr weinen. Mir war, als hätte ich nach all dem Leid keine Tränen mehr. Ich konnte mich nur noch ganz zaghaft an die Hoffnung klammern, daß Gott irgendwann einmal wieder gnädig sein würde, daß irgendwann einmal das Volk Gottes Buße tun würde. Irgendwann. Ich würde das nicht mehr erleben. Ich war nun ein alter Mann, gebeugt von jahrzehntelangem Schmerz, vom vergeblichen Kampf um die starrsinnigen Menschen, geschwächt von Leid, innerlich ausgeblutet.

Ich blickte auf mein Leben zurück und suchte nach einem hellen Punkt auf der dunklen Wegstrecke, nach einem kleinen positiven Zeichen in der deprimierenden Erfolglosigkeit. Ich fand nichts dergleichen. Da wandte ich meinen Blick und sah zu meinem Herrn auf, um dessentwillen ich dieses alles auf mich genommen hatte. Da wurde ich in meinem Schmerz getröstet.

Nein, ich erlebte den Wandel nicht mehr, auch kein Anzeichen dafür. Aber ich hielt an Gott und an seiner Wahrheit fest. Es war mir allzu drastisch deutlich geworden, was es bedeutet, ohne Gott zu leben, als daß ich das je vergessen könnte. Ich wollte ihm gehorchen. Ich wollte sein Bote bleiben.

Es machte mir schon nichts mehr aus, daß sie mich deswegen selbst jetzt noch haßten. Ich war es gewöhnt. Was ich an Leid erlebt hatte, konnte nicht mehr überboten werden, nicht einmal durch den Tod. Denn er konnte mich nur zu Gott bringen. So kam es auch. Meine eigenen Volksgenossen steinigten mich zu Tode.

DANIEL

Mein Name ist Daniel. Man könnte in Ihrem Sprachgebrauch auch sagen Dr. Daniel, Kanzler der babylonischen Großkönige, höchster Staatsbeamter im medisch-persischen Weltreich. So ähnlich hatte man mich immer angesprochen. Aber so möchte ich mich Ihnen nicht vorstellen, meine verehrten Leser. Es reicht, wenn ich sage: Ich bin Daniel. Sagen Sie also ruhig Daniel zu mir.

Es gibt einige Gründe, weshalb mir das wichtig ist: Einmal den, daß ja Gott mich zu dem gemacht hat, was ich geworden bin. Da kann ich keinen Ruhm für mich einstreichen. Ich gestehe, daß es mir auch schmeichelt, wenn mich die Menschen ehren. Aber ich mache mich schuldig, wenn ich das annehme. Habe ich es nicht in der Person Nebukadnezars überdeutlich vor Augen, wohin Hochmut führt? Ich selbst war ja von Gott beauftragt worden, ihn zu warnen. Er aber sah nur sich und seine eigene Größe. Da strafte ihn Gott mit Wahnsinn, bis er zu der Erkenntnis kam: Wer stolz ist, den kann Gott demütigen. Nebukadnezar hat das schreiben und überall verbreiten lassen. Sie können es in fast jeder Bibliothek nachlesen.

Dann ist da noch ein Grund, weshalb ich Sie bitten möchte, in mir den Menschen zu sehen und nicht den Spitzenpolitiker: Ich möchte Ihnen gern nahe sein. Ich möchte, daß kein Abstand besteht zwischen meiner Geschichte und Ihnen. Sicher, die Welt, in der ich lebte, war äußerlich anders als Ihre. Aber im Grunde sind doch die Probleme überall gleich: in Ansehen wie in Verachtung, in Reichtum wie in Armut, damals wie heute. Es sind die Probleme der Schuld: Hochmut, Egoismus, Rachegedanken, Haß, Machtstreben. Aber gleich bleibt auch Gott, der über den Machenschaften der Menschen steht, der das Heft in der Hand behält.

Das würde mich am meisten freuen, wenn meine Geschichte Ihnen Mut machte in allem, was Ihnen widerfährt, das Vertrauen zu Gott festzuhalten.

Erlauben Sie mir darum auch, daß ich Ihnen meine Lebensgeschichte nicht genau chronologisch darstelle. Das sieht dann auch zu sehr nach Bilderbuchkarriere aus. Ich möchte Ihnen nur an einigen Begebenheiten aus meinem Leben die Macht Gottes zeigen. Nicht beweisen, denn man kann Gott nicht beweisen. Und in anderen Fällen wird er sicher auch anders handeln als bei mir. Aber zeigen kann ich an Beispielen, wie er gehandelt hat. Damit will ich Ihnen Mut machen und Gott ehren.

Es begann eigentlich mit einem tragischen Ereignis, das zunächst das Gegenteil zu belegen scheint: Nebukadnezar eroberte Jerusalem und führte eine Reihe von Personen aus den vornehmen Kreisen als Gefangene mit nach Babel. Hatte Gott versagt? Einige sagten das damals so. Andere waren rasch mit dem Trostpflaster bei der Hand, daß der Herr bald die Lage umkehren werde. Dabei hat Gott unser Volk wegen seiner Sünde bestraft, nachdem er es durch die Propheten lange genug gewarnt hatte. Nun hatte er bewiesen, daß er der Herr war, der sich das Regiment dieser Welt nicht nehmen ließ.

Ich war bei den Geiseln, die nach Babylon kamen, damals noch ein junger Mann, fast noch ein Kind. Drei Freunde, Hananja, Mischael und Asarja, wurden mit mir ausgewählt, um bei Hof erzogen zu werden. Wir sollten einmal königliche Kammerdiener oder so etwas Ähnliches werden. Gott aber hatte mit uns etwas anderes vor.

Man kann ja auf verschiedene Arten in einer gottlosen Umwelt leben: Man kann sich anpassen, man kann sich möglichst unauffällig benehmen, um dann allmählich seine Frömmigkeit durchschimmern zu lassen. Man kann sich abkapseln, um möglichst wenig Berührungspunkte mit jener anderen Welt zu haben. Wir vier waren uns einig, daß alles das nicht der richtige Weg ist. Darum haben wir versucht, in dem Leben, das wir nun führen mußten, ganz unseren Mann zu stehen, dabei aber treu an dem festzuhalten, was Gott geboten hat.

Die Stunde der Bewährung kam schon am ersten Tag. Wir sollten von den Speisen essen, die dort am Hof üblich waren, darunter auch kultisch unreine Dinge. Wir hätten da natürlich mitmachen und unser Gewissen beruhigen können mit dem Gedanken, daß wir dazu als Gefangene gezwungen waren. Aber wir erlagen dieser Versuchung nicht. Wir baten den Aufseher, uns nur Gemüse und Wasser zu geben. Das mußte für den König natürlich eine Beleidigung sein, nachdem er uns von seinen eigenen Speisen geben wollte. Der Aufseher war uns wohlgesonnen, aber er fürchtete, daß es herauskäme, wenn wir nicht so gesund und wohlgenährt aussähen wie alle anderen. Gott lenkte aber seine Gedanken. Er erlaubte uns einen Test. Als der nach zehn Tagen beendet war, machten wir offenbar einen viel frischeren und gesünderen Eindruck als die anderen Gefangenen – Gott hatte geholfen. Wir brauchten auch in Zukunft nicht die Gebote des Herrn zu übertreten.

Für uns vier war dieses Wunder ein erster Hinweis darauf, daß Gott sich auch in all den Gefahren der kommenden Zeit zu uns stellen würde, wenn wir uns zu ihm hielten.

Es ist gut, daß wir diese Lektion gelernt hatten, denn die nächste Prüfung war ungleich dramatischer. Sie hätte uns und vielen anderen fast den Kopf gekostet, wenn wir nicht im Vertrauen Gottes Hilfe erbeten und erhalten hätten.

Wir waren in eine höhere Lehranstalt gesteckt worden, weil man sich einen Fortschritt für die babylonischen Wissenschaften versprach, wenn auch die Begabten unter den Gefangenen aus eroberten Ländern Zugang zu wissenschaftlicher Bildung bekamen. Eine Veränderung, die eines Tages gefährlich wurde. Das kam so: Der König hatte einen Traum, von dem er sicher war, daß er etwas Wichtiges zu bedeuten hatte. Verständlicherweise wollte er ihn gedeutet haben –

nur: Er konnte ihn nicht mehr erzählen. Er hatte vergessen, was er geträumt hatte. Vielleicht hatte er es auch nicht vergessen und tat nur so. Er wollte nämlich daran, daß ihm die Weisen den Traum nacherzählen konnten, erkennen, ob sie wirklich über geheimnisvolle Kräfte verfügten und demnach ihre Deutung nicht einfach aus den Fingern gesogen war.

Als niemand den Traum sagen konnte, geriet Nebukadnezar in furchtbare Wut und befahl, alle Weisen, Astrologen und andere in den Künsten und Wissenschaften bewanderten Leute kurzerhand umzubringen.

Das traf nun auch uns. Wir sollten getötet werden für etwas, wofür wir absolut nichts konnten! Die anderen Sklaven waren natürlich zutiefst erbittert über diese schreiende Ungerechtigkeit. Aber ich konnte mich ihnen nicht anschließen. Wie, wenn Gott das nun so gefügt hatte, weil er Größeres vorhatte? Wenn man überzeugt ist, daß Gott alles zum Wohl seiner Leute und seiner Sache lenkt, dann kann man nicht so erbost sein, wenn es einmal anders geht, als man es sich wünscht. Und wenn Gott damit etwas Besonderes vorhatte – konnte das nicht die Deutung des Traumes sein?

Ich weiß nicht, woher ich den Mut nahm – aber mir war klar, daß wir Gottes Hilfe erwarten konnten. Wenn wir nicht damit rechnen könnten, daß er tatsächlich handelt – was wäre dann unser Glaube wert? Ich bekam eine Audienz beim König und erbat einen Tag Aufschub für das große Gemetzel. Das wurde mir gewährt. Wir vier Freunde beteten und legten uns dann – nicht gerade seelenruhig, aber doch vertrauensvoll zum Schlaf nieder. Und tatsächlich: Gott erwies sich als der, der aus menschlich aussichtslosen Lagen retten kann. In der Nacht träumte ich den Traum, den der König geträumt hatte, und Gott machte mir die Bedeutung klar.

Sie können sich denken, wie wir Gott gelobt haben! Eilig ging ich am nächsten Morgen zu Arjoch, dem Chef der königlichen Leibgarde, die sich schon anschickte, ihre blutige Arbeit zu verrichten. Schnell brachte er mich zum König: Majestät, hier ist einer von den Gefangenen aus Juda, der den Traum und seine Deutung weiß.

Ja, und dann kam ich zu Wort. Alle standen sie um mich herum: Der König in höchster Erregung, die Weisen und Ratgeber zitternd vor Angst, die Beamten voller Spannung, die Leibwache gleichgültig, aber alle eigentlich ungläubig.

Das hatte man ja noch nie gehört, daß jemand den Traum eines anderen nacherzählen und dann auch noch deuten konnte. Und das sollte nun nicht ein erfahrener babylonischer Gelehrter versuchen, sondern so ein Teenager aus dem kleinen Volk der Juden oder wie die hießen, die man aus den Bergen Palästinas mitgebracht hatte?

Die Skepsis der vornehmen Herrschaften konnte mich nicht irremachen, war ich doch sicher, daß Gott selbst zu mir gesprochen hatte. Das sollte auch deutlich werden: »Was der König fordert«, so begann ich, »steht nicht in der Macht eines Menschen. Aber es gibt einen Gott im Himmel, der verborgene Dinge offenbaren kann!«

Und dann schilderte ich dem atemlos lauschenden Großkönig und seinem Hofstaat den Traum von dem riesigen Standbild mit einem Kopf aus Gold, Brust und Armen aus Silber, Bauch und Unterkörper aus Bronze, Beinen aus Eisen und Füßen zum Teil aus Eisen, zum Teil aus Ton. Ich erklärte, daß auf das babylonische Weltreich – den goldenen Kopf – weitere Reiche folgen würden. Zuletzt aber sollte geschehen, was im Traum so dargestellt war: Ein Stein löste sich und rollte gegen das Bild. Er zerschmetterte es und wurde zu einem riesigen Berg. Damit war das Reich Gottes gemeint, das eines Tages über alle gottlose Macht der Menschen triumphieren würde.

Kaum hatte ich ausgeredet, da lag der König vor Ehrerbietung auf dem Boden, so wie sich sonst die Untertanen vor ihm auf den Boden warfen. Ich traute meinen Augen kaum. Galt das mir? Anscheinend, denn nun befahl er, mir ein Opfer zu bringen! Mir, einem Menschen!

Ich wehrte das energisch ab. Gott war zu ehren! Ich hatte den Traum doch nicht erraten oder sonstwie herausfinden können. Bei aller Klugheit und aller Bildung – dafür reichte es nun wahrhaftig nicht – so etwas kann nur Gott. Und zeigte nicht gerade auch das Gesicht, wie nichtig der Mensch bei aller Größe ist? Gott hat die Macht, er allein. Auch wenn es manchmal nicht so aussieht, auch wenn es manchmal den Anschein hat, als wären wir verlassen und der Macht der Menschen ausgeliefert – das letzte Wort hat Gott!

Sie können sich denken, wie glücklich ich war. Was für ein Vorrecht, diesem Allmächtigen dienen zu dürfen. Ich gab alle Ehre, die mir der König geben wollte, an meinen himmlischen Herrn weiter.

Eins konnte ich allerdings nicht verhindern, wollte es auch gar nicht, weil ich darin die Führung Gottes sah: Nebukadnezar ernannte mich zu seinem höchsten Beamten. Die Verwaltung der Provinzen lehnte ich ab, bat aber, sie meinen drei Freunden zu übertragen, was auch gewährt wurde. Ich selbst wurde des Königs persönlicher Berater und übernahm nebenbei sozusagen das Ministerium für Wissenschaft und Forschung sowie das Kultusministerium.

Was für ein Unterschied zu meiner bisherigen Stellung als Gefangener und Lehrling babylonischer Weisheit! Ich nahm dieses Amt dankbar als eine Aufgabe an, die mir Gott gestellt hatte. Natürlich hätte ich sie auch ablehnen können. Ich habe auch lange überlegt, ob ich das tun sollte. Schließlich stand mein Glaube im krassen Widerspruch zu der Religion im Lande und bei Hofe. Dazu kam, daß Politik ja oft ein schmutziges Geschäft ist. Deshalb kam natürlich die Frage, ob ich da mitmachen und mich der Gefahr aussetzen oder lieber zurückziehen und im Verborgenen meinen Glauben leben sollte. Für manchen mag so ein Rückzug richtig sein. Ich aber sah mich gerufen, Gott in der hohen Politik zu dienen. Sie muß ja nicht schmutzig sein. Ich bemühte mich, in allem Gottes Willen zu erfahren und zu erfüllen. Jeden Tag nahm ich mir dreimal zu ausführlichem Gebet Zeit. Ich brauchte diese Quelle der Kraft und der Weisheit.

Es gab noch einen anderen Grund, weshalb ich diese wichtige Aufgabe übernahm: Ich hatte durch das Gesicht Nebukadnezars gelernt, daß Gott die gesamte Weltgeschichte im Auge hat. Vielleicht klingt Ihnen das selbstverständlich. Aber ich muß gestehen, daß ich das früher zwar theoretisch wußte, aber im Grunde doch nicht glaubte, daß der Einfluß Gottes wesentlich über das Land Israel hinausreichte. Als wir dann verschleppt wurden, waren meine Volksgenossen in der Gefahr, sich abzukapseln. Man kann sich ja als frommer Mensch völlig von der gottlosen Welt isolieren und sie sich selbst überlassen, allein darauf bedacht, im persönlichen Bereich Gottes Zustimmung zu finden. Das aber will Gott nicht. Deshalb hat ja auch der Prophet Jeremia aus der Heimat geschrieben, wir sollten der Stadt Bestes suchen, in die wir verschleppt worden waren. Darum hatte Gott mir die Tür geöffnet, auf die Politik dieses Weltreiches nach seinem Willen Einfluß zu nehmen. Ich hätte mich schuldig gemacht, wenn ich das nicht getan hätte.

Ich versuchte also, meine neue verantwortungsvolle Aufgabe so zu erfüllen, wie es für die Menschen gut war. Das fand auch die Anerkennung der Herrscher. Es gab in der Folge natürlich nicht nur sensationelle Ereignisse, sondern auch lange Epochen der Ruhe und des relativen Friedens. Mir war das natürlich recht, konnte ich so doch am besten zum Wohl der Menschen wirken und zur Vermehrung des Wissens über den lebendigen Gott.

Nebukadnezar baute die Hauptstadt seines Weltreiches weiter aus. Es war schon eine interessante Metropole, dieses Babel. Die riesige Fläche der Stadt war von gewaltigen Mauern umzogen, so breit, daß oben darauf hinter den Zinnen Wagen hätten fahren können. Massige Türme unterbrachen die schier endlose Flucht der Mauern und erhöhten die Verteidigungsfähigkeit. An besonders gefährdeten Stellen zog sich eine zweite oder gar dritte Mauer hinter der äußeren hin. Die Tore, Meisterwerke strategischer Raffinesse, waren nicht nur nach neuesten militärischen Erkenntnissen angelegt, sondern außerdem mit ihren bunten Ziegeln Prunkstücke für das Auge. In der Mitte der Stadt stand der riesige Turm für religiöse Handlungen der Babylonier. Ein Greuel für ein frommes Herz. Aber eine architektonische Meisterleistung, die man nur bewundern kann. Eine steinerne Brücke überspannte den Euphrat. Und dann der Palast! Nebukadnezar hatte es fertiggebracht, auf dem Dach seines Palastes einen großen Garten anzulegen. Er wurde künstlich bewässert. Überhaupt – das Wasser, das bei Überschwemmung des Euphrat immer verheerenden Schaden angerichtet hatte, wurde bezwungen. Eine sinnvolle Anlage von Dämmen und Gräben brachte das fertig.

Wirklich, die Stadt war großartig. Auch Israeliten wirkten daran mit. Doch nach vielen Jahren des Aufbauens geschah etwas, was nicht unter Gottes Segen stehen konnte. Schade, daß die Menschen, wenn eine Zeit des Aufschwungs hinter ihnen liegt, sich immer überheben müssen, stolz werden und ihre eigenen Möglichkeiten überschätzen.

Ich wurde zum König gerufen. Er war inzwischen schon recht alt geworden. Vielleicht ließ ihn aber auch der verstörte Eindruck, den er machte, so gealtert erscheinen. Wieder hatte er ein Gesicht gesehen, das ihm seine Untergebenen nicht deuten konnten. Nun waren sie im Gedenken an jene erste Traumdeutung auf mich gekommen.

Nebukadnezar erzählte mir den Traum. Ich erschrak. Es war etwas Furchtbares, was Gott da prophezeit hatte. Es dauerte lange, bis ich mich fassen und sprechen konnte. Aber dann sprach ich das, was Gott gesagt haben wollte. Es ist ja sonst bei Hof nicht üblich, dem Herrscher unangenehme Dinge ins Gesicht zu sagen. Es kann dem Mutigen den Kopf kosten. Aber ich konnte nicht zurückhalten, was ich wußte. War ich doch deshalb überhaupt hier, Gottes Stimme zu sein.

Wegen seines Hochmutes sollte der König von der menschlichen Gesellschaft ausgeschlossen werden. Er sollte wie das Vieh auf dem Felde leben, bis er erkannt haben würde, daß nicht er der Herr der Welt war, sondern Gott! Ich teilte das Nebukadnezar mit und mahnte ihn, umzukehren und Gott anzurufen, den wirklichen lebendigen Gott, den Herrn über Himmel und Erde. Ob er es tun würde?

Ein Jahr ließ Gott ihm noch Zeit. Ein Jahr, um Buße zu tun, um sich auf den zu besinnen, der über ihm stand. Aber Nebukadnezar nützte die Frist nicht. Im Gegenteil. Er wurde immer stolzer auf seine Größe, immer mehr von sich eingenommen. Er setzte sich an die Stelle Gottes. Hatte er nicht auch Gewaltiges geleistet? War er nicht ein genialer Herrscher in Kriegs- wie in Friedenszeiten?

Dann traf Gott ihn an dem Punkt, wo er am stolzesten war: Er nahm ihm den Verstand. Nebukadnezar wurde wahnsinnig. Zwar nahm man ihm nicht das Königreich, sondern setzte nur einen stellvertretenden Regenten ein, doch konnte er nicht mehr in der menschlichen Gesellschaft bleiben. Er trieb sich in den Gärten und Wäldern herum, schlief nachts unter freiem Himmel und war zu keiner vernünftigen Handlung mehr zu bewegen. Die Gassenbuben erzählten es sich lachend, wenn sie ihn draußen gesehen hatten mit einem wüsten Haarschopf wie Adlerfedern und Fingernägeln wie Vogelklauen, wie er Gras ausrupfte und fraß wie ein Ochse. Wie tief kann doch der Mensch fallen, wenn Gott ihm nur einen Teil dessen entzieht, was wir alle täglich aus seiner Hand bekommen. Sieben Jahre dauerte diese Tragödie.

Da ließ Gott ihn wieder zur Vernunft kommen. Das erste, was Nebukadnezar tat, war, Gott die Ehre zu geben. Er hatte begriffen, was der Herr ihm sagen wollte. In dem königlichen Erlaß, mit dem er die Herrschaft der Beamten und Reichsverweser für beendet erklärte, bekannte er seine Schuld, seine Demütigung und seine neu gewonnene Überzeugung, daß es einen Gott gibt, der alle Macht in Händen hat.

Wieviel gehört oft dazu, bis das ein Mensch gelernt hat! Man sollte meinen, daß die ganz Großen der Weltgeschichte es am schwersten lernen, sich unter Gott zu demütigen. Aber das trifft nicht immer zu. Nebukadnezar war sicher einer der ganz Großen. Aber er war – vielleicht gerade deswegen – auch fähig und bereit, umzudenken. Am schwersten haben es wohl die, deren Größe nur in ihrer Einbildung besteht, deren Stolz kein anderes Fundament hat, als ihre Macht und die Schmeicheleien der Höflinge.

Nun muß ich wohl von Belsazer erzählen. Er war einer der späteren Nachfolger auf dem babylonischen Thron. Es war die Zeit, als das Reich zerbröckelt war. Die Meder und Perser lagerten vor den Mauern Babels und warteten auf ihre Stunde. Ein riesiges Heer hatten sie aufgeboten, um die Weltstadt Babel zu erobern. Die aber fühlte sich sicher. Was konnte ihr schon passieren mit ihren starken Mauern, besetzt mit Hunderttausenden von tüchtigen Soldaten!

Trotzig lud Belsazer zu einem riesigen Gelage ein. Ich weiß nicht, ob er damit demonstrieren wollte, wie gewaltig seine Vorräte waren und daß er keine Belagerung zu fürchten brauchte. Oder ob er vielleicht die aufkeimende Angst unterdrücken wollte? Jedenfalls gab er sich großsprecherisch, er zechte und soff mit seinen obersten Tausend.

Daß ich nicht dabei war, zeigt Ihnen, wie weit mein Einfluß inzwischen gesunken war. Unter Nebukadnezar hätte ich nicht nur zu den tausend, sondern sogar zu den zehn wichtigsten Leuten gehört. Davon war nun keine Rede mehr. Ich war darüber aber nicht traurig, wußte ich doch, welches der Grund dafür war. Ich galt als ein unbequemer Mahner. Solche Leute hört man nicht gerne und schiebt sie beiseite. Andere an meiner Stelle hätten auf die Intrigen mit Gegenintrigen geantwortet. Aber sehen Sie, das ist dann schmutzige Politik, wenn man intrigieren muß, um seine Macht zu behalten. Ich wollte nur soviel Einfluß nutzen, wie Gott mir zuwies, und keine faulen Kompromisse machen.

Zurück zum Festessen Belsazers. Als die Stimmung auf dem Höhepunkt war, ließ er die heiligen Gefäße holen, die Nebukadnezar aus dem Tempel in Jerusalem mitgenommen und in einer gewissen Ehrfurcht aufbewahrt hatte. Belsazer hatte viel schönere Becher. Er tat das offensichtlich in gotteslästerlicher Absicht.

Da erschien plötzlich über dem reich gedeckten und von Betrunkenen umlagerten Tisch der Umriß einer großen Hand, die geheimnisvolle Zeichen an die getünchte Wand schrieb. Das Grölen blieb den Zechern im Hals stecken. Von einem Augenblick zum andern trieb das nackte Entsetzen die Trunkenheit aus den Köpfen. Atemlos verfolgten die erschreckt aufgerissenen Augen in bleichen Gesichtern das gespenstische Geschehen. Als die Schrift vollendet war, zerfetzte der Schrei des Königs die beklemmende Stille. Nach den Wahrsagern und Weisen schrie er. Wer ihm die geheimnisvollen Zeichen deuten könnte, sollte mit Purpur gekleidet werden, eine goldene Kette... usw. usw., man kennt das ja. In solchen Augenblicken sind die Großen auf einmal ganz klein. Aller Stolz ist wie Butter an der Sonne geschmolzen. Nun wollen sie sich die Hilfe derer, die sie bisher verachtet haben, mit dem erkaufen, was sie als den Inbegriff des Lebens ansehen: Reichtum und Macht.

Sie werden es sich vielleicht schon denken können: Es kam wieder wie schon zweimal. Die Gelehrten und Astrologen wußten keinen Rat. Am Schluß besann man sich auf mich. Die Königinmutter mußte persönlich vorstellig werden und an mich erinnern. So sehr war das, was Gott einmal durch mich getan hatte, in Vergessenheit geraten.

Es war eine unheimliche Szene. Ich stand mitten im Saal. Vor mir der erbleichte König, der nur mit Mühe seine Fassung bewahrte. Um mich herum die sogenannten Edlen, die aber gar keinen edlen Eindruck machten. Ströme von Wein auf den Tischen und auf dem Boden. An der Wand die geheimnisvollen Zeichen. Draußen vor den Mauern das feindliche Heer. Mitten darin stand nun ich, der ergraute Gotteskämpfer, und fing an zu predigen. Und alle – einschließlich des Königs – hörten mir zu. Keiner wagte zu unterbrechen, als ich Belsazer seine Schuld vorhielt. Am Schluß gab ich die Deutung der Schrift: mene – Gott hat deine Tage gezählt, tekel – du bist gewogen und zu leicht befunden, peres – dein Königreich wird zerteilt und den Medern und Persern gegeben.

Dann folgte das abscheuliche Theater: Ich bekam meinen Purpur und meine Kette und meine Ehre. Auf seinen Ruf, daß er sein Worte halte, ließ der König nichts kommen. Wie mir das alles zuwider war angesichts des Gerichtes Gottes!

Noch in dieser Nacht wurde Belsazer von Angehörigen seiner Leibwache erstochen.

Das war auch der Anfang vom Ende des Großreiches Babylon. Die Revolte in der Stadt war von Verrätern angezettelt worden, die nun den Medern und Persern die Tore öffneten. Das feindliche Heer strömte in die Stadt. Schnell war aller Widerstand gebrochen. Es geschah alles so, wie Gott es gesagt hatte.

Bei den neuen Machthabern kam ich wieder zu Ehren. Daß ich trotz der Fähigkeiten, die die Perser bei mir entdeckt hatten, bei den Babyloniern nicht viel gegolten hatte, war nun meine Empfehlung. Darius, der neue Herrscher, war, wie ich, im vorgerückten Alter. Er empfand Sympathien für unser Volk Israel, und auch sonst standen wir uns nahe.

So kam es, daß ich einer der drei höchsten Verwaltungsbeamten in dem ehemaligen Reich Babylon wurde, das nun persische Provinz war. Ich stand plötzlich wieder ganz oben im politischen Geschäft, was sicher auch für die Geschichte Gottes mit unserem Volk wichtig war.

Zunächst aber brachte es mir die Feindschaft vieler Neider ein. Erst hinterher erfuhr ich, was sich zugetragen hatte. Sie gingen zum König und drängten ihn, ein Gesetz zu erlassen, daß binnen dreißig Tagen niemand von einem anderen etwas bitten dürfe als nur von Darius selbst. Auf diese Weise wollten sie meinen Gottesdienst zu einer gesetzwidrigen Handlung machen, da sie sonst nichts an mir finden konnten. Darius unterschrieb einen solchen Erlaß, ohne zu wissen, daß er damit hintergangen werden sollte.

Ich sah keine Veranlassung, mein tägliches Gebet einzustellen. Prompt verklagten sie mich beim König. Der merkte natürlich die Arglist, es tat ihm auch leid. Aber gegen das selbst gegebene Gesetz der Meder und Perser konnte auch er nicht an. Ich wurde geholt und in die Löwengrube geworfen.

Sie werden sicher noch keine Gelegenheit gehabt haben, meine verehrten Leser, eine Nacht lang unter einigen hungrigen Löwen zu sitzen. Ich kann Ihnen versichern, daß die Gefühle dabei nicht gerade angenehm sind. Die Furcht ist auch begründet, denn es ist mir kein Fall bekannt, wo von jemandem mehr wieder herausgekommen wäre als die einzelnen Knochen.

Sie können mir glauben, daß es keine fromme Phrase ist, wenn ich sage, daß ich dank der Bewahrung Gottes wieder lebendig herausgekommen bin. Ich sah nichts, da der Eingang abgedichtet und es auch Nacht war. Ich hörte nur das Knurren und Scharren der wilden Katzen, roch ihren scharfen Raubtiergeruch, wurde ab und zu von einem Löwen berührt und spürte ihren heißen Atem. Wissen Sie, da vergeht einem jedes Heldentum, und man schämt sich seiner Angst nicht. Aber es vergeht einem auch jeder Gewohnheitsglaube, und man schreit zu Gott, wie man es in guten Tagen wohl nie tut. Wenn man dann bewahrt wird, ja, Mut und Vertrauen gewinnt, dann ist das ein so tiefgreifendes Erlebnis, daß man es nie vergißt. Und das man sich auch nicht nehmen läßt von Leuten, die nach irgendwelchen natürlichen Erklärungen suchen.

Nach dieser grauenvollen und doch so segensvollen langen Nacht hörte ich früh am Morgen die klägliche Stimme des Königs am Eingang. Man holte mich heraus und konnte fast nicht glauben, daß ich noch lebte. Daß das auch nicht an den Löwen lag, erwies sich, als jene Leute hineingeworfen wurden, die meinen Tod gewollt hatten: Noch ehe sie auf dem Boden ankamen, waren sie zerrissen.

Der König ließ im ganzen Land verbreiten, was geschehen war und gab Gott die Ehre. Das war die größte Freude für mich. Wissen Sie, ich war ja nun aus dem Alter heraus, in dem man nach Heldentaten strebt. Mir lag nur daran, daß deutlich wurde: Gott lebt und hat Macht.

Durch mein ganzes Leben hat sich diese Wahrheit wie ein roter Faden gezogen. Gott hat die Macht über Könige und ihre Armeen, über Feuer und Raubtiere, über geheimnisvolle Dinge – einfach über alles. Nach all diesen Erfahrungen wunderte ich mich auch nicht, als Gott mir in Gesichten einiges von dem anvertraute, was in der Zukunft geschehen sollte. Auch in all diesen Ausblicken auf kommende Generationen und kommende Reiche wurde deutlich, daß letztlich Gott im Regiment sitzt.

Ihm zu dienen ist eine unvergleichlich größere Ehre, als Königen zu dienen. Ihm zu gehören ist eine unvergleichlich größere Freude, als mit Gold und Orden behängt zu werden. Sich ihm anzuvertrauen, bedeutet einen unvergleichlich größeren Schutz, als die Sympathie eines mächtigen Menschen zu haben.

Und das wird so bleiben bis ans Ende der Zeiten, vor dem Gott mir ein wenig den Vorhang gelüftet hat. Ich bin glücklich mit dem Wort, das mein Gott mir selbst gegeben hat: Du aber, Daniel, gehe hin, bis das Ende kommt; und ruhe, bis du aufstehst zu deinem Erbteil am Ende der Tage!

JOHANNES DER TÄUFER

Mein Name ist Johannes, genannt der Täufer. Der Täufer – weil ich getauft habe. Man hat mich so genannt im Unterschied zu dem anderen Johannes, dem Jünger Jesu.

Wenn man eine Unterscheidung sucht, nimmt man meistens das Augenfälligste. Das war bei mir wohl das Taufen im Jordan. Das Wichtigste war es sicher nicht. Mir wäre es lieber, sie hätten mich Johannes den Prediger genannt. Oder noch besser: Johannes, den Wegbereiter. Damit hätten sie den Kern meiner Aufgabe getroffen. Aber ich habe Verständnis dafür, daß das mit dem Wegbereiten nicht so greifbar ist, und predigen tun schließlich viele. Also – mir soll's recht sein – Johannes der Täufer.

Ja, so bin ich also zu diesem Beinamen gekommen. Aber vielleicht sollte ich Ihnen auch noch erzählen, wie ich zu meinem Namen Johannes gekommen bin. Das war nämlich nicht ein Einfall meiner Eltern, wie das meistens bei der Namensgebung ist, sondern ein göttlicher Auftrag, vermittelt durch einen Engel. Ja, Sie haben richtig gehört, durch einen Engel, der hieß Gabriel. Das kam so:

Meine Eltern waren alt und erwarteten nicht mehr, daß ihr Gebet um ein Kind noch erhört werden würde. Als mein Vater Zacharias, wie es in gewissen Abständen zu seinen Pflichten als Priester gehörte, im Tempel räuchern wollte, sah er plötzlich rechts am Räucheraltar eine Gestalt stehen. Der Engel sprach ihn an und sagte, daß seine Frau einen Sohn bekommen soll, den er Johannes nennen sollte. Dann nannte er ihm auch meine zukünftigen Aufgaben. Mein Vater hat mir das wörtlich weitergegeben, wie er es im Gedächtnis hatte. Diese Worte sind dann für meinen weiteren Weg von Bedeutung gewesen. Ich habe sie gleichzeitig als Prophezeiung und als Auftrag verstanden. Ich sollte ein Nasiräer sein, sagte der Engel, ein Gottgeweihter, schon im Mutterleib mit dem Heiligen Geist erfüllt. Viele Angehörige meines Volkes sollten durch meinen Dienst zu Gott geführt werden, den sie verlassen hatten, und ich sollte sein Volk für den Herrn vorbereiten.

Gewaltige Worte. So haben sie auch auf meinen Vater gewirkt. Dabei weiß ich sie einigermaßen zu deuten, weil ich manches in der Rückschau besser verstehe. Meinem Vater dagegen waren die Worte dunkel. Nur, daß ich ein Gottgeweihter sein sollte, das begriff er.

Mose hatte im Auftrag Gottes Weisungen gegeben, was man tun solle, wenn man ein Gelübde für eine bestimmte Zeit oder für ein ganzes Leben geben wollte. Die betrafen Haarwuchs, Verbot von Wein und andere Dinge. Simson und Samuel waren solche Gottgeweihten für ihr ganzes Leben gewesen. Sein Sohn sollte also in dieser Reihe der Gottesmänner stehen? Das war zu gewaltig für meinen Vater. Das konnte er nicht glauben. Er bat um ein Zeichen. Das gab ihm der Engel – ein Zeichen als Glaubensstärkung, das zugleich Strafe für seinen Unglauben war: Er wurde stumm. Keinen Laut brachte er heraus – weder an diesem Tag, als er vor die Menge trat, noch später zu Hause – bis an den Tag meiner Geburt. Als er den Auftrag ganz erfüllt und den Namen Johannes für mich auf einer Tafel angegeben hatte, kehrte seine Sprache wieder.

Sie können sich denken, liebe Leser, daß diese Erzählungen meiner Eltern mich in meiner Kindheit sehr bewegten. Kinder sind ja schon natürlicherweise sehr daran interessiert, etwas über sich selbst, ihren Ursprung und ihre Bedeutung zu erfahren. Erst recht interessierte das mich, wo doch die Geschichte meiner Geburt so merkwürdig war und ich mich nach dem Willen meiner Eltern in Erscheinungsbild und Lebensweise deutlich von den anderen Jungen unterscheiden sollte, mit denen ich auf den Gassen von Hebron spielte.

Dazu kam noch eine andere Erzählung: Als ich noch nicht geboren war, soll eine ferne Verwandte meiner Mutter Elisabeth, Maria aus Nazareth, heraufgekommen sein. Als die Frauen sich begegneten, soll ich, der Ungeborene, im Mutterleib mit heftigen Bewegungen zu erkennen gegeben haben, daß die Begegnung mich freute. Meine Mutter sprach, von Gottes Geist geleitet, die Prophezeiung aus, daß Maria die Mutter des Messias sei.

Die Leute aus unserer Nachbarschaft und die Verwandten taten das alles als Legenden ab. Das hinderte mich als Kind aber nicht, immer wieder mit glühendem Kopf bei meiner Mutter zu sitzen und still zu lauschen, wenn sie mir diese geheimnisvollen Begebenheiten zum soundsovielten Mal erzählte.

Später – mit erwachendem Verstand – habe ich natürlich auch Zeiten der Skepsis durchgemacht gegenüber diesen merkwürdigen Erzählungen meiner Eltern. Aber ich bin immer unter ihrem Bann gewesen. Es ließ mich einfach nicht los, im Gegenteil, es beschäftigte mich immer mehr, daß ich, Johannes, Sohn des Priesters Zacharias, ein Gottgeweihter war – oder soll ich sagen: sein sollte.

Was bedeutete das für mich? Sollte ich darauf stolz sein? Mußte ich nun etwas Bestimmtes tun? Erwartete man von mir Heldentaten wie von Simson oder Dinge von großer staatspolitischer Bedeutung wie von Samuel?

Ich wäre natürlich gern ein Held gewesen, wie wohl jeder Jugendliche. Aber ich fühlte mich bei etwas nüchternerer Betrachtung dazu nicht so recht befähigt. Schon die kleinen Raufereien mit den Nachbarsjungen machten deutlich, daß meine Körperkraft nicht überdurchschnittlich war. Und der Gedanke, mit bloßen Händen einen Löwen töten oder mit einem Eselskinnbacken tausend Feinde erschlagen zu sollen, wie es Simson getan hat, flößte mir nicht gerade Mut ein, besonders angesichts der gepanzerten römischen Krieger, die gelegentlich durch unsere Stadt geritten kamen.

Was bedeutete es dann aber, daß ich Gott geweiht war? Ich wollte dazu doch ja sagen. Ich wollte für den Allmächtigen dasein und ihm dienen. Wie aber konnte das geschehen?

Als ich älter und reifer wurde, legte ich natürlich solche kindlichen Vorstellungen von einem Gotteshelden ab, wußte aber auf meine Frage noch immer keine Antwort. Allerdings begann ich mit wachsender Nüchternheit und wachsender Gotteserkenntnis den Feind deutlicher zu sehen. Der Feind Gottes, den es zu bekämpfen galt, waren nicht die Philister noch die Römer, sondern war die Sünde in unser aller Herzen, die Gottlosigkeit und Gesetzlosigkeit, Ichsucht, Gier, Machtstreben. Hier wurde Gott am meisten beleidigt. Die Menschen seines auserwählten Volkes schlugen ihm ins Gesicht mit ihrem gottfernen Leben.

Was aber dagegen tun? Hatte ich überhaupt die Aufgabe, etwas dagegen zu tun? Und wenn – wie sollte das geschehen? Wer würde denn auf mich hören, einen unbekannten jungen Mann aus dem judäischen Bergland? Fragen über Fragen.

Ich war etwa 30 Jahre alt, da begann ich die große Gefahr zu sehen, ich könnte den Auftrag Gottes verpassen. Ich war auf dem besten Weg, bürgerlich zu werden und mich gemütlich einzurichten. Sieht so ein gottgeweihtes Leben aus? Die Frage trieb mich um, bis ich zu einem Entschluß kam: Ich verließ mein Haus und mein Tagewerk und zog mich in die Wüste zurück. In der Einsamkeit wollte ich fasten und beten, bis mir Gottes Wille klar würde. Waren nicht alle geistlichen Erneuerungen in Israel von den Erfahrungen in der Wüste ausgegangen? Und hatten die Väter Gott nicht am deutlichsten erlebt während der Zeit ihrer Wüstenwanderung?

Was ich Ihnen bis jetzt geschildert habe, waren Dinge, die jeder verstehen kann, der die Menschen kennt. Alles Rätselhafte war mir eigentlich nur von anderen berichtet worden, während mein eigenes Leben doch durchaus in den Bahnen verlief, die bei jungen Menschen üblich sind. Nun aber begann etwas ganz anderes. Gott selbst fing an, mit mir zu reden. Ganz deutlich.

Die Stille, die Einsamkeit, die Konzentration ließen mich

frei werden von allem, was mich umgetrieben hatte, ließen mich taub werden für die vielen Stimmen in mir und um mich herum und empfänglich für das, was der Heilige sprach. Es war nicht mehr der Unterricht des örtlichen Synagogenvorstehers, nicht mehr die Erziehung meiner Eltern, auch nicht mehr mein eigenes Denken und Empfinden – es war Gott selbst, der zu mir sprach. Erklären kann man das nicht. Gottes Reden in unserem Herzen ist ein Geheimnis, das wohl nur der versteht, der es selbst erlebt.

Auf einmal sah ich sonnenklar, was in unserem Volk geschehen mußte: Nicht ein Krieg, nicht eine gewaltige Umwälzung. Auf so etwas zu warten, war utopisch und konnte höchstens ein Alibi sein für den, der sich nicht ändern will. Nein, einzelne Menschen mußten umkehren. Sünder mußten Buße tun. Gottlose mußten sich neu dem Herrn zuwenden. Ungerechte mußten nach Gottes Maßstäben fragen und sich danach richten. Wenn einzelne Menschen konkret ihr Leben änderten, dann konnte das seine Wirkung auch auf das ganze Volk nicht verfehlen. Und wer weiß, vielleicht wirkte eine neue Gottestreue ansteckend, und eine Erweckung erfaßte viele.

Ich wußte, was ich zu tun hatte: In der kargen Wüstenlandschaft am unteren Jordan, wo ich lebte, begann ich, Menschen anzusprechen, die vorüberzogen, begann die kleinen Siedlungen aufzusuchen und predigte überall von Umkehr zu Gott. Ich hielt mich an der Furt des Jordan auf, durch die gelegentlich Reisende kamen, und redete zu ihnen.

Und dann begann ich auch zu taufen. Ich hatte diesen Brauch anderwärts kennengelernt und übernahm ihn gern als eine gute Symbolik für das, was der Kern meiner Predigt war: Wie der Mensch untertauchte und nicht mehr zu sehen war, so sollte sein altes Leben ausgelöscht sein. Und wie er dann wieder aus der Unsichtbarkeit auftauchte, so sollte ein neues Leben anfangen, ein Leben in Glaube und Gehorsam gegen Gott.

Es sprach sich schnell herum, was da in der Wüste geschah, und immer mehr Menschen kamen herbei, teils aus Neugier, teils aus echtem Verlangen. Allen sagte ich, was mir Gott aufgetragen hatte. Ich nahm kein Blatt vor den Mund. Verständlich, daß sie das nicht gern hörten. Wer es gewohnt ist, in den Synagogen immer mit Samthandschuhen angefaßt zu werden, ist natürlich schockiert, wenn er mit »Otterngezücht« angesprochen wird. Mag sein, daß ich unhöflich war. Aber zur höflichen Konversation hatte ich keinen Auftrag. Ich hatte den Auftrag, die Menschen wachzurütteln. Und wach wurden sie bei dieser Predigtweise. Was mich eigentlich erstaunte – es kamen auch immer mehr. Meine drastische Predigt schreckte sie nicht ab. Im Gegenteil, offenbar merkten sie, daß Gott selbst dahinterstand.

Sie kamen in Scharen an: Die scheinbar Frommen, die ihr gottloses Leben mit schönen Worten einkleideten. Ich fuhr sie an: »Wer hat euch denn gesagt, daß ihr dem Zorn Gottes entrinnen werdet? Ändert euer Leben, und zwar so, daß man es sehen kann.« Dann die, die sich auf ihre Zugehörigkeit zu Israel beriefen und meinten, damit sei alles in Ordnung. »Gott kann dem Abraham aus diesen Steinen Kinder erwekken«, rief ich ihnen zu. Dann waren da die Zöllner, die Kriegsleute und all die anderen. Jedem sagte ich das, was für ihn zutraf. Die spezielle Sünde eines jeden wurde ans Licht gebracht. Nur mit einer radikalen Änderung des Lebens konnte das Gericht Gottes noch einmal abgewendet werden. »Es ist schon die Axt den Bäumen an die Wurzel gelegt. Der Baum, der keine guten Früchte bringt, wird abgehauen und ins Feuer geworfen.«

Meine Popularität stieg. Immer mehr Menschen strömten herab in die Wüste. Die Versuchung war da, nach Jerusalem zu gehen, wo ich noch viel mehr Zuhörer haben würde. Aber dann hätte ich meinen speziellen Auftrag verraten. Hier an dieser Stelle, wo das Volk Israel damals über den Jordan nach Kanaan einzog, wo es damals aus der unmittelbaren Abhängigkeit von Gott heraustrat in eine gewisse Selbständigkeit, hier wollte ich Umkehr predigen. Hier vor den Mauern von Jericho, das man drüben in einiger Entfernung in der flimmernden Hitze liegen sah.

Wenn ich nach Jerusalem gegangen wäre – wer weiß, wie lange ich den tausend Versuchungen der Zivilisation hätte widerstehen können. Und dann? Niemand kann predigen »Wer zwei Röcke hat, der gebe dem, der keinen hat«, wenn er dabei in vornehmen Seidengewändern erscheint. Niemand kann predigen »Gebt von euren Speisen den Hungernden«, wenn er sich gerade bei einem lukullischen Mahl rundherum sattgegessen hat. Nein, mein Weg war ein anderer und mußte es auch bleiben.

Ich hielt mich darum bewußt auch von den paar ärmlichen Hütten von Bethabara fern, erst recht von Jericho. Ich kleidete mich nur mit meiner Decke aus Kamelhaar und ernährte mich auf einfachste Weise. Ich fing mir Kleintiere der Wüste, Heuschrecken und dergleichen. Gelegentlich fand ich einen Stock wilder Bienen, die im Jordantal genug Blüten fanden, um Honig zusammenzutragen. Das alles war mühsam und zeitraubend. Ich hätte sicher auch mehr Zeit zum Predigen gehabt, wenn ich mich von meinen Freunden hätte versorgen lassen. Aber auf die Menge des Predigens kommt es ja nicht an. Dagegen ist wichtig, daß unsere Worte durch unser Leben gedeckt sind. Lieber weniger predigen und in Vollmacht als viele leere Worte machen. Wo aber bekam ich die Vollmacht? Wo hatte mich der göttliche Auftrag erreicht? In der Einsamkeit. Wenn ich ihr entfloh, schnitt ich die Wurzeln ab, aus denen mein Dienst seine Kraft bezog.

Es sprach sich im Land herum, daß in der Wüste – da, wo der Jordan ins Tote Meer floß – ein Prediger aufgetreten war, der auch taufte. Als ich immer mehr Aufsehen erregte, konnte die geistliche Obrigkeit in Jerusalem nicht länger schweigen. Natürlich wurde sie nach ihrem Urteil gefragt. Allerdings waren sich die Herren dann doch zu schade, selbst von Jerusalem aus herabzusteigen. So schickten sie einige Priester und Leviten, um mir auf den Zahn zu fühlen. »Wer bist du?« fragten sie.

Wer bist du? Ja, wer war ich eigentlich? Natürlich Johannes, der Sohn des Zacharias. Aber das wußten sie schon. Es steckte mehr hinter dieser Frage. Es war nämlich das Gerücht aufgekommen, ich könnte der Messias sein. Ich! Was für eine absurde Idee! Ich wies das natürlich weit von mir! Aber wer war ich dann? Ob ich Elia wäre, wollten sie wissen. Natürlich war ich auch kein auferstandener alter Prophet. Ich war ein normaler Mensch aus Fleisch und Blut wie andere auch. Aber welche Bedeutung hatte ich im Reich Gottes? Wer war ich nach Gottes Plänen?

Plötzlich ging es mir auf! Ich kannte doch die heiligen Schriften, besonders den von mir über alles geliebten Jesaja mit seinen großartigen Messiasverheißungen. Der Messias mußte bald kommen. Ich ahnte es. Ich wußte es. Mußte er nicht etwa in meinem Alter sein, wenn er damals schon im Mutterleib heranwuchs, als Maria meine Mutter Elisabeth besuchte? Deutete nicht auch die Zeit darauf hin? Was sollte vor dem Auftreten des Messias geschehen? Ihm sollte der Weg bereitet werden. So sagte es Jesaja: »Es ist eine Stimme eines Predigers in der Wüste: Bereitet den Weg des Herrn und macht seinen Pfad gangbar. Alles Lebendige soll den Heiland Gottes sehen.« Wo war ich denn? In der Wüste. Was tat ich hier? Predigen. Ich war ein Prediger in der Wüste. Nein, der Prediger in der Wüste! Ich war ausersehen, dem Messias den Weg zu bereiten! Was für ein Vorrecht! Was für eine gewaltige Aufgabe!

Ich gab den Leviten die Antwort, die mir klargeworden war. Gott aber öffnete mir immer mehr die Augen für das große Werk, das er durch mich getan haben wollte, und das noch größere, das er durch den anderen tun würde, der jetzt schon da war. Er war nur noch nicht öffentlich aufgetreten. Ich wußte nicht, wie er hieß und wo er lebte. Vielleicht in Nazareth? Aber sollte der Messias nicht aus Bethlehem kommen? Gleich wie, ich würde es erleben. Es konnte nicht mehr lange dauern, bis die neue Ära der Geschichte Gottes mit den Menschen anbrach. Ich wollte sie vorbereiten!

Ich fing an, es klar und unüberhörbar zu verkündigen: »Ich taufe mit Wasser, aber es kommt einer nach mir, der mit dem Heiligen Geist tauft. Er ist größer und stärker als ich. Ich bin es nicht wert, ihm seine Sandalen nachzutragen. Schon lebt er unter euch, aber ihr kennt ihn nicht. Ich kenne ihn auch noch nicht. Bald aber wird er auftreten. Er wird Böse und Gute scheiden, wie man Spreu von Weizen trennt. Schon hat er die Wurfschaufel in der Hand. Die Treuen wird er sammeln wie Weizen. Die Gottlosen aber werden dem Gericht übergeben, wie man die Spreu verbrennt. Tut Buße, denn das Himmelreich ist nah.«

Das Echo war zwiespältig. Viele ließen sich taufen. Die meisten davon änderten ihr Leben auch wirklich, soweit ich das beobachten konnte. Einige schlossen sich mir an als besondere Freunde und Schüler, so wie die Schriftgelehrten Jünger um sich sammelten, denen sie ihre Lehre weitergaben. Mir war das recht, konnte ich doch so meine Wirksamkeit vervielfältigen.

Auf der anderen Seite aber spürte ich auch krasse Ablehnung. Die wichtigsten Leute der Pharisäer und der Sadduzäer hatten sich inzwischen nun doch bequemt, herabzukommen. Natürlich durfte ich nicht recht haben, sonst wäre es ja mit ihrer Monopolstellung als einzige Autoritäten in geistlichen Fragen vorbei. Aber sie wagten nicht, etwas gegen mich zu unternehmen. Das Volk in seiner Mehrheit erkannte, daß hier Gott am Wirken war. Sie scheuten sich nicht, sich gegen Gott zu stellen. Das taten sie im Grunde auch. Aber gegen das Volk konnten sie sich nicht stellen. Dazu fehlte ihnen doch der Mut.

Ich spürte förmlich ihren Haß, der mir entgegenschlug. Aber Angst hatte ich nicht, war doch der Messias schon auf dem Weg und das Reich Gottes im Anbruch! Ich war auf der Seite des Allmächtigen! Das gab mir Mut, auch die einflußreichsten Leute aus Jerusalemer Regierungskreisen als »Schlangenbrut« zu titulieren. Sollten sie ruhig wissen, wie Gott über sie dachte!

Ja, und dann kam der große Tag. Meine Berühmtheit war auf dem Höhepunkt angelangt. Doch das bedeutete mir nichts. Alles aber bedeutete mir, was dann geschah. Es war der glücklichste Tag in meinem Leben.

Ich sah von weitem eine Gruppe kommen wie alle, die zur Taufe kamen. Zunächst war nichts Besonderes. Aber als ich ihn sah, wußte ich es sofort: Das war er, der Messias!

Er war in meinem Alter und machte, was seine Kleidung betraf, einen unscheinbaren Eindruck. Aber darüber brauchte ich mich nicht zu wundern, ging es mir doch genauso. Er trat zu mir und begehrte die Taufe. Mir verschlug es fast die Sprache. Ich wußte nicht, wie ich mich verhalten sollte. Endlich brachte ich heraus: »Ich sollte von dir getauft werden! Stattdessen kommst du zu mir!« Seine Antwort weiß ich noch genau: »Laß es so gut sein. Alle Gerechtigkeit muß erfüllt werden.«

Wir stiegen gemeinsam in den Jordan, und ich taufte ihn, wie ich es auch mit all den anderen gehalten hatte. Es war zunächst nichts Besonderes. Dann aber, als Jesus aus dem Wasser stieg, sah ich plötzlich den Heiligen Geist aus dem Himmel auf ihn herabkommen. Wenn ich das deutlicher schildern sollte, könnte ich vielleicht sagen: wie eine Taube. Erwarten Sie bitte keine genauere Beschreibung von mir.

Und dann hörte ich eine Stimme vom Himmel, ganz deutlich: »Dies ist mein lieber Sohn, an dem ich Wohlgefallen habe.«

Nun war es ganz klar! Jetzt gab es keinen Zweifel mehr: Der Messias, der Gesalbte Gottes war gekommen!

Er verließ uns schweigend. Wir blickten ihm nach. Er ging nicht die Straße nach Jericho hinüber, auch nicht in Richtung

Jerusalem. Er ging in die Wüste. Dorthin, wo sie am trockensten ist, ins judäische Gebirge. Wo es keine Kleintiere mehr gibt, von denen man sich ernähren kann. Ich konnte verstehen, was er da wollte.

Die Menschen kamen weiter zum Jordan herab. Ich taufte sie auch. Aber irgendwie schien es mir, als sei das nun überflüssig. Als hätte ich das Werk nun in berufenere Hände zu legen.

Nach über einem Monat kam Jesus – inzwischen wußte ich seinen Namen – aus der Wüste zurück. Ausgehungert sah er aus, aber deutlicher als je zuvor spürte ich, daß von ihm etwas Göttliches ausging. Wie ich ihn so ausgemergelt ankommen sah, drängte sich mir ein Bild auf: das Bild vom Opferlamm, das zur Schlachtbank geführt wird. Und wie unter göttlicher Eingebung rief ich es allen zu, die herumstanden: »Seht ihn euch an, das ist Gottes Lamm, das die Sünden der Welt fortträgt!«

Und ich predigte von Jesus als dem Christus. Ich sagte, wie ich zu diesem Wissen gekommen war. Ich wollte und konnte nichts anderes mehr zum Inhalt meiner Predigt machen als ihn.

Besonders auf zwei meiner Schüler und Freunde machte das einen tiefen Eindruck: auf Johannes und Andreas. Sie gingen Jesus nach, suchten Kontakt mit ihm und blieben schließlich bei ihm.

Und ich? Ja, was sollte ich nun noch tun? War nicht mein vorbereitendes Werk abgeschlossen? Ich war unsicher, wie ich mich verhalten sollte. Es ist ja etwas Schreckliches, wenn Gottesmänner keinen direkten Auftrag mehr haben und nur noch so vor sich hinwerkeln, weil sie das früher auch so gemacht haben. Nein, ich wollte nur in Gottes Auftrag handeln. Welches war der aber?

Ich verließ den Jordan und zog in die stark bevölkerten Gegenden. Ich wollte ja auch in der Nähe sein, wenn die große Stunde des Christus kommen würde.

Dadurch kam ich aber auch mit den politischen Vorgängen in Berührung, die mir in der Wüste ziemlich aus dem Blick gekommen waren. Da herrschten ja wirklich haarsträubende Zustände. Das Volk Gottes wurde von einem Mann regiert, der seine Frau verstoßen, seinem Bruder dessen Frau abspenstig gemacht und sie dann geheiratet hatte. Natürlich konnte ich darüber nicht schweigen. Es fehlte nicht an Mahnungen wohlmeinender Freunde, die mich bestürmten, mich doch aus der heiklen Politik herauszuhalten und nur geistliche Dinge zu predigen. Was für ein Unsinn! Als wenn die geistlichen Dinge überhaupt zu trennen wären von dem Geschick eines Landes! In einem Punkt hatten sie allerdings recht: Die Sache schlug Wellen.

Ich taufte damals in Enon in der Nähe von Salim, wo es fünf Quellen gab. Man hörte jetzt viel von Jesus, der besonders in Galiläa Wunder tat und viele Anhänger um sich sammelte. Einige meiner Jünger empfanden das wohl als eine Art Konkurrenz. Wie dumm! Ich war froh, daß Jesus jetzt immer bekannter wurde – um so näher war das Reich Gottes. Ich fühlte mich wie der Brautwerber, der die Braut seinem Freund, dem Bräutigam, zuführt und sich nun neidlos mit ihm freut. Er mußte wachsen, ich aber abnehmen.

Dann zog sich die Schlinge zu, die Herodes gelegt hatte. Ich wurde verhaftet. Später stellte sich heraus, daß das hauptsächlich auf Betreiben von Herodias geschehen war, seiner unrechtmäßigen Frau, die diese ständigen Mahnungen wohl nicht ertragen konnte. Man brachte mich in die Festung Machärus jenseits des Toten Meeres.

Da lag ich nun in dem finsteren Loch, zur Untätigkeit verurteilt, gequält und gedemütigt, den Tod vor Augen. Jesus aber ging, wie mir berichtet wurde, durch das Land, heilte Kranke und predigte von Gottes Liebe. Ich schäme mich, es zu erzählen, aber ich sage es trotzdem: Ich bekam Zweifel!

Hatte ich nicht vorausgesagt, daß er Spreu vom Weizen scheiden und die Gottlosen richten würde? Was aber tat Jesus? Er half allen Menschen! Das paßte doch überhaupt nicht zu dem Bild, das ich mir von Gottes machtvollem Eingreifen gemacht hatte! War das, was da geschah, wirklich die Erfüllung meiner Prophezeiungen? Mit Feuer sollte er taufen, statt allem Volk mit Milde zu begegnen!

Ich schickte zwei meiner Jünger, die mich besuchen durften, zu Jesus und ließ ihn selbst fragen: »Bist du der verheißene Messias, oder sollen wir auf einen anderen warten?«

Nach einigen Tagen kamen sie wieder. »Erzählt Johannes, was ihr hier seht«, hatte Jesus ihnen aufgetragen. »Die Blinden sehen, und die Lahmen gehen, die Aussätzigen werden rein, und die Tauben hören. Die Toten stehen auf, und den Armen wird das Evangelium gepredigt.«

Jesaja – schoß es mir durch den Kopf! Jesaja hatte das vom Messias vorausgesagt! Natürlich!

Seine Liebe und Güte gegenüber den Menschen mußte das Herausragende an der Gestalt des Messias sein! Hatte ich nicht selbst verkündigt: Das ist Gottes Lamm. Ein Lamm trat eben nicht wie ein Wolf auf. Das Opferlamm hat seine göttliche Wirkung in nichts anderem, als daß es die Sünde anderer auf sich nimmt und stirbt! Ja, diesen ganz anderen Weg hatte Gott eingeschlagen. Er hatte seinen Christus geschickt, der für uns würde sterben müssen. Ganz klar sah ich nun den göttlichen Plan zur Rettung seiner Menschen vor mir. Jesus würde sterben, damit wir leben. Auch ich!

Als die Henker die Zelle aufriegelten, hatte ich gar keine Angst. Nur kurz erfuhr ich, was geschehen war. Die Tochter der Herodias hatte mit einem erotischen Tanz Herodes einen Schwur entlockt, ihr einen Wunsch zu erfüllen. Auf Betreiben der Mutter hatte das Mädchen sich meinen Kopf auf einer Schüssel gewünscht. Und Herodes Antipas, der Schwächling, mußte sich seinen Weibern beugen. Sie wollten leben, sündig und lustig. Darum mußte der lästige Mahner sterben. Aber ich fühlte keine Bitterkeit in mir, kannte ich jetzt doch den, der sterben wollte, damit wir leben können, ewig leben.

MARKUS

Mein Name ist Markus – zu deutsch »der Hammer« – Johannes Markus, wohnhaft in Jerusalem, das heißt: eigentlich in Alexandria.

Nun, ich bin fast so etwas wie ein Weltbürger geworden. Man könnte höchstens sagen, daß ich meinen ersten Wohnsitz in Jerusalem habe. Aber nur gelegentlich kehre ich dorthin zurück.

Ich hätte mir ja nie träumen lassen, daß ich mich einmal so von meiner Heimat lösen würde. Wissen Sie, ich bin einer von denen, die sich nicht recht wohl fühlen, wenn sie nicht ihren eigenen Schornstein rauchen sehen. Das hat mir auch anfangs manche Schwierigkeiten gemacht.

Später habe ich ein gewisses Image bekommen: Markus, der Mann der Tat. In der Symbolik hat man mir sogar einen Löwen zugeordnet. Ich muß sagen, das schmeichelt mir sehr, aber ich kann es mir nicht erklären. Vielleicht, weil mein Name Markus so markig klingt. Vielleicht, weil ich Jesus in meinem Evangelium als den Mann der Tat geschildert habe. Und da meint man eben, es wäre etwas von meinem eigenen Wesen eingeflossen. Das stimmt überhaupt nicht. Gerade weil ich so wenig von dem Heldenhaften an mir hatte, hat mir die Gestalt Jesu imponiert.

So wie er mich beeindruckt hat, habe ich ihn geschildert. Weiter nichts. Wenn es aber wirklich so sein sollte, daß ich das Bild eines mannhaften Gottesstreiters abgebe, dann muß ich bekennen, daß das allein Gottes Werk ist, er hat mich zu dem gemacht, was ich bin.

Verstehen Sie mich recht, ich sage das nicht aus frommer Bescheidenheit oder weil wir in unseren Kreisen es eben so gewöhnt sind, keinen Ruhm für uns zu ernten und in allem Gott die Ehre zu geben, sondern es ist wirklich so. Es läßt sich beweisen.

Ich war ein Feigling, ein zaghafter Randsiedler der ersten christlichen Gemeinde. Gott aber hat mich aus der Sofaecke geholt, er hat mich zu einem Streiter in seinem Reich gemacht, er ganz allein.

Die Entwicklung dahin ging allerdings über eine lange Zeit. Da war viel seelsorgliche Hilfe nötig, viel Geduld der Brüder. Manche Rückschläge hat es gegeben. Aber unser Herr gibt nicht auf, dafür bin ich ein wandelndes Beispiel.

Doch nun genug der Vorrede, ich will endlich zu meiner Geschichte kommen. Sie begann im Haus meiner Mutter.

Es war sicher für meine ganze Lebensgeschichte von Bedeutung, daß meine Mutter, Maria, ein großes Haus besaß. Da sie zu den Frauen gehörte, die Jesus und seine Jünger finanziell unterstützten, lag es natürlich nahe, daß wir sie oft bei uns zu Gast hatten.

Ich erlebte das alles mit, in räumlicher Nähe, aber innerer Distanz. Ich war damals noch sehr jung, fast eher ein Kind als ein Mann. Neugier zog mich zu all den Dingen hin, die sich da ereigneten, aber es war nicht ein geistliches Bedürfnis. Sicher spielte auch der erzieherische Einfluß meiner Mutter eine Rolle, die mein Interesse geweckt hat, aber viel stärker noch war das Besondere, das von Jesus ausging. Es ist ja bekannt, daß junge Leute sich nach Vorbildern ausstrecken.

Dieser Mann aus Nazareth war in der Tat ein Leitbild, wie es sich ein Halbwüchsiger nur wünschen kann. Eine unerklärliche Güte ging von ihm aus. Man fühlte sich immer zugleich verunsichert und geborgen. Es war einfach unmöglich, in seiner Gegenwart so zu bleiben, wie man war. Immer wußte man sich auf geheimnisvolle Weise gemeint, wenn er sprach. So, als spräche er nur für einen selbst.

Ich habe ihn nicht sehr oft gesehen, aber die wenigen Male sind mir unauslöschlich in Erinnerung geblieben. Am lebendigsten aber ist mir die Erinnerung an seine Gefangennahme.

Ich hatte schon geschlafen – wie sich das für einen wohlerzogenen Jungen gehört –, da erwachte ich von einigem Tumult in unserem Hause. Es hatte schon die vergangenen Tage etwas in der Luft gelegen, das auf eine dramatische Zuspitzung der Ereignisse hindeutete. Ich wollte nichts verpassen. Schnell warf ich mir das Leinentuch über, mit dem ich mich auf meinem Lager auf der nackten Haut zugedeckt hatte – es war ja warm –, und rannte hinaus. Jesus und seine Jünger gingen wieder in Richtung Ölberg. Sie übernachteten dort immer, hatte meine Mutter gesagt. Sie wußte aber nicht so genau, wo. Die Neugier trieb mich hinter ihnen her. Im schwachen Sternenlicht fiel mir gar nicht auf, daß nur elf der Jünger bei Jesus waren. Das merkte ich erst später.

In der Ölbaumpflanzung Gethsemane, jenseits des Kidrontales, machten sie Halt. Ich konnte nicht näher heranschleichen, wenn ich nicht entdeckt werden wollte. So wartete ich ab. Nach längerer Zeit bemerkte ich viele Lichter, die von der Stadt herüberkamen. Irgend etwas Dramatisches schien sich anzubahnen. Ich kroch noch tiefer in mein Versteck. Dann waren sie da: Tempeldiener und Leute des Hohenpriesters, bewaffnet mit Schwertern und Spießen. Fackeln erleuchteten die Szene. An der Spitze der Schar: Judas. Mir stockte der Atem bei dem, was sich nun abspielte.

Judas gab Jesus, der den Häschern entgegentrat, einen Kuß. Das war offensichtlich ein Zeichen. Die Männer griffen nach Jesus. Petrus zog sein Schwert und verletzte einen der Männer. Jesus sprach. Einige der Tempeldiener stürzten zu Boden. Aber der Meister nutzte nicht etwa die Gelegenheit zur Flucht; im Gegenteil, er heilte den Verletzten und ließ sich dann gefangennehmen.

Das war den Jüngern unheimlich. Kämpfen wollten sie noch für ihren Herrn, aber sich wehrlos gefangennehmen lassen? Sie schlugen sich rasch seitlich in die Büsche und suchten im Schutz der Dunkelheit das Weite.

Das war wohl auch nicht ganz so im Sinne der Pharisäer und ihres Trupps. Man begann den Garten systematisch zu durchsuchen. Da erst wurde mir die Gefahr bewußt, in der ich schwebte. Wenn sie mich hier entdeckten, mußte ich da ja mit hineingezogen werden! Ich sprang auf und wollte fliehen. Da packte mich aber einer, der in der Nähe stand. Zum Glück erwischte er nur den leinenen Überhang. Ich ließ das Tuch los und rannte nackt davon. Das Leinen habe ich nie wieder gesehen, aber der Verlust war zu verschmerzen. Ich möchte jedenfalls das Erlebnis in dem nächtlichen Garten nicht missen.

Noch ein anderes Erlebnis ist mir sehr deutlich vor Augen. Es war, nachdem Jesus gekreuzigt und wieder auferweckt und in den Himmel aufgefahren war. Die Gemeinde versammelte sich heimlich im Haus meiner Mutter. Nachts, wenn es draußen dunkel war, traten sie in kleinen Trupps ein, um nicht aufzufallen. Nur auf ein bestimmtes Klopfzeichen hin wurde das Tor geöffnet. Ich fand das alles verständlicherweise ungeheuer spannend, andererseits teilte sich mir eine geheime Furcht mit. Weil ich damals noch nicht den lebendigen Glauben an Jesus hatte, dem alle Macht gegeben ist, ängstigte ich mich.

Als Jakobus, der Bruder von Johannes, enthauptet worden war, nahm die Angst zu. Aber merkwürdig, die Jünger waren überhaupt nicht ängstlich. Man sollte doch meinen, daß wenigstens Johannes, der Bruder des Ermordeten, und Petrus, ihr engster Freund, sich zurückgezogen hätten. Aber gerade die beiden waren die mutigsten Bekenner. Mich beeindruckte das ungeheuer, und ich begann etwas von der Kraft zu ahnen, die Gott seinen Leuten gibt. Ja, mehr noch, ich verlangte danach, auch diese Kraft kennenzulernen.

Herodes fühlte sich herausgefordert, als die Apostel so mutig auftraten und sich nicht einschüchtern ließen. Er ließ Petrus verhaften und für einen der folgenden Tage seine öffentliche Verurteilung und Hinrichtung festsetzen. Ich erinnere mich noch, als wäre es gestern gewesen, mit welcher Inbrunst die Gemeinde in unserem Haus betete.

Die Sache war doch hoffnungslos. Da noch länger zu beten, hielt ich für reine Zeitverschwendung, zumal auch Jakobus durch das Gebet nicht hatte gerettet werden können.

Plötzlich wurde mitten in der Nacht das Gebet durch Klopfen am Tor unterbrochen. Rhode, unsere Magd, ging, um nachzusehen. Nach kurzer Zeit kam sie wieder und stammelte überglücklich, Petrus stände draußen. Niemand wollte das glauben. Das Wunder schien ihnen allen zu groß. Erst ein nochmaliges drängendes Klopfen brachte ihnen in Erinnerung, daß jetzt eigentlich nicht der rechte Augenblick für theologische Diskussionen war. Sie öffneten, und tatsächlich: Petrus stand draußen. Alle wollten sich auf ihn stürzen und ihn jubelnd begrüßen. Er aber winkte mit der Hand, daß sie still sein sollten, erzählte kurz die Geschichte seiner wunderbaren Befreiung durch einen Engel und verschwand dann wieder, damit man ihn nicht finden sollte.

Verstehen Sie, daß ich von alledem so betroffen war, daß ich den Entschluß faßte, nun nicht mehr länger als Zuschauer am Rande zu stehen. Ich wollte auch zur Gemeinde Jesu gehören, ja, ihm selbst wollte ich gehören. Denn das hatte ich gemerkt, daß die Gemeinde nicht eine Schar von Leuten war, die nur die Lehren eines verstorbenen Meisters pflegen und hochhalten wollte. Nein, Jesus selbst war lebendig unter ihnen, wenn auch unsichtbar.

Ich hatte ja das Ereignis von Pfingsten aus unmittelbarer Nähe miterlebt und begriffen: Hier ist der Herr wieder lebendig zu seinen Leuten gekommen, für die er vorher gestorben war. Aber so etwas muß man eben nicht nur mit dem Verstand begreifen, man muß es ergreifen. Wie aber konnte das bei mir geschehen?

Was lag näher, als Petrus danach zu fragen, der ja bei uns ein und aus ging. Der mußte es schließlich wissen. Das tat ich dann auch, und er half mir bei dem entscheidenden Schritt. Darum hat er mich später immer gern seinen »Sohn« genannt, seinen geistlichen Sohn.

So völlig anders von nun an meine innere Haltung war –

ich war nun ein Kind Gottes, ich gehörte jetzt Jesus –, so wenig änderte sich zunächst äußerlich. In der Gemeinde war ich ja fast schon zu Hause gewesen, und was meinen Lebenswandel betrifft, war auch keine völlige Umstellung nötig. War ich doch ein wohlerzogener Sohn aus gutem Hause, sogar ein Levit. Wenn doch nur all die guten und charaktervollen Menschen begreifen könnten, wie weit entfernt sie von der Gotteskindschaft sein können. Wie gut, daß Christus jeden aufnimmt und auch einen Versager nicht ausschließt.

Mir selbst ist das so wichtig, weil ich gerade am Anfang meines Lebens mit ihm so versagt habe. Noch heute schäme ich mich dessen. Aber ich weiß, daß der Herr mir vergeben hat. Darum kann ich die Geschichte getrost erzählen. Ich will mich ja nicht bessermachen, als ich bin.

Die Sache begann so: In Antiochien hatte sich eine große christliche Gemeinde gebildet. Sie war vielleicht in mancher Hinsicht lebendiger als die Gemeinde in Jerusalem. Dort hatte ein Prophet eine wirtschaftliche Notzeit angekündigt, die sich besonders in Judäa auswirken sollte.

Man sammelte daraufhin in Antiochien und schickte Geld durch zwei Männer nach Jerusalem. Einer von ihnen war Paulus, der früher – damals noch unter dem Namen Saulus – die Gemeinde energisch verfolgt hatte, bis ihn Christus überwand. Der andere war mein älterer Vetter Joses aus Zypern, der allgemein nur Barnabas genannt wurde.

Als die beiden wieder nach Antiochien ziehen wollten, bestürmte ich meinen Vetter, mich doch mitzunehmen. Ich war ja noch nie aus Jerusalem herausgekommen und wollte wenigstens einmal Antiochien sehen, diese große Metropole, in der es außerdem so eine lebendige Gemeinde gab.

Barnabas nahm mich mit. Zwischen uns entstand eine Freundschaft, die über die verwandtschaftliche Verbindung hinausging. Als wir einige Zeit in Antiochien waren, wurde den führenden Männern dort durch den Heiligen Geist klar, daß sie nicht unter sich bleiben, sondern die Botschaft von Jesus Christus auch zu denen bringen sollten, die davon bisher noch nichts gehört hatten.

Paulus und Barnabas wurden für diese Aufgabe bestimmt. Die beiden suchten noch einen jungen Helfer, der ihnen, wenn sie ihre ganze Kraft auf Verkündigung und Gebet konzentrieren mußten, in mancherlei äußeren Belangen zur Hand gehen konnte. Barnabas schlug mich vor. Ich sagte zu, und bald bestiegen wir ein Schiff und fuhren nach Zypern.

Ich sagte wohl schon, daß ich eigentlich an meinem Zuhause hänge. Aber war es die Abenteuerlust, die mich trotzdem mitgehen ließ, oder war es einfach das Wissen, daß ich etwas für Jesus tun sollte? Jedenfalls fuhr ich mit etwas gemischten Gefühlen. In Zypern ging dann alles noch recht gut. Wir hatten sogar Eingang bis in die höchsten Kreise. Der römische Provinzverwalter empfing uns und war tief beeindruckt von dem, was Barnabas und Paulus sagten, noch mehr davon, daß Paulus seinem Hofastrologen als Strafe für seine dunklen Machenschaften für eine begrenzte Zeit Blindheit ankündigte. Als das dann so kam, waren alle von Gottes Macht überzeugt. Der Konsul wurde gläubig.

Man kann sich denken, daß wir es auf der freundlichen Insel unter einer uns wohlgesonnenen Regierung gut hatten. Aber aus einem mir damals völlig unerfindlichen Grund drängte Paulus weiter. Schließlich fuhren wir wieder nach Kleinasien hinüber zur Hafenstadt Perge. Und dort – ja, es hilft nichts, lange herumzureden – ging ich stiften. Ich trennte mich von den beiden und fuhr auf eigene Faust nach Jerusalem zurück. Natürlich könnte ich es mir bequem machen und das Ganze mit jugendlicher Unreife entschuldigen. Natürlich gab es auch reichlich Gründe dafür. Wir kamen in das rauhe Bergland. Die Macht Roms war hier nur sehr begrenzt, weil die Römer sich nicht gern in dieser unbequemen Gegend aufhielten. Straßenüberfälle waren hier an der Tagesordnung. Die Leute pflegten ihre Meinungsverschiedenheiten lieber mit Handgreiflichkeiten als mit Worten auszuragen, was ja später auch Paulus am eigenen Leib erfahren mußte.

Ein bißchen mag bei meinem Entschluß auch mitgewirkt haben, daß ich mir zu schade war für einen ungeachteten Hilfsdienst, während alle Leute immer nur von Paulus und Barnabas sprachen. Ich fiel dabei gar nicht auf. Dabei war ich doch auch jemand, kam aus einer der ersten Familien in der Urgemeinde in Jerusalem, hatte im Gegensatz zu den beiden Jesus bei seinen Lebzeiten als Mensch selbst gesehen und mit seinen Jüngern engen Kontakt gehabt. Heute weiß ich natürlich, daß das alles ziemlich unsinnige Gedanken sind. Gründe hatte ich reichlich für meine Flucht, aber sie sind keine Entschuldigung. Im Gegenteil, meine Feigheit und mein Hochmut klagen mich an.

Nun, es ist geschehen und läßt sich nicht mehr rückgängig machen. Im Gegenteil, die Sache hatte noch weitreichende Folgen. Als ich später zur Besinnung gekommen war, habe ich um Vergebung gebeten bei meinen Herren und Brüdern, vor allem aber bei meinem himmlischen Herrn.

Als Paulus dann mit Barnabas zu einer erneuten Reise aufbrechen wollte, schlug mein Vetter vor, mich wieder mitzunehmen. Da aber war Paulus strikt dagegen. Sie gerieten hart aneinander, was damit endete, daß Paulus mit Silas nach Kleinasien zog, Barnabas aber mit mir nach Zypern.

Ich verstehe natürlich die Reaktion von Paulus. Wir sind später auch wieder in ein gutes brüderliches Verhältnis eingetreten. Ich konnte wieder mit ihm zusammenarbeiten. Die Sache war vergeben und vergessen. Er hat später sogar öffentlich gesagt, daß ich ihm für seinen Dienst nützlich wäre.

Ich erzähle Ihnen das auch nicht, um einen alten Groll aufzuwärmen, sondern um deutlich zu machen, welche Veränderung Jesus bei mir bewirkt hat. Vielleicht ist das Wort »Veränderung« nicht der richtige Ausdruck. Ich habe gar nicht das Gefühl, über jene Schwäche längst hinaus zu sein, im Gegenteil, im Grunde bin ich auch heute noch auf der einen

Seite stolz und eingebildet, auf der anderen Seite feige und zurückhaltend, kurz: ein Versager. Aber weil Christus mehr und mehr die Herrschaft über mich bekommen hat, hält er all das unter Kontrolle. Ich bin von ihm abhängig. Ich muß nicht nach meinen eigenen Regungen handeln, nach Angst und Ichsucht, die immer noch da sind, sondern ich lasse mich von ihm leiten.

Aber bis dahin hatte der Herr noch einige Arbeit mit mir. So sehr ich Paulus verstehe mit seiner Ablehnung, es war mir doch eine große Hilfe, daß Barnabas es noch einmal mit mir versuchte. Wie gut, wenn man jemanden hat, der da ist, wenn man strauchelt, der einen wieder zurechthilft und ermuntert, erneut die ersten Schritte vorwärts zu tun. Der aber auch weiß, daß solch eine Betreuung eine Grenze haben muß, wenn man den anderen nicht gängeln will. Darin war Barnabas ein guter Seelsorger. Er hielt mich nicht bei sich fest, sondern sorgte dafür, daß ich auch wieder an anderen Frontabschnitten des Reiches Gottes zum Einsatz kam. So kam auch wieder die brüderliche Verbindung zu Paulus zustande, und so wurde ich vor allem ein enger Mitarbeiter von Petrus.

Darüber freute ich mich natürlich besonders. Mit ihm – meinem geistlichen Vater – verband mich ein besonders herzliches Verhältnis. Längere Zeit war ich mit ihm auf Reisen und dann in Rom. Ich war sein Dolmetscher, sein Schreiber und – das darf ich wohl sagen – einfach auch sein Bruder, der ihm zur Seite stand, wenn er mutlos werden wollte. Viel mehr aber als er von mir, habe ich von ihm geistliche Hilfe erfahren. Ungezählte gemeinsame Erlebnisse haben uns näher zusammengebracht, uns beide vor allem näher zu Jesus gebracht. Er ist ja der Mittelpunkt unseres Lebens. Im Grunde geht es nicht um unsere Gemeinschaft mit Jesus. Ihn müssen wir alle mehr und mehr kennenlernen.

Wir merkten bei unserem Dienst, wie wichtig es ist, daß die Christen, die früher keine Juden, sondern Heiden gewesen waren, mehr von Jesus erfuhren. Überall mußten wir unsere Erlebnisse mit ihm erzählen. Die Zeit reichte kaum, mit unseren Berichten in alle Gemeinden zu kommen, denn es war ja soviel zu erzählen.

Da kam der Gedanke auf, alles das, was wir mit Jesus erlebt hatten, niederzuschreiben. So konnte es aufbewahrt, abgeschrieben und überall vorgelesen werden. Ja, und diese Aufgabe fiel mir zu. Manches konnte ich aus eigener Erfahrung aufschreiben, das meiste aber übernahm ich natürlich von Petrus. Einen zuverlässigeren Augenzeugen als ihn gab es ja wohl kaum. Daraus wurde dann die Schrift, die Sie als Markusevangelium kennen.

So ist also mein Name in die Geschichte eingegangen, ein Name, der es eigentlich gar nicht wert gewesen wäre. Wer bin ich denn schon? Ein Mann, der von sich aus sicher zu keiner historischen Großtat fähig gewesen wäre. Aber mein himmlischer Vater hat es in seiner Güte so beschlossen, daß ausgerechnet ich das erste Evangelium schreiben durfte.

Später haben dann noch andere den Gedanken übernommen und noch etwas ausführlicher die Geschichte Jesu niedergeschrieben. Levi oder Matthäus, der ja auch zu den Zwölf gehörte. Dann Lukas, der Arzt, der mit Paulus unterwegs war, und zuletzt noch Johannes, als er schon ein Greis war. Ich freute mich darüber. Jeder hat andere Dinge für wichtig angesehen, hat manches anders in Erinnerung gehabt; so rundet sich das Bild viel besser ab, das sich alle, die das lesen, von Jesus machen können. Natürlich bleiben alle diese Berichte immer noch unvollständig. Man kann den Eindruck, den Jesus auf uns gemacht hat, einfach nicht in Worten wiedergeben.

So viele Jahre ist es nun schon her, und noch immer ist mir sein Bild vor Augen, als sähe ich ihn jetzt; solch einen unauslöschlichen Eindruck hat er bei mir hinterlassen. Aber von der Erinnerung allein kann ich natürlich nicht leben. Wie gut, daß er heute noch gegenwärtig ist, daß mir heute seine Kraft zufließt. Ein Leitbild, das ich als Halbwüchsiger hatte, hätte mich sicher nicht so prägen können, wie es der Auferstandene selbst getan hat und noch tut. Nur er, der durch seinen Heiligen Geist in mir wohnt, konnte aus dem feigen Versager einen brauchbaren Gottesstreiter machen. Nur er konnte mir auch die Kraft geben, nachdem Petrus in Rom den Märtyrertod gefunden hatte, allein weiterzukämpfen.

Nun hatte ich meinen väterlichen Freund nicht mehr. Aber ich hatte einen Vater im Himmel. Ich suchte auch bewußt nicht die anderen, um nun mit ihnen gemeinsam zu wirken, etwa Paulus auf seinen Reisen durch das Mittelmeer und alle angrenzenden Länder, Johannes in Ephesus, Jakobus, der Bruder des Herrn, in Palästina, Thomas sogar im fernen Indien. Sie alle blieben ja auch nicht beieinander, um von den alten Zeiten zu schwärmen und sich gegenseitig zu stärken, sondern sie zogen hinaus und erwarteten die Stärkung von Jesus. Sie erfüllten damit seinen Befehl. Das wollte ich auch tun.

Ja, und so zog ich denn – der ehemals heimwehkranke Jugendliche – als Erwachsener, als im Glauben Gewachsener nach Ägypten. Dort in Alexandria, in einem Kulturkreis, der sich sowohl von dem jüdischen als auch von dem römischen unterschied, gründete ich in der Kraft des Christus eine Gemeinde und wurde Bischof.

Damit ist meine Geschichte eigentlich schon zu Ende erzählt. Ob ich Ihnen mit ihr ein bißchen Mut machen konnte? Mut, mit der Kraft Christi zu rechnen. Mut, seiner Führung zu vertrauen. Mut, seine Gnade in Anspruch zu nehmen, die auch noch die Nieten in seinem Reich gebrauchen kann.

Ich sagte, ich hätte Ihnen meine Geschichte erzählt. Ich sollte eigentlich zutreffender sagen: die Geschichte Jesu mit mir.

LUKAS

Mein Name ist Lukas. Dr. Lukianus aus Antiochien. Daß ich eigentlich Arzt bin, ist jetzt nicht so wichtig. Deswegen werden Sie wohl nicht an meiner Geschichte interessiert sein. Da gibt es viel fähigere und berühmtere Mediziner.

Nein, was das Wichtigste von mir ist, ist eigentlich gar nichts von mir. Ich meine das so: An mir sind keine besonderen Qualitäten. Aber ich habe etwas Besonderes zu berichten. Wenn ich Ihnen also von mir erzählen soll, dann wird es im Grunde nicht um mich gehen. Es wird um Jesus gehen und um den Bau seiner Gemeinde. Ich durfte zwar bei diesem Bau ein wenig helfen, aber auch das nur am Rande, als Handlanger sozusagen, nämlich als Begleiter und Helfer des großen Paulus zunächst und später dann als Berichterstatter all dieser Ereignisse in der ersten Zeit der Gemeinde von der Geburt Jesu an.

Wie gesagt, ich komme aus Antiochien in Syrien.

Das ganze hat damit angefangen, daß eines Tages eine ziemliche Anzahl von Juden aus Jerusalem kam. Man erzählte sich von ihnen merkwürdige Dinge. Sie sollten an einen Jesus glauben, der der Sohn Gottes sei. Dieser war kürzlich von den Römern hingerichtet, von Gott aber wieder auferweckt worden. Im übrigen hielten sie an ihrem jüdischen Glauben fest. Weil die religiösen Führer in Jerusalem sie als Ketzer ansahen, wurden sie vertrieben. Sie redeten aber in der Synagoge in Antiochien weiter von ihrem neuen Glauben und brachten dort ziemliche Unruhe hinein.

Uns Nichtjuden ging das alles zunächst natürlich nichts an, solange diese Bevölkerungsgruppe unter sich blieb. Eines Tages aber kamen andere Juden von Zypern und aus Nordafrika, die auch an diesen Jesus glaubten. Sie, die schon lange unter Nichtjuden gelebt hatten, blieben nun nicht nur in der Synagoge, sondern versuchten auch Griechen, Römer und alle möglichen anderen für ihre Sache zu gewinnen. Im Zuge dieser allgemeinen Missionierung hörte ich zum ersten Mal von Jesus.

Von Anfang an fesselte mich diese Lehre. Nicht nur weil ich als Arzt ein Auge hatte für das besondere Gewicht, das hier den Armen und Kranken und Hilfsbedürftigen beigemessen wurde. Das imponierte mir wohl, sah ich doch in solcher Liebe die einzige Lösung für die Probleme der Menschen im Gegensatz zu dem überall zu beobachtenden Egoismus. Wie gesagt, das imponierte mir, aber diese bewundernde Zustimmung reichte noch nicht aus, um mich zu einem Christen zu machen. Das war ich erst, als ich Jesus Christus als den erkannte, der für meine Sünden gestorben war, der auferstanden war und lebte, mit dem ich im Gebet Verbindung aufnehmen und dem ich mein Leben übergeben konnte.

Von da an gehörte ich zu den Leuten, die man nach ihrem Herrn Jesus Christus Christen nannte. Ich wurde dabei sehr froh und versuchte, recht viel zu lernen und im Glauben zu wachsen.

In dieser Zeit kam dann auch Paulus zum ersten Mal nach Antiochien, ein frommer Jude aus Tarsus, der unter dramatischen Umständen zum Glauben an Jesus gekommen war. Barnabas hatte ihn geholt, damit er die junge Gemeinde aus Nichtjuden lehren und unterweisen sollte.

Äußerlich war Paulus keine besonders imponierende Gestalt. Auch seine Redegabe ließ zu wünschen übrig, wenn man mit den Ohren eines in Philosophie geschulten Griechen hörte. Aber er hatte einen scharfen Verstand, und was an ihm am meisten imponierte, waren sein brennender Missionseifer, seine heiße Liebe zu Jesus und den Brüdern und seine Hingabe an den Herrn und dessen Sache.

Etwa ein Jahr lang hatten die von Gott besonders bevollmächtigten Brüder Zeit, die Gemeinde zu vergrößern und zu festigen, in der ich ein Glied war. Dann wurde ihnen durch den Heiligen Geist klar, daß Paulus und Barnabas von uns zu einer Missionsreise ausgesandt werden sollten. Unter Fasten, Gebet und Handauflegung sandten wir sie aus.

Als die beiden nach einiger Zeit wieder zurückkamen, berichteten sie auf einer großen Festversammlung von dem, was Gott durch sie auf Zypern und in Kleinasien getan hatte. Wir wurden dabei alle froh, und in mir kam der Gedanke auf, auch ich sollte mithelfen, das Evangelium überall zu verbreiten.

Noch war es aber nicht soweit. Auch als Paulus nach längerer Abwesenheit in Antiochien und nach dem Apostelkonzil in Jerusalem zu seiner zweiten Missionsreise aufbrach, konnte ich ihn noch nicht begleiten. Dann aber fügte Gott es so, daß ich in Troas zu ihm stoßen konnte.

Paulus hatte, wie auch schon bei der ersten Reise, in Kleinasien arbeiten wollen, nur noch weiter im Hinterland. Der Heilige Geist lenkte es aber anders. Wie, das wußte Paulus noch nicht. Nur daß er seine ursprünglichen Pläne aufgeben mußte, war ihm klar.

Als wir in Troas, der Hafenstadt, warteten, hatte Paulus im Traum ein Gesicht. Ein Mazedonier – man kann die Männer ja leicht an ihrer typischen Tracht erkennen – rief ihm zu: Komm herüber und hilf uns! Das war die Antwort. Gott wollte uns in Europa haben.

Ich weiß nicht recht, ob Sie sich vorstellen können, was das bedeutete. Der Schritt von Asien, der eigentlichen Heimat sowohl des jüdischen als auch des christlichen Glaubens, hinüber in das kulturell und religiös anders geartete Abendland – dieser Schritt erschien uns fast so bedeutend wie der erste Versuch, Christus nicht nur den Juden, sondern allen Menschen zu predigen. Daß Gott sein Evangelium nach Europa tragen wollte, dessen waren wir uns ganz gewiß. Wie aber konnte das geschehen? Wo sollten wir anknüpfen? Wie sollten wir praktisch vorgehen? Ich war froh, daß ich darüber nicht zu entscheiden hatte, sondern von Paulus lernen konnte.

Wir fanden ein Schiff, das uns über die Ägäis mitnahm. In Neapolis, der Hafenstadt, setzten wir unseren Fuß zum ersten Mal auf griechischen Boden. Dort hielten wir uns aber nicht lange auf, sondern wanderten gleich nach Philippi, dem Zentrum dieser Region. Philippi, das seinen Namen nach dem mazedonischen König Philipp hat, dem Vater Alexanders des Großen, war eine römische Garnison mit einem großen römischen Bevölkerungsanteil. Hier, fand Paulus, war der richtige Platz, mit der Missionsarbeit zu beginnen.

Die ersten Tage waren angefüllt mit recht deprimierenden Versuchen, die Frohe Botschaft an den Mann zu bringen. Niemand schien sich zu interessieren für das, was wir zu sagen hatten. Wir erfuhren dabei aber, daß draußen vor der Stadt am Fluß sich jeden Sabbat einige Leute versammeln sollten, die den Gott der Juden anbeteten. Da es sich in Kleinasien bewährt hatte, immer zuerst in der Synagoge das Evangelium zu verkünden, weil wir hier an das Wissen aus dem Alten Testament anknüpfen konnten, besuchten wir am nächsten Sabbat diese kleine Versammlung.

Paulus predigte zu den Frauen, die wir dort antrafen. Aber das Echo war gering. Eine Frau allerdings, offenbar eine reichere Dame, fiel uns durch ihre besondere Aufmerksamkeit auf. Offensichtlich hatte Gott ihr das Herz geöffnet. Nach der Zusammenkunft kam es zu einem persönlichen Gespräch, und sie glaubte tatsächlich der Botschaft von Jesus. Der erste Mensch in Europa war zur Gemeinde des Christus gestoßen.

Die Frau hieß Lydia und stammte aus Thyatira in Kleinasien. Sie handelte mit Purpurstoffen. In der nächsten Zeit entwickelte sie sich zu einer Säule der neuen Gemeinde, die nun entstand. Auch beherbergte sie uns in ihrem Hause. Wir waren sehr glücklich über diesen Anfang.

Als wir eines Tages wieder zu der Gebetsstätte unterwegs waren, begegneten wir einer Sklavin, die rief laut, als sie uns sah: Diese Menschen sind Knechte Gottes, des Allerhöchsten, die euch den Weg zu wirklichem Glück zeigen. Sie lief hinter uns her und machte mit ihrem Geschrei alle Leute auf uns aufmerksam.

Ähnliches passierte bald wieder, und wir erkundigten uns, wer das war. Es stellte sich heraus, daß sie als Wahrsagerin bekannt war. Natürlich wollten wir nicht, daß die Aufmerksamkeit der Leute für das Evangelium durch eine Wahrsagerin geweckt wurde. Das paßte einfach nicht zusammen. Es war zwar richtig, was sie sagte. Aber unsere Verkündigung Christi durfte nicht mit dämonischem Einfluß vermischt werden. Außerdem tat uns die Frau leid.

Als eines Tages Paulus und Silas wieder in der Stadt unterwegs waren, trafen sie erneut auf die Wahrsagerin. Sie schrie unablässig hinter ihnen her. Da drehte sich Paulus um und gebot dem bösen Geist im Namen Jesu, zu weichen. Sofort geschah das. Die Frau verlor ihre Fähigkeit, geheime und zukünftige Dinge zu sehen.

Die Besitzer dieser Sklavin, die mit ihrer Wahrsagerei viel Geld verdient hatten, ärgerten sich natürlich maßlos. Sie zerrten Paulus und Silas auf den Markt vor ein schnell zusammengerufenes römisches Gericht, unterschoben statt der religiösen politische Motive und erreichten, daß die beiden ausgepeitscht und ins Gefängnis geworfen wurden.

Wir anderen erfuhren von diesen Vorgängen erst, als sie in der innersten Zelle des Gefängnisses unter strengsten Haftbedingungen gefangengehalten wurden. Tief betrübt waren wir, besonders weil das junge Pflänzlein der Gemeinde in Philippi nun schon solchem Sturm ausgesetzt war. Tun konnten wir nichts, um unsere beiden Freunde wieder herauszuholen. Aber wir konnten beten. Das taten wir auch. Trotzdem wollte die Sorge nicht ganz weichen. Es war auch nicht gerade beruhigend für unsere angespannten Nerven, als mitten in der Nacht ein Erdbeben losbrach, das zahllose Häuser zerstörte.

Wer kann unsere Freude beschreiben, als Paulus und Silas am nächsten Vormittag wohlbehalten vor der Tür standen.

Gott hatte ein Wunder getan, das sie uns nun in allen Einzelheiten erzählten. Sie waren durch das Erdbeben befreit worden, aber nicht geflohen. Der erschütterte Gefängnisaufseher hatte dabei durch des Paulus Hilfe zum Glauben an Jesus gefunden. Freudig lobten wir Gott!

Nun wollte Paulus aber weiterziehen, zumal er das auch den Stadtoberen versprochen hatte, die gekommen waren, um sich bei ihm zu entschuldigen. Sie begannen nämlich Konsequenzen für ihr vorschnelles Handeln zu fürchten, als sie hörten, daß Paulus römischer Staatsbürger war. Es lag aber sowieso in seiner Absicht, die Stadt wieder zu verlassen, wo nun eine Gemeinde gegründet war.

Allerdings war allen klar, daß die jungen Christen in Philippi noch viel lernen mußten. So beschlossen wir denn, daß ich zurückbleiben sollte, um ihnen bei ihren ersten Schritten in der Nachfolge Jesu ein wenig zu helfen. Einerseits fand ich es zwar schade, daß ich Paulus, Silas und Timotheus nun nicht weiter begleiten konnte. Andererseits aber freute ich mich auf die Aufgabe, die mir gestellt war und im Haus der Lydia konnte man sich auch wirklich wohlfühlen.

Mit großem Interesse und viel Liebe haben wir dann in Philippi die weitere Missionstätigkeit des Paulus verfolgt. In Thessalonich und in Beröa gründete er auch kleine Gemeinden, wobei der Anfang in Thessalonich recht schwierig war. Nur drei Wochen hatte er dort Zeit, dann vertrieben ihn die Juden, die dort eine starke Partei bildeten. Was wir – außer dem Gebet – tun konnten, taten wir: Wir sammelten und sandten den Brüdern etwas Geld nach, damit sie wenigstens in dieser Hinsicht keine Sorgen hatten. Später schickte Paulus dann Timotheus nach Thessalonich zurück, damit er, so wie ich in Philippi, den Christen dort am Anfang ihres Glaubenslebens ein wenig helfen konnte.

Für Paulus war es naheliegend, nun Athen, die geistige Metropole, und Korinth, die große Hafenstadt, aufzusuchen. Er blieb dort etwas länger, gründete Gemeinden und fuhr schließlich auf dem Seeweg nach Kleinasien zurück. Er reiste nach Jerusalem, grüßte die Gemeinde und die Apostel und kehrte schließlich wieder nach Antiochien zurück, von wo er ausgesandt worden war.

Die ganze Zeit über hielten wir – so weit es möglich war – briefliche Verbindung miteinander. So erfuhren wir dann auch, daß Paulus bald eine neue Missionsreise plante, die ihn auch wieder durch Philippi führen sollte. Natürlich freuten wir uns.

Und dann war es soweit. Paulus besuchte uns mit einigen Freunden. Die Gemeinde nahm sie mit großer Liebe auf. Sie wollte Paulus zeigen, wie dankbar sie ihm war. Dann zogen die die Brüder weiter nach Athen und Korinth, konnten aber wegen der Feindschaft einiger Juden nicht mit dem Schiff zurückfahren. So kamen sie auf dem Landweg zurück und besuchten Philippi erneut.

Inzwischen war die Gemeinde dort so sehr gewachsen, zahlenmäßig wie auch in geistlicher Erkenntnis, daß meine Anwesenheit nicht mehr unbedingt nötig war. Ich verabschiedete mich herzlich und schloß mich Paulus und den anderen wieder an. Bis zum Schluß blieben uns die herzlichen Beziehungen zur Gemeinde in Philippi erhalten.

Ich will mich bei den folgenden Erlebnissen auf der gemeinsamen Reise mit Paulus nicht in Einzelheiten verlieren. Sie können das ja in dem Bericht nachlesen, den ich dem Theophilus geschrieben habe und den er dann verbreitet hat. Es geht mir darum, Ihnen in großen Linien zu zeigen, wie Gott uns wunderbar führte.

Ein erstes Wunder erlebten wir schon, als wir in Troas noch eine abendliche Versammlung hatten. Paulus predigte lange, weil er so viel auf dem Herzen hatte. Dabei schlief ein junger Mann ein, der in einer Fensteröffnung gesessen hatte, und fiel vom dritten Stockwerk auf die Straße. Alle rannten hastig runter. Ich sah es sofort: Exitus. Paulus aber drängte uns alle beiseite und legte sich betend auf den Leichnam, wie es Elia mit dem Sohn der Witwe in Zarpath getan hatte. Dann erhob er sich und sagte: »Beruhigt euch, er lebt.« Danach ging er wieder hinauf und setzte die Abendmahlsfeier fort, als wenn nichts gewesen wäre. Sollte der junge Mann tatsächlich wieder leben und nur im Koma liegen?

Erst als der Tag anbrach, neigte unsere Feier sich zum Ende. Ehe wir auseinandergingen – wir wollten an diesem Morgen abreisen – brachten sie Eutychus – so hieß der junge Mann – lebend und gesund herein. Nicht einmal eine Fraktur hatte er. Was für eine Ermutigung für die Gemeinde in Troas, aber auch für uns.

Auf einigen Umwegen – teils zu Land, teils zu Wasser – kamen wir schließlich nach Palästina und zogen nach Jerusalem hinauf. Zweimal hatten unterwegs Propheten gesagt, es würden Trübsal und Gefangenschaft in Jerusalem auf Paulus warten. Er glaubte ihren Worten wohl, hielt es aber trotzdem für richtig, diesen Weg zu gehen. Er war gewiß, daß es so Gottes Wille war.

Sie können sich denken, daß wir ihm nicht gerade begeistert gefolgt sind. Die Gewißheit, einer Verfolgungssituation entgegenzugehen, schreckt verständlicherweise jeden ab. Wir versuchten auch alles, Paulus zu überreden, von seinem Plan Abstand zu nehmen. Es gelang uns aber nicht. Als schließlich deutlich wurde, daß wir ihn durch unser Drängen nur in Gewissensnot brachten – er wußte sich eben von Gott auf diesen Weg geführt –, gaben wir nach. Wenn es wirklich des Herrn Wille war, würde er uns auch bewahren. Da Gott unseren Bruder und Freund Paulus bisher immer recht geleitet hatte, vertrauten wir, daß auch dieser Weg richtig war.

Einige Brüder aus Cäsarea begleiteten uns nach Jerusalem hinauf und sorgten für ein Quartier bei einem alten Jesusjünger namens Mnason. Wir wurden herzlich aufgenommen, was uns besonders gut tat, da wir ja doch mit einer gewissen Beklemmung in diese Stadt gekommen waren. Am anderen Morgen gingen wir gemeinsam zu Jakobus. Das war ein wesentliches Ziel unserer Reise gewesen. Wir freuten uns sehr auf diese Begegnung. Jakobus, der Bruder des Herrn, war die zentrale Figur in der Gemeinde in Jerusalem. Da die Jerusalemer Gemeinde die erste und wohl immer noch bedeutendste Gemeinde war, galt Jakobus als so eine Art Anlaufstelle für alles, was im Werk des Herrn geschah.

Jakobus freute sich mit uns, als wir ihm erzählten, was Gott auf den verschiedenen Missionsreisen des Paulus getan hatte. Es nahm lange Zeit in Anspruch, bis wir alles berichtet hatten. Dann aber kam das Gespräch auf einen Punkt, der unter den Christen sehr umstritten war, ein heißes Eisen sozusagen.

Unter den Juden, die zum Glauben an Jesus gekommen waren, regte sich Widerstand gegen die Einbeziehung der Nichtjuden in das Reich Gottes. Sie verlangten, daß auch die Heiden, die zum Glauben kamen, angehalten werden sollten, das jüdische Gesetz zu halten. Nun, das Apostelkonzil hatte darüber bereits entschieden: Bis auf einige Dinge, die den Juden ein gar zu großes Greuel waren, sollten wir Heiden nicht zum Einhalten all der vielen Vorschriften genötigt werden. Nun ärgerten sich aber doch einige, daß die gläubig gewordenen Heiden in einer solchen Freiheit lebten. Besonders die frommen Juden, die nicht Jesus nachfolgten, schimpften auf Paulus, der das heilige Gebot Gottes mit Füßen trete. Für die Mission unter den Bürgern Jerusalems wirkte sich das natürlich nachteilig aus. Sie waren ziemlich verschlossen für das Evangelium, weil die Christen als Ketzer verschrieen waren. Was war da zu tun?

Jakobus, der ein weiser Mann war, riet Paulus, sich bewußt einem Gelübde nach alttestamentlicher Vorschrift zu unterwerfen. Damit konnte er unmißverständlich klarmachen, daß er das Gesetz nicht verachtete.

Ich muß sagen: Erst durch diese Ereignisse wurde mir so richtig deutlich, was es bedeutete, daß ich als Heide zu der Gottesfamilie zählen durfte. Bei unserer Missionsarbeit hatte bisher der Unterschied zwischen Juden und anderen gar keine große Rolle gespielt. Erst jetzt kam mir die Problematik zum Bewußtsein. Ich konnte die gesetzestreuen Juden gut verstehen in ihrem Zorn. Ihr Leben lang hatten sie sich bemüht, die Gesetze zu halten, und hatten dabei viele Einschränkungen ihrer persönlichen Wünsche hingenommen, einfach weil sie hofften, damit Gott zu gefallen. Dann kamen Leute daher, die über die engen Vorschriften – der Reinigung, des Opfers usw. – großzügig hinweggingen und sich dabei noch als von Gott besonders Geliebte ausgaben. Klar, daß die Frommen da sauer waren. Schließlich bedeutete das nicht mehr und nicht weniger, als daß sie alle Opfer umsonst gebracht hatten. Daß sie dann außerdem noch zugeben sollten, sie hätten sich geirrt, ja, sie seien schuldig geworden und müßten Buße tun – das schlug dem Faß den Boden aus. Das empörte sie zutiefst. Ich kann es verstehen.

Und doch war es die Wahrheit, eine Wahrheit, die mir in diesem Zusammenhang erst in ihrer ganzen Großartigkeit aufging. Gott hatte uns geliebt, obwohl wir Sünder waren, hatte uns gesucht, obwohl wir von ihm nichts wissen wollten. Er hat seinen Sohn für uns sterben lassen, obwohl wir es nicht verdient hatten – oder eben weil es da nichts zu verdienen gab. Welch eine Liebe hat uns Gott bewiesen. Mit welch einem unbegreiflichen Erbarmen hat er sich zu uns herabgeneigt, ganz besonders zu uns, den Heiden.

Aber hatte Jesus das nicht schon damals immer wieder betont: Ich bin gekommen, die Sünder zur Umkehr zu rufen, die Verlorenen zu retten. Einen sehr schönen und treffenden Vergleich hatte er hierzu gebraucht, der mir ja besonders naheliegt: Die Gesunden brauchen keinen Arzt, aber die Kranken. Ja, so ist es. Ich denke daran, wie ich als Arzt oft mit Gleichgültigkeit oder gar Verachtung angesehen wurde – von den Gesunden. Und ich denke an die sehnsüchtigen Blicke, an die vertrauensvollen Worte, mit denen mich die Schwerkranken begrüßten. Das tat mir wohl, wenn ich merkte, daß ich gebraucht wurde und daß die Kranken meine ärztlichen Ratschläge und meine Hilfe gern annahmen. Ich kann es darum sehr wohl begreifen, daß Gott, dem Liebenden und Barmherzigen, der Stolz des Selbstgerechten ein Greuel ist, daß er sich aber freut über die vertrauensvolle Bedürftigkeit derer, die ihre Sünden erkannt haben und darunter leiden.

Zurück zu unserer Geschichte: Paulus wollte den Juden möglichst wenig Anstoß geben und ihnen in der Liebe Gottes entgegenkommen. Darum befolgte er den Rat des Jakobus.

Übrigens, um allen Mißverständnissen vorzubeugen: Auch Jakobus hat aus diesem Grunde den Rat gegeben. Wer den Brief liest, der von ihm überliefert ist, kann vielleicht auf den Gedanken kommen, Jakobus hinge selbst noch mit dem Herzen mehr an dem jüdischen Gesetz als an der Freiheit durch Christus. Manche haben daraus schon einen Gegensatz zu Paulus konstruieren wollen. Aber das ist ein Irrtum. Beide verstanden sich sehr gut und betonten nur zwei Seiten der gleichen Wahrheit. Jakobus schreibt ja nichts von Gesetzen, mit denen man sich Gottes Wohlgefallen erkauft, sondern von den guten Werken als Erweis für den Glauben. Er nimmt für die Armen und Verachteten Partei. Damit steht er mir, dem Arzt, natürlich sehr nahe. Aber er steht damit auch Jesus nahe, der genau das in seinen dreiunddreißig Erdenjahren getan hat: sich derer anzunehmen, die in besonderem Leid standen und belastet waren.

Ich bin schon wieder vom Gang der Handlung abgewichen. Zurück also zu Paulus.

Als er am letzten der vorgeschriebenen sieben Tage im Tempel war, erkannte ihn plötzlich jemand als den Heidenapostel. Eine Volksmenge lief zusammen, und man schrie, er verachte Gottes Gebot und brächte Heiden in den Tempel. Natürlich stimmte das nicht. Aber wenn sich eine Volksmenge in Hysterie steigert, zählen keine vernünftigen Argumente mehr.

Sie zerrten ihn aus dem Tempel, prügelten ihn und hätten

ihn in ihrem blinden Haß fast totgeschlagen, wenn ihn nicht ein Kommando römischer Soldaten befreit hätte, das der Stadtkommandant geschickt hatte. Paulus wurde zur Burg Antonia geführt. Der Offizier erlaubte ihm, zur Menge zu sprechen. Wie großartig führte Gott: Nun konnte er vielen ein Zeugnis seines Glaubens geben, und niemand durfte es ihm verbieten.

Als aber Paulus auf den Kern zu sprechen kam, auf Jesus Christus und seine Bedeutung für die Heiden, brach ein ungeheurer Tumult los, und er konnte sich nicht mehr verständlich machen. Paulus wurde in die Burg zurückgeführt!

Sie können sich denken, daß wir auf die Kunde von diesen Vorfällen sofort auf diesen Platz rannten. Wir bangten zwar auch um uns, denn es ging ja um uns, die gläubig gewordenen Heiden. Aber vielmehr noch zitterten wir um Paulus, denn er war in unmittelbarer Gefahr. Ein merkwürdiges Gefühl beschlich mich bei dem Gedanken, daß dieser Mann sterben könnte, auf jeden Fall aber leiden mußte, weil er uns Nichtjuden die Frohe Botschaft gebracht hatte. Sicher, er tat es, weil Gott es ihm geboten hatte. Aber ich war doch auch ein Nutznießer und darum fest entschlossen, Paulus beizustehen bei den Schwierigkeiten, in die er nun geraten war.

Daß diese Schwierigkeiten – nämlich seine Gefangenschaft – drei Jahre dauern sollten, ahnte ich damals noch nicht. Aber auch diese Gefangenschaft lag in Gottes Plan. Das sagen wir nicht aus Trotz, weil wir ja vor der Gefahr gewarnt waren und trotzdem gegangen sind, als wollten wir es nachträglich mit einer frommen Vokabel rechtfertigen. Nein, daß es Gottes Plan war, liegt ganz offensichtlich auf der Hand, wenn man die großen Missionsmöglichkeiten betrachtet, die sich uns dadurch öffneten – bis hin zum Kaiser in Rom.

Vorläufig allerdings war es noch nicht soweit. Paulus drohte akute Lebensgefahr. Nach einigem Hin und Her zwischen Römern und Juden schmiedeten einige Hitzköpfe einen Plan, Paulus zu ermorden.

Zufall gibt es bei Gott nicht – es wäre auch ein zu unwahrscheinlicher Zufall, daß ausgerechnet der junge Neffe des Paulus davon Wind bekam. Er hinterbrachte dem Offizier den Mordplan. Dem wurde die Sache allmählich zu heiß. Er ließ den Gefangenen noch in der gleichen Nacht durch eine ansehnliche Reiterschar nach Cäsarea bringen, wo der römische Statthalter Felix seinen Sitz hatte.

Felix hielt zwar einen Gerichtstermin ab, als nach einigen Tagen Ankläger von Jerusalem kamen, konnte sich aber nicht entscheiden. Einerseits beeindruckte ihn sehr, was Paulus sagte. Er fand auch keinerlei Vergehen, das eine Haft rechtfertigen würde. Andererseits wollte er es aber auch nicht mit den Juden verderben. So verschleppte er die Sache. Dabei hoffte er wohl auf Bestechungsgeld von Paulus. Doch da kannte er diesen Gefangenen schlecht.

Zwei Jahre lang ließ Felix unseren Bruder in Haft. Es ging ihm gut, er war gesund, und wir durften ihn besuchen. Aber es war eben doch eine deprimierend lange Zeit für eine bloße Untersuchungshaft, zumal gar nichts untersucht wurde. Wer weiß, wie lange sie noch gedauert hätte, wenn Felix nicht abgelöst worden wäre.

Der neue Statthalter Festus war ein redlicherer Mann als sein Vorgänger. Bereits in den ersten Tagen nach seinem Amtsantritt nahm er sich der Sache an. Da er sich mit den jüdischen Gebräuchen und Regeln, um die es hier offenbar ging, nicht auskannte, wollte er Paulus wieder nach Jerusalem bringen lassen. Das aber mußte verhindert werden. Paulus berief sich auf den Kaiser.

Nun gibt es ja bekanntlich das Gesetz, daß einem römischen Bürger – und Paulus galt juristisch als solcher – das Recht, im kaiserlichen Palast gehört zu werden, nicht verweigert werden kann, wenn er das fordert. Festus beriet sich mit König Agrippa, verhörte Paulus erneut – auch das nützte der zum klaren Zeugnis – und kam schließlich zu dem Schluß, daß er unschuldig sei. Nun mußte der Kaiser entscheiden. Als sich eine Gelegenheit ergab, wurde Paulus mit anderen Gefangenen einem Leutnant und dessen Männern übergeben, der uns nach Rom bringen sollte.

Nun, die Reise endete mit dem Schiffbruch, von dem Sie sicher schon gehört haben. Einzelheiten dieser dramatischen Vorgänge können Sie in meinem Bericht an Theophilus nachlesen, den Sie sicher besitzen. Wenn nicht, können Sie ihn in fast jeder Buchhandlung bekommen. Ich kann mich also darauf beschränken, meine mehr persönlichen Eindrücke zu schildern, während jene sogenannte Apostelgeschichte doch mehr einen sachlichen Charakter haben sollte.

Wir, Aristarchus und ich, freuten uns natürlich, daß wir Paulus begleiten durften. Was mir am deutlichsten in Erinnerung ist von jenen Wochen und besonders den Stunden, da die Ereignisse ihrem Höhepunkt zustrebten, das ist nicht das Wetter. Nicht die peitschenden Wogen, die das Heck zerschmetterten, nicht der brausende und heulende Sturm, nicht die verzweifelten Bemühungen der Seeleute, das Schiff schwimmfähig zu halten, nicht der feige Versuch einiger Matrosen, sich mit dem Beiboot in Sicherheit zu bringen und uns zurückzulassen, nicht die Angstschreie der Nichtschwimmer, die sich an Balken und Bohlen festzuhalten suchten. Alle diese Ereignisse haben sich mir nicht am tiefsten eingeprägt, sondern die Gestalt des Paulus. Ja, das ist wahr.

Verstehen Sie mich recht, ich will damit keine Menschenverherrlichung treiben. Ist es doch nicht der Mensch Paulus, den ich bewundere, sondern der Gottesbote Paulus. Was geschah, war Gottes Werk durch ihn.

Wie gesagt, ich sehe ihn, wenn ich an jene dramatischen Stunden und Tage zurückdenke, am deutlichsten vor mir stehen, wie er seelenruhig zu essen empfiehlt, als alle im Tosen der Elemente dazu viel zu ängstlich waren. Sie brachten sich damit natürlich um ihre körperliche Widerstandskraft. Ich sehe, wie Paulus auf dem schwankenden Deck inmitten der Seewasserspritzer vor den Augen der erstaunten Mannschaft ein Dankgebet spricht und zu kauen beginnt, wie er die Soldaten auf die Fluchtabsicht der Seeleute hinweist, wie er alle beruhigt und dabei von Gott spricht. Das hat auf alle 275 Mann, die außer ihm an Bord waren, tiefen Eindruck gemacht. Auch mir. Und es hat in mir die Gewißheit gefestigt, daß Leute Jesu in der Gegenwart ihres Herrn immer geborgen sind, was auch immer geschieht.

Als wir das nackte Leben gerettet, aber das Schiff und alles andere verloren hatten, fanden wir uns auf der Insel Malta wieder. Niemand war ertrunken. Und dann geschah das Wunder mit der Giftschlange. Als Paulus Reisig aufs Feuer legte, an dem wir uns wärmten, fuhr sie heraus und biß ihn in die Hand. Ich habe in meiner ärztlichen Praxis schon manches Mal hilflos vor Schlangenbissen dieser Art gestanden. Ich wußte, daß hier medizinisch keine Aussicht auf Rettung bestand. Aber Gott ist nicht von den Gesetzen der Medizin abhängig. Paulus schlenkerte die Viper ins Feuer und blieb gesund.

Auf allerlei Umwegen kamen wir dann schließlich doch nach Rom, wo Paulus zunächst recht freizügig leben konnte. Er war nur ständig an einen Soldaten angekettet. Erst später kam er in verschärfte Haft.

Nachdem ich einige Zeit mit Paulus in Rom gewesen war und viele Christen kennengelernt hatte, trennten sich unsere Wege. Paulus hatte hier nun viele Freunde und war auf meine Fürsorge nicht mehr unbedingt angewiesen. Es war jetzt auch sein Wunsch, daß ich die Freiheit, die ich im Gegensatz zu ihm besaß, besser nutzte als mit seiner leiblichen Versorgung.

Was aber konnte meine besondere Aufgabe im Reich Gottes sein? Ein Apostel wie Paulus oder Petrus war ich nicht. Auch die Gabe, lehrmäßig große theologische Wahrheiten zu entdecken, war mir nicht gegeben. Ein feuriger Redner oder ein besonders begnadeter Seelsorger war ich auch nicht. Was konnte also die Aufgabe sein, die Gott für mich hatte?

Die Lösung drängte sich mir sozusagen wie von selbst auf: Die Christen in Rom hatten Jesus lieb, wollten ihm auch gern dienen, wußten aber einfach zu wenig von den historischen Wurzeln. Ich war nun einer, den sie fragen konnten. Zwar hatte ich Jesus nicht persönlich gekannt, dafür aber viele seiner Apostel. Ich war in Jerusalem gewesen und hatte den Beginn der Gemeinde Jesu unter den Heiden selbst miterlebt. Ich wurde also als eine Art Berichterstatter angesehen und erfüllte diese Aufgabe auch gern.

Später allerdings zeigte sich, daß ich doch über die Vorgänge zur Lebenszeit Jesu auf unserer Erde noch zu wenig wußte. Man war sich in der Gemeinde in Rom einig, daß von den Anfängen unseres Glaubens viel mehr bekannt sein sollte, und zwar zuverlässig und genau.

So entstand der Plan, daß ich nach Palästina reisen und alles vor Ort erforschen und genau aufschreiben sollte. Theophilus, ein reicher Mann, der zur Gemeinde gehörte, wollte dann durch seine Schreibsklaven vervielfältigen lassen, was ich berichtete, so daß viele Gemeinden auch an anderen Orten davon einen Nutzen hatten.

So geschah es dann. Diese Arbeit wurde meine eigentliche Lebensaufgabe, die ich mit großer Freude und ebensolcher Sorgfalt erfüllte.

Was für ein Vorrecht, all die Augenzeugen jener großen Taten Jesu selbst sprechen zu können! Ich ließ mich von einem zum anderen weisen, der wieder wußte von einem dritten, der mir etwas erzählen konnte, und so fort. Auf diese Weise entstand im Laufe meiner Nachforschungen ein recht genaues Bild jener drei Jahre, in denen Jesus an die Öffentlichkeit getreten war. Dazu konnte ich manches aus der Zeit vorher in Erfahrung bringen, was unter den Christen noch nicht so bekannt war.

Das alles sammelte ich mit der Sorgfalt, die einem Mediziner eigen ist, und schrieb es dann geordnet auf. Es war nicht nur der Forscherdrang, der mich das mit großer Freude tun ließ, so wie etwa ein Arzt nicht ruht, bis er die Ursache einer bestimmten Krankheit erforscht hat. Es war mehr: Es war dieses Ungeheuerliche, daß Gott, der Heilige und Allmächtige, Mensch geworden war und uns in unserem Elend besucht und erlöst hat. Es war die Liebe Jesu zu den Verachteten und Verlorenen, die mich immer wieder anrührte, wenn mir davon erzählt wurde; dieses Herabneigen zu denen, die keine Hoffnung mehr haben. Angefangen von den verachteten Hirten, Außenseitern der Gesellschaft, denen als ersten die Freudenbotschaft verkündigt wurde, über die vielen Kranken bis hin zu jenem Verbrecher, dem Jesus noch am Kreuz das Paradies zusagte. Sein ganzes Leben war ein einziges Zeichen des Erbarmens Gottes. Seine ganze Sendung ist mit dem Gleichnis von der Liebe des Vaters zu dem verlorenen Sohn treffend wiedergegeben.

So hat es sich mir dargestellt, und so habe ich es berichtet. Später dann, als die Arbeit abgeschlossen war, habe ich die weitere Geschichte, soweit ich sie erforschen konnte, angefügt.

So bin ich also in erster Linie kein Prediger, kein Apostel, sondern ein Evangelist geworden, nämlich ein Vermittler des Evangeliums, ein Berichterstatter von dem größten Ereignis der Weltgeschichte. Ich freute mich, daß ich damit viel mehr Menschen helfen konnte, viel mehr Menschen froh machen konnte, als wenn ich meinen eigentlichen Beruf ausgeübt hätte. Ich war Arzt. Aber jetzt durfte ich auf einen viel größeren Arzt hinweisen, einen Arzt für Leib, Seele und Geist, einen Helfer für alle Verlorenen. Ich habe es ja selbst erlebt und konnte es darum vielen sagen: Wer Jesus vertraut, dem wird geholfen.

TIMOTHEUS

Mein Name ist Timotheus. »Ehre Gott«, heißt das auf deutsch. Aber – wenn der Name zutreffen soll, dann will ich nicht den Gott der Griechen ehren, den man sich damals unter Theos – Zeus – vorstellte, sondern den Gott der Juden, Jahwe.

Den Gott der Juden? Nein, den Gott des Himmels und der Erde, den Gott, der alles gemacht hat und dem alles untertan ist. Nur hat es diesem Gott gefallen, sich besonders dem Volk der Juden zu offenbaren. Durch sie aber sollte ihn alle Welt kennenlernen.

Wie dankbar bin ich, daß ich gerade in jener Zeit lebte, als die Wahrheit von einem Gott, der sich in Jesus Christus zu erkennen gegeben hatte, über die Grenzen Israels hinaustrat. So hörte auch ich davon. Ja, mehr noch, ich durfte mitarbeiten an der großen Aufgabe, möglichst alle Menschen für den Glauben an diesen Gott zu gewinnen.

Natürlich konnte ich an dieser Aufgabe nur an wenigen Stellen mitwirken. Auch meine Freunde und meine Brüder konnten während meiner Lebenszeit nicht überall hinkommen. Wenn ich an die vielen Völker im Osten denke oder an die Menschen in den weiten Gebieten Afrikas, ganz zu schweigen von den unzivilisierten Stämmen Galliens und Germaniens im Norden – was für ein gewaltiges Werk war da noch zu tun!

Aber man darf bei allem Eifer nie ungeduldig werden beim Bau von Gottes Reich. Schließlich hat er die Verantwortung. Er wird sein Ziel auch erreichen. Unsere Sache ist es, an dem Ort treu zu sein, an den er uns stellt.

Immerhin war die Ausbreitung des Evangeliums in den ersten Jahrzehnten gewaltig. Im ganzen römischen Machtbereich bis hin nach Spanien gab es inzwischen Nachfolger Jesu. Zwar wußten wir im allgemeinen wenig voneinander –

Reisebedingungen und Briefverkehr dürfen Sie nicht mit Ihren Verhältnissen vergleichen. Aber was machte das schon – wir wußten, daß Gott überall sein Werk hatte. Das reichte.

Verzeihung, jetzt bin ich mit meinen Gedanken etwas abgeirrt. Es reißt mich immer mit, wenn ich an diesen Siegeslauf des Evangeliums denke. Ich wollte eigentlich etwas sagen über den Gott der Griechen und den Gott der Juden.

Sehen Sie, ich stand anfangs dazwischen. Mein Vater war Grieche und meine Mutter Jüdin. Ich wußte von beiden Lehren einiges. Das Entscheidende aber war bald das Vorbild meiner Mutter Eunike. Was ich an ihr und an meiner Großmutter Lois sah, prägte mich tief. Nun aber nicht im Sinne des Judentums, sondern der Lehre Christi. Was da erzählt wurde von Jesus, der als Sohn Gottes zugleich Sohn der Menschen wurde, der ohne Sünde lebte und am Ende doch am Kreuz hingerichtet wurde, um unsere Sünden zu sühnen, der vom Tod auferstand und nun überall gegenwärtig war – das alles beeindruckte mich so tief, daß es mir mein junges Herz abgewann. Mein Leben lang bin ich dankbar gewesen für die frühe Erziehung zum Glauben hin. Sie ersparte mir nicht die persönliche willentliche Entscheidung, aber sie legte den Grund dafür.

Weil meine Mutter an Jesus glaubte, der vom Gesetz freimachte, ja, der das Gesetz für uns selbst erfüllt hat, bestand sie auch gegenüber meinem Vater nicht darauf, daß ich beschnitten wurde. Dieses äußere Zeichen der Zugehörigkeit zum Bundesvolk Gottes war nicht wichtig, gehörten wir doch durch den neuen Bund zu seinem Volk.

Nun dürfen Sie sich nicht vorstellen, meine verehrten Leser, daß wir in Lystra in Kleinasien, wo ich aufwuchs, eine christliche Gemeinde gehabt hätten. Meine Mutter und meine Großmutter standen mit ihrem Glauben ziemlich allein in einer heidnischen Umgebung mit einer kleinen Synagoge. Aber sie blieben standhaft darin, und das beeindruckte mich besonders.

Können Sie sich die Freude vorstellen, als wir eines Tages in der Synagoge zwei Männer von Christus reden hörten? Sie hießen Barnabas und Paulus und kamen aus Antiochien. Ich war hell begeistert von dem, was ich da hörte. Hatte ich bis dahin nur geglaubt, weil ich von dem Vorbild meiner Mutter beeindruckt war, so fesselten mich jetzt die klaren Gedanken und biblisch fundierten Begründungen, mit denen besonders Paulus seinen Zuhörern die Botschaft von Jesus brachte.

Und noch etwas war neu für mich: die missionarische Offensive, mit der die beiden auch zu den Nichtjuden gingen. Das aber wäre ihnen beinahe zum Verhängnis geworden. Es kam so:

Bei einer der Versammlungen hörte ein Mann zu, der von Geburt an gelähmt war. Er glaubte an Jesus und darüber hinaus auch daran, daß dieser Jesus ihn auch heilen könnte. Zu ihm sagte Paulus so laut, daß es alle Umstehenden hören konnten: Stehe aufrecht auf deinen Füßen. Und tatsächlich – der Mann sprang auf und konnte gehen.

Der Vorgang erregte verständlicherweise ziemliches Aufsehen. Die Heiden glaubten, ihre Götter Jupiter und Merkur wären auf die Erde gekommen und hätten die Gestalt dieser beiden Männer angenommen. Im Nu war die ganze Stadt in Erregung. Man wollte den beiden sogar Opfer bringen. Paulus und Barnabas aber schrien in die erregte Volksmenge hinein, sie wären Menschen wie sie alle, sie hätten nur zu reden von dem Gott, der Himmel und Erde gemacht habe.

Es gelang ihnen kaum, ein Opfer der Jupiter-Priester zu verhindern. Als aber plötzlich einige Juden aus Antiochien auftraten und Paulus und Barnabas als gefährliche Irrlehrer schilderten, schlug die Stimmung der aufgebrachten galatischen Hitzköpfe ins Gegenteil um. Sie bewarfen Paulus mit Steinen, wie es bei den Juden Brauch ist, wenn jemand hingerichtet werden soll. Als er sich nicht mehr bewegte, schleiften sie ihn vor die Stadt hinaus und ließen ihn dort liegen in dem Glauben, er wäre tot.

Wir Jünger umringten ihn entsetzt mit Barnabas, seinem Freund. Auf einmal kam wieder Leben in ihn – er war wohl nur ohnmächtig gewesen. Natürlich freuten wir uns riesig. Wir nahmen ihn mit, um ihn zu pflegen. Aber bereits am nächsten Tag reiste er mit Barnabas nach Derbe. Auf seiner Rückreise kam er dann noch einmal vorbei.

Längere Zeit hindurch hörten wir nichts mehr von den beiden. Aber die Spuren, die sie hinterlassen hatten, waren unverkennbar. Eine kleine, aber lebendige Gemeinde war entstanden, die weiter wuchs. Auch mein eigener Glaube war gefestigt worden. Und noch etwas: In mir wuchs der Wunsch, wie Paulus evangelistisch zu arbeiten, um Gottes gute Botschaft weiterzutragen.

Ob das nicht vielleicht jugendliche Schwärmerei für Paulus war? Und zudem – ob das überhaupt möglich war? Ich war ein ruhiger und etwas schüchterner Mensch – im Gegensatz zu dem temperamentvollen Paulus. Auch hatte ich mit meiner christlichen Erziehung nicht so ein packendes Zeugnis für die sensationsgierigen Zuhörer wie Paulus mit seiner dramatischen Bekehrungsgeschichte. Aber andererseits – wenn Gott einen Menschen beruft, begabt er ihn ja auch. Ich mußte mir also nur darüber klar werden, ob Gott mich in der evangelistischen Arbeit haben wollte.

Wir freuten uns alle, als Paulus nach längerer Zeit wiederkam. Er war diesmal in Begleitung von Silas. Inzwischen waren die Brüder in Jerusalem gewesen und hatten mit den Jüngern dort, die Jesus noch persönlich gekannt hatten, über die Frage beraten, welche Bedeutung das jüdische Gesetz für Nichtjuden haben sollte, die zum Glauben an Jesus kamen. Das Ergebnis dieser vom Heiligen Geist geleiteten Besprechung wollte Paulus nun all den jungen Gemeinden in Kleinasien mitteilen, sie im Glauben stärken und zugleich in unerreichte Gebiete missionarisch vorstoßen.

Verständlicherweise suchte ich engen Kontakt zu Paulus, während er in Lystra war. Ich verdankte ihm viel und wollte noch mehr lernen. So war kaum jemand in der Gemeinde überrascht, als er fragte, ob ich ihn begleiten wolle. Das war für mich die erhoffte Antwort. Ja, ich wollte mitziehen, auch wenn das Entbehrungen und Gefahren bringen mußte. Ich wollte mein junges Leben Gott zur Verfügung stellen.

Als alle Beteiligten einschließlich meiner Mutter sich darüber klar waren, daß Gott es so wollte, hatte Paulus noch etwas vor: Ich sollte nach jüdischem Brauch beschnitten werden. Paulus erhoffte sich dadurch besseren Eingang bei den Juden. Es war ja seine Gewohnheit, immer zuerst in den Synagogen zu predigen. So wurde dann die Beschneidung vollzogen, obwohl wir uns alle darüber einig waren, daß sie für meine Gotteskindschaft keine Bedeutung hatte. Für den Dienst aber war es wichtig, daß ich – wie Paulus sich gern ausdrückte – den Juden ein Jude wurde.

Eines Tages war es dann soweit. Wir drei brachen auf und zogen ins kleinasiatische Hinterland hinauf. Wir besuchten die Gemeinden und stärkten sie. Paulus hatte vor, noch weiter nach Galatien hinaufzugehen und das Evangelium in das Gebiet bis zum Schwarzen Meer zu bringen. Aber hier erlebten wir etwas, was auch für Paulus neu war: Es taten sich Widerstände auf. Immer mehr hatten wir den Eindruck, daß Gott uns dort nicht haben wollte. Der Heilige Geist lenkte unseren Weg mehr nach Westen.

So kamen wir schließlich in die Hafenstadt Troas an der Ägäis. Hier erfuhren wir, warum es uns verwehrt worden war, nach Osten zu ziehen: Durch ein Traumgesicht gab Gott uns Weisung, nach Europa überzusetzen.

Mit Lukas, der sich uns in Troas anschloß, zogen wir nach Philippi. Ernste Gefahren, aber auch Wunder Gottes erlebten wir dort. Paulus und Silas mußten sogar ins Gefängnis. Als diese dramatischen Ereignisse dann mit ihrer wunderbaren Befreiung und mit der Bekehrung des Gefängnisaufsehers zu Ende gingen, verließen wir die Stadt. Nur Lukas blieb zurück, um die jungen Christen im Glauben weiterzuführen.

Die große Hafenstadt Thessalonich war unsere nächste Station. Die Bevölkerung bestand nicht nur aus Griechen, sondern auch aus Römern und Menschen aus vielen anderen Völkern, unter anderem Juden. Hier gab es auch eine Synagoge; und dort begann Paulus zu predigen.

Die Wirkung war, wie meistens, sehr unterschiedlich. Eine erfreuliche Anzahl von Juden und auch Griechen, die sich zur Synagoge hielten, kam zum Glauben an Jesus. Andere aber neideten Paulus den Zulauf und wollten uns vertreiben. Da das aber nicht so ohne weiteres ging, griffen sie zu einem bewährten Mittel: Sie streuten lügenhafte Gerüchte über uns aus, schürten die Erregung der Bevölkerung, bestellten noch ein paar rohe Schläger und schickten sich an, uns zu lynchen. Sie täuschten eine »Stimme des Volkes« vor, die im Grunde ihre Stimme war.

Wir konnten uns rechtzeitig verstecken. Als sie uns nicht fanden, verpuffte ihre Erregung natürlich nicht so schnell. Sie brauchten irgendein Opfer. So schleppten sie Jason, bei dem wir zu Gast waren, vor ihr Tribunal. Ihn konnten sie freilich nicht so einfach umbringen. Immerhin war er ein angesehener Bürger der Stadt. Sie nahmen darum gnädig eine großzügig bemessene Kaution entgegen und ließen Jason frei.

Wir drei mußten das Dunkel der Nacht abwarten, um ungesehen die Stadt verlassen zu können.

Nur drei Wochen hatten wir in Thessalonich wirken können. Aber in der Zeit war eine Gemeinde entstanden. Nun konnten wir Gott vertrauen, daß sein Werk weitergehen würde.

Beröa liegt etwa zwanzig Wegstunden westlich von Thessalonich – im Landesinneren also. Dorthin hatten uns die Brüder zu gehen empfohlen, weil es dort auch eine Synagoge gab.

Der Anfang in Beröa war ermutigend. Man hörte Paulus zu und prüfte sorgfältig anhand der Heiligen Schriften, ob seine

Argumente stimmten. Und da sie stimmten, öffneten viele ihr Herz für die neue Lehre von Jesus, dem Christus.

Aber nicht lange dauerte die Freude. Juden von Thessalonich kamen herüber, um auch hier die Leute aufzustacheln.

Sie können sich denken, liebe Leser, daß mich das alles sehr mitnahm. Ich war nicht ohne eine gewisse jugendliche Abenteuerlust zu dieser Missionsreise aufgebrochen, aber ganz so schlimm hatte ich es mir doch nicht vorgestellt. Es gab ja kaum eine Stadt, aus der wir nicht Hals über Kopf fliehen mußten. Auf der verhältnismäßig kurzen Reise waren wir bisher nur in Troas und einigen kleinen Orten unbehelligt geblieben. In Lystra gesteinigt, in Philippi geschlagen und eingesperrt, in Thessalonich fast gelyncht und bei Nacht und Nebel davongestohlen – ich weiß nicht, wie Paulus das alles verkraftete. Und nun sollte es ihm schon wieder an den Kragen gehn.

Als uns auffiel, daß die Feinde des Evangeliums sich besonders auf Paulus einschossen, hatten wir eine Idee, die wir auch sogleich in die Tat umsetzten: Einige der neu zum Glauben Gekommenen brachten Paulus ans Meer und schickten ihn per Schiff nach Athen. Silas und ich aber blieben da, um das Werk weiterzutreiben. Wir waren nicht so in unmittelbarer Gefahr wie Paulus.

Es war eine Freude mitzuerleben, wie die jungen Christen im Glauben wuchsen und fest wurden. Wir unterhielten auch vorsichtig Kontakt nach Thessalonich und beobachteten dort das gleiche. Nun gab es drei lebendige Gemeinden in Mazedonien. Gott hatte in kürzester Zeit wirklich Großes getan.

Nach einigen Monaten war es soweit, daß wir die jungen Gemeinden verlassen konnten. Wir wußten, daß Paulus schon sehnlichst auf uns wartete. Wir zogen nach Athen und suchten die vereinbarte Adresse auf. Dort erfuhren wir, daß Paulus hier gewirkt, sogar auf dem Areopag geredet hatte, nun aber nach Korinth weitergezogen war. In Athen, dieser

Stadt der Bildung und der Philosophenschulen, sah er nicht so sehr seine Aufgabe. Immerhin waren auch hier einige Menschen gläubig geworden.

In Korinth fanden wir Paulus bei einem jüdischen Ehepaar einquartiert, das durch den jüngsten kaiserlichen Erlaß aus Rom vertrieben worden war: Aquila und Priscilla. Hier lernte ich die beiden kennen, deren Mitarbeit mir später in Ephesus noch soviel bedeuten sollte.

Wissen Sie eigentlich, wie dieser kaiserliche Erlaß zustande gekommen war? Die ersten Christen in Rom waren daran beteiligt. Sie wurden von den Juden heftig bekämpft. Den Heiden dort mußten diese Streitigkeiten wie ein Kampf zweier jüdischer Sekten erscheinen. Weil man in der Hauptstadt Frieden brauchte, wurden alle Juden ausgewiesen. Dadurch waren Aquila und Priscilla nach Korinth gekommen.

Aquila war Zeltweber, betrieb also das gleiche Handwerk wie Paulus. Der arbeitete bei dem Ehepaar mit, um seinen Lebensunterhalt zu finanzieren.

Als Paulus uns wieder bei sich hatte, war er überglücklich. Ich wunderte mich ein bißchen darüber, war doch unsere Mitarbeit bescheiden. Der eigentliche Missionar war er. Aber das ist wohl immer so, daß die wirklich Großen im Reich Gottes sich nicht zu erhaben dünken, mit den anderen Gemeinschaft zu pflegen, sondern sich im Gegenteil darauf angewiesen fühlen.

Durch unsere Ankunft bestärkt, begann Paulus mit Eifer die Botschaft auszurichten, die uns aufgetragen war. Das ermutigte auch Silas und mich neu.

Aber – wie konnte es anders sein – auch hier regte sich heftiger Widerstand. Auch hier ging er von der Synagoge aus und führte zu einem Aufruhr. Diesmal aber schafften sie es nicht, uns zu vertreiben. Korinth, die riesige Handelsmetropole, war eben doch nicht nur eine Provinzstadt. Als es nicht gelang, Paulus vor dem kaiserlichen Statthalter anzuschwärzen, verprügelten sie Sosthenes, den Synagogenvorsteher, in aller Öffentlichkeit. Sie wollten Galion, den Statthalter, zum Eingreifen zwingen. Aber der schloß die Augen vor allem, was mit Religion zu tun hatte. So konnten wir – zwar unter vielen Gefahren, aber doch wenigstens ohne behördliches Verbot – weiterarbeiten. Ein Jahr und sechs Monate lang.

Eine ziemlich große Gemeinde entstand in dieser Zeit, besonders im Hafengebiet von Korinth. Sie setzte sich aus einfachen Leuten zusammen, die in Korinth nicht viel galten. Auf die Hafenarbeiter, die die Lasten über die korinthische Landesenge zu schleppen hatten, pflegte man mit Verachtung herabzusehen. Das änderte sich natürlich nicht, als viele von ihnen Christen wurden, im Gegenteil. Aber was bedeutet schon die Achtung der Menschen. Bei Gott geachtet und geliebt zu sein, das ist entscheidend.

Später hat uns die Gemeinde noch manche Sorgen bereitet. Das hing sicher auch mit dem Milieu zusammen, in dem sie lebte, und damit, daß es mit der anerzogenen Moral dieser Menschen nicht weit her war. Aber um so größer war immer wieder unsere Freude, wenn wir sahen, wie Gott trotzdem – ja vielleicht gerade deshalb – an diesen Menschen und durch sie sein Werk hatte.

Endlich war der Tag unserer Abreise gekommen. Wir fuhren hinüber nach Ephesus, wo Aquila und Priscilla, die wir mitgenommen hatten, sich nun ansiedelten. Bald reisten wir weiter nach Jerusalem und nach einem kurzen Aufenthalt nach Antiochien.

Als wir nach einiger Zeit wieder aufbrachen, war es für Paulus die dritte Missionsreise. Er war hier ja zu Hause. Mein Zuhause war in Lystra, und dorthin kamen wir bald. Es war also – wenn man so will – meine zweite Missionsreise, als wir von dort weiterzogen.

Diesmal war unser Ziel Ephesus, die riesige Stadt am Meer, Mittelpunkt des Handels in der Ägäis, Metropole für das ganze kleinasiatische Hinterland. Nicht nur weil wir es bei unserem ersten kurzen Besuch versprochen hatten, kehrten wir hier ein, sondern weil wir überzeugt waren, von hier aus den nachhaltigsten Einfluß auf ganz Kleinasien ausüben zu können. Alles, was Handel trieb oder sonst umherreiste, kam irgendwann einmal durch Ephesus.

Auch hier begannen wir unsere Tätigkeit in der Synagoge, auch hier – wie nicht anders zu erwarten – warf man uns bald raus, wenn auch nicht so massiv, wie es uns in Griechenland widerfahren war. Wir kamen in einer Rednerschule unter bei einem Mann mit Namen Tyrannus. Sie können das in etwa damit vergleichen, als wenn Sie ein Kino mieten würden. Dort nun hielten wir zwei Jahre lang regelmäßig von 11.00 bis 16.00 Uhr Versammlungen ab. Unzählige Menschen kamen und gingen während dieser Zeit. Es ist sicher nicht übertrieben, wenn ich sage, daß auf diese Weise so ziemlich alle Bewohner dieser Gegend einmal etwas von Jesus gehört haben.

Die schnell wachsende Gemeinde machte viel von sich reden, zumal auch manche Heilungswunder, Dämonenaustreibungen und andere ungewöhnliche Dinge geschahen. Nur so ist es auch zu erklären, daß später der Demonstrationsmarsch der Goldschmiedeinnung unter Demetrius solche Menschenmassen auf die Beine brachte.

Ich erlebte nur den Anfang dieser Entwicklung mit. Paulus war beunruhigt, weil er nicht recht wußte, wie es in den jungen griechischen Gemeinden zuging, und sandte darum mich mit einem unserer neuen Mitarbeiter, Erastus, nach Mazedonien und Korinth.

Ich hatte eine schriftliche Botschaft von Paulus bei mir, die Sie, verehrte Leser, als den 1. Korintherbrief kennen. Neben manchen lehrmäßigen Erläuterungen zu Fragen der Korinther und Ermahnungen zu ihrem Verhalten empfahl mich Paulus darin. Hatte er es schon schwer mit den Korinthern, so hatte ich es erst recht schwer. Es gab dort moralische Verfehlungen, Spaltungen drohten.

Viel erreichte ich nicht. Es stand allerdings auch nicht viel

Zeit zur Verfügung, da ich noch die Gemeinden in Beröa, Thessalonich und Philippi besuchen wollte. Hier in Mazedonien wartete ich dann auf Paulus und die anderen, und wir zogen gemeinsam wieder nach Korinth.

Nach drei Monaten Aufenthalt dort war das Wichtigste in dieser Gemeinde, die Paulus am Herzen lag, getan. Es hielt Paulus nicht länger, er wollte weiter nach Rom, sogar nach Spanien.

Vorher aber mußte noch die Sammlung, die wir für die verarmte und verfolgte Gemeinde in Jerusalem organisiert hatten, abgeschlossen und das Geld übergeben werden. Wegen vieler Widerstände konnten wir nicht mit dem Schiff fahren, so reisten wir wieder über Mazedonien.

Die Küstenfahrt an Kleinasien entlang hätte uns normalerweise nach Ephesus gebracht. Aber Paulus wollte dort keine Zeit verlieren, um rechtzeitig zum Pfingstfest in Jerusalem zu sein. So bestellte er nur die Ältesten der Gemeinde von Ephesus nach Milet, wo das Schiff kurz anlegte. Dort verabschiedete er sich von ihnen, weil er zweifelte, ob er sie je wieder sehen würde.

Sollte aber die große Gemeinde in der wichtigen Stadt nun sich selbst überlassen bleiben? Es gab dort Leute, auf die man sich verlassen konnte, wie zum Beispiel Aquila und Priscilla. Aber Paulus hielt es doch für besser, einen persönlichen Beauftragten dorthin zu schicken. Die Wahl fiel auf mich.

Ja, liebe Leser, so kam ich also nach Ephesus, das dann so etwas wie eine zweite Heimat für mich wurde. Die Gemeinde in Ephesus war gewissermaßen die eigentliche Lebensaufgabe für mich. Dabei war ich nach den Gaben, die Gott mir gegeben hatte und die durch die Handauflegung des Paulus zutage getreten waren, eher ein Evangelist als ein typischer Seelsorger. Aber in Ephesus verkümmerte auch die evangelistische Gabe nicht, waren doch die vielen Fremden, die durch die Stadt zogen, eine immerwährende Herausforderung an uns. Wie gesagt, die Gemeinde zu lehren, zu leiten und zu betreuen, kam meiner Art nicht entgegen. Um so dankbarer bin ich, daß Gott auch da half.

Sie wissen ja: Eine länger bestehende Bewegung wach zu halten ist unter Umständen schwerer, als sie in Gang zu setzen. Vor der Aufgabe stand ich in den folgenden Jahren in Ephesus. Eine zusätzliche Schwierigkeit bestand darin, daß ich eben nur die zweite Garnitur war. Die Autorität genoß zunächst Paulus. Ich war jünger, war nicht der Gemeindegründer und galt immer als eine Art Ersatzmann.

Wie gut, daß wir in der Gemeinde Jesu nicht um Anerkennung oder um Machtpositionen kämpfen müssen! Manchmal stehen wir zwar auch in der Gefahr, das zu tun. Wir sind eben Menschen. Auch für mich galt das. Nur daß ich dann eher resignieren als kämpfen wollte. Ich war manchmal in Versuchung aufzugeben, wenn die Schwierigkeiten zu groß wurden; wenn Irrlehrer ihre spekulativen Theorien brachten, denen ich gedanklich kaum gewachsen war; wenn Streit über die Gemeindeform aufkam. Aber immer wieder gab Gott mir die Kraft, klar meinen Weg zu gehen. Eine große Hilfe war mir dabei Paulus, der mir immer wieder schrieb, der mir Hinweise gab und mich mahnte, der auch meine Autorität in der Gemeinde stützte.

Paulus – ohne ihn hätte ich wohl, menschlich gesprochen, nicht durchhalten können. Ich besuchte ihn, als er in Rom gefangen war. Das stärkte ihn und mich zugleich. Sie müssen sich eine solche Reise als eine beschwerliche und langwierige Sache vorstellen. Doch war es einfach nötig, mit Paulus Kontakt zu halten.

Als er später wieder frei war, besuchte er die Gemeinde in Ephesus noch einmal. Dann brach er zu seinen weiteren Reisen auf. Zunächst nach Mazedonien, während ich in Ephesus blieb. Titus hatte er auf Kreta zurückgelassen. Paulus wurde alt und fühlte seine körperliche Kraft erlahmen. Aber mehr denn je war er von dem Eifer beseelt, das Evangelium überall hinzutragen.

Ich hatte den Eindruck, er sah mich als seinen Erben an, dem er seine geistlichen Erkenntnisse weitergeben und zur Verkündigung anvertrauen müsse. Er hätte keinen, mit dem er so einer Meinung war, wie mit mir, schrieb er einmal. Ich muß Ihnen sagen, ich fühlte mich überfordert, das geistliche Erbe dieses besonders von Gott bevollmächtigten Mannes anzutreten. Sicher, gedanklich hatte ich mir alles angeeignet. Mehr noch, ich hatte es schwarz auf weiß. Denn seine Briefe hob ich natürlich sorgfältig auf. Ich wußte, was der Kern des Evangeliums war, den es gegenüber allen Irrlehren festzuhalten galt. Ich war mir auch klar über die Bedeutung der Heiligen Schrift. Ich kannte die Gefahren moralischer Aufweichung und begegnete ihnen energisch.

Aber dieses Wissen macht ja noch nicht die geistliche Kraft aus, in der das als richtig Erkannte auch tatsächlich geschieht. Die richtige Lehre bedeutet nicht automatisch richtiges Leben und vollmächtigen Dienst. In diesen letzten, entscheidenden Fragen eines fruchtbaren Lebens konnte mir selbst Paulus nicht helfen, auch meine Freunde Lukas und Titus nicht, auch meine treuesten Mitarbeiter nicht, wie zum Beispiel Aquila und Priscilla. Das Entscheidende muß unser Herr selbst tun.

Darum schrieb mir mein Bruder und Freund Paulus: »Halte im Gedächtnis Jesus Christus, der auferstanden ist von den Toten.« Natürlich würde ich Jesus nicht vergessen. Das war selbstverständlich. Aber er schrieb nicht nur: »Halte Jesus im Gedächtnis«, sondern fügte hinzu: »der auferstanden ist«, der lebt; der in jeder Lage bei uns ist; der Macht hat, alle Widerstände zu überwinden, wie er den Tod überwunden hat.

Und tatsächlich – Jesus war bei mir, gab mir Kraft und Ausdauer, Gaben und Mut – alles, was nötig war für die große Aufgabe, die er selbst mir gestellt hatte. Wie Paulus kann ich sagen: Mir ist Barmherzigkeit widerfahren. Jesus ist mir beigestanden. Der feste Grund Gottes besteht und hat dieses Siegel: Der Herr kennt die Seinen.

Als dann Paulus und Petrus, nach menschlichem Ermessen die wichtigsten Männer der Gemeinde, den Märtyrertod erlitten hatten, sah ich mich von Gott beauftragt, wieder stärker die missionarischen Aufgaben zu erfüllen. Die kamen meiner evangelistischen Gabe entgegen, und die waren jetzt nötiger denn je. Das war nun auch möglich, weil der alte Apostel Johannes seinen Wohnsitz in Ephesus nahm. Da war ich nun als Leiter und Seelsorger wirklich überflüssig.

Die Zeiten waren nicht friedlicher geworden. Im Gegenteil. Ich hatte viele Gefahren zu bestehen und geriet einmal sogar in Gefangenschaft, kam aber nach längerer Zeit wieder frei. Doch ich wollte nicht feige zurückgehen, wenn uns nun der Wind der Christenverfolgungen ins Gesicht blies. Ich wollte ein Streiter für Jesus bleiben.

Kurz vor seinem Ende, als ihm das Herz schwer, er aber doch ruhig und getröstet war, hatte Paulus mir geschrieben: »Ich habe einen guten Kampf gekämpft. Ich habe den Lauf vollendet. Ich habe Glauben gehalten. Hinfort ist mir beigelegt die Krone der Gerechtigkeit und mit mir allen, die seine Erscheinung liebhaben.« Gottes Urteil bleibt es überlassen, ob das auch für mich zutrifft.